es 1290
edition suhrkamp
Neue Folge Band 290

W0034235

»Die Kunst überlebt die Gesellschaften, von denen sie geschaffen wird. Sie ist die sichtbare Spitze jenes Eisbergs, den jede untergegangene Kultur darstellt. Die Rückgewinnung der Kunst des alten Mexiko fand im 20. Jahrhundert statt. Zuerst kamen die archäologische und die historische Forschung; danach das ästhetische Verständnis. Oft wird gesagt, daß dieses Verständnis illusorisch sei: Was wir angesichts eines Reliefs von Palenque empfinden, ist nicht das, was ein Maya empfand. Das ist wahr. Aber wahr ist auch, daß unsere Empfindungen und Gedanken vor diesem Werk real sind. Unser Verständnis ist nicht illusorisch: es ist mehrdeutig. Diese Mehrdeutigkeit taucht bei allen unseren Betrachtungen der Werke anderer Kulturen auf und selbst angesichts der Werke unserer eigenen Vergangenheit. Wir sind weder Griechen noch Chinesen noch Araber; auch können wir nicht sagen, daß wir die romanische oder die byzantinische Skulptur völlig verstehen. Wir sind dazu verurteilt, zu übersetzen, und jede unserer Übersetzungen, handle es sich um die gotische oder um die ägyptische Kunst, ist eine Metapher, eine Verwandlung des Originals.« Diese Arbeit der Übersetzung, eine Zwiesprache zwischen dem Werk und dem Betrachter, unternimmt Octavio Paz in den hier vorgelegten Essays zur Literatur und Kunst.

Octavio Paz wurde am 31. 3. 1914 in Mixcoac/Mexiko-Stadt geboren. 1931 erste Veröffentlichungen in verschiedenen literarischen Zeitschriften. Von 1945-1968 gehört er dem diplomatischen Dienst seines Landes an. Seit 1971 lebt er wieder in Mexiko-Stadt. In der edition suhrkamp erschienen von Octavio Paz: *Suche nach einer Mitte. Die großen Gedichte. Spanisch und Deutsch* (1008) und *Der menschenfreundliche Menschenfresser. Geschichte und Politik* (1064).

Octavio Paz
Zwiesprache

Essays
zu Kunst und Literatur

Aus dem Spanischen
von Elke Wehr
und Rudolf Wittkopf

Suhrkamp

edition suhrkamp 1290
Neue Folge Band 290
Erste Auflage 1984
© der deutschen Übersetzung Suhrkamp Verlag Frankfurt am Main 1984
Quellenangaben zu den einzelnen Essays am Ende des Bandes
Alle Rechte vorbehalten, insbesondere das des öffentlichen Vortrags
sowie der Übertragung durch Rundfunk und Fernsehen,
auch einzelner Teile.
Satz: LibroSatz, Kriftel
Druck: Nomos Verlagsgesellschaft, Baden-Baden
Umschlagentwurf: Willy Fleckhaus
Printed in Germany

3 4 5 6 7 8 – 95 94 93 92 91 90

Inhalt

Die Kunst Mexikos
Materie und Bedeutung[1]

Göttin, Dämonin, Meisterwerk

Am 13. August 1790, als Bauarbeiter auf der Plaza Mayor in Mexiko-Stadt Schachtarbeiten ausführten, stießen sie auf eine Statue von kolossalen Ausmaßen. Sie gruben sie aus, und es stellte sich heraus, daß es eine Skulptur der Göttin Coatlicue, der »mit dem Schlangenrock«, war. Der Vizekönig Revilla-gigedo ordnete sofort an, daß sie als »ein Denkmal des amerikanischen Altertums« in die Königliche und Erzbischöfliche Universität von Mexiko gebracht werde. Jahre zuvor hatte Carlos III. der Universität eine Sammlung von Gipskopien griechisch-römischer Werke geschenkt; zwischen ihnen wurde die Coatlicue aufgestellt. Nicht für lange: nach wenigen Monaten beschlossen die Universitätsprofessoren, sie wieder zu vergraben, und zwar an demselben Ort, wo man sie gefunden hatte. Die aztekische Heiligenstatue könnte nicht nur bei den Indios die Erinnerung an ihren alten Glauben beleben – für den Lehrkörper war ihr Vorhandensein eine Beleidigung der Idee des Schönen schlechthin. Gleichwohl hatte der Gelehrte Antonio de León y Gama Zeit gefunden, von der Statue und einem anderen Stein, der neben ihr gefunden worden war, dem Azteken-Kalender, eine Beschreibung zu machen. Die Aufzeichnungen von León y Gama wurden jedoch erst 1804 in Rom veröffentlicht. Alexander von Humboldt, der sich in eben diesem Jahr in Mexiko aufhielt, las sie höchstwahrscheinlich in dieser italienischen

1 Vorwort zum Ausstellungskatalog Mexikanischer Kunst in Madrid 1977.

Übersetzung.[2] Er äußerte den Wunsch, wie der Historiker Ignacio Bernal berichtet, die Statue in Augenschein nehmen zu dürfen. Die Obrigkeit gab seiner Bitte statt, man grub die Statue aus, und als der deutsche Gelehrte seine Neugier befriedigt hatte, vergrub man sie wieder. Der Anblick der schrecklichen Statue war unerträglich.

Die Coatlicue Mayor, wie die Archäologen sie heute nennen, um sie von anderen Skulpturen derselben Göttin zu unterscheiden, wurde endgültig erst Jahre nach der Unabhängigkeit ausgegraben. Zuerst stellte man sie im Winkel eines Patios der Universität auf; dann stand sie in einem Korridor hinter einer spanischen Wand, wo ihr Anblick abwechselnd Neugier und Schauder erregte; später stellte man sie an sichtbarer Stelle auf, als Gegenstand von wissenschaftlichem und historischem Interesse; heute nimmt sie im größten Saal des Museo Nacional de Antropología, der der Kultur der Azteken gewidmet ist, einen bevorzugten Platz ein. Der Werdegang der Coatlicue – erst Göttin, dann Dämon, dann Ungeheuer und heute ein Meisterwerk der Kunst – veranschaulicht die Wandlungen der Sensibilität, die wir in den vergangenen vierhundert Jahren erfahren haben. Diese Wandlungen spiegeln die fortschreitende Säkularisierung wider, die für die Modernität kennzeichnend ist. Zwischen dem aztekischen Priester, der sie als Göttin verehrte, und dem spanischen Mönch, der in ihr eine Manifestation des Teufels sah, ist der Gegensatz nicht so groß, wie es auf den ersten Blick scheint; für beide war die Coatlicue eine übernatürliche Erscheinung, ein »schreckliches Mysterium«. Die Verschiedenheit der Einstellung des 18. Jahrhunderts und des 19. Jahrhunderts verschleiert zugleich eine Ähnlichkeit: die Mißbilligung des ersteren und die Begeisterung des letzteren sind vorwiegend intellektueller und ästhetischer Art. Am Ende des 18. Jahrhunderts verläßt die Coatlicue den

2 Vgl. Guiterre Tibón, *Historia del nombre y de la fundación de México*, FCE, México 1975.

Bannkreis des Übernatürlichen und gerät in den Bereich der ästhetischen und anthropologischen Spekulation. Sie hört auf, eine Kristallisation der Mächte der anderen Welt zu sein und wird zu einer Episode in der Geschichte der menschlichen Glaubensanschauungen. Indem sie den Tempel verläßt und ins Museum einzieht, ändert sich ihr Wesen, wenn auch nicht ihr Äußeres.

Trotz all dieser Wandlungen bleibt die Coatlicue sich stets gleich. Sie ist nach wie vor der Steinblock von vager menschlicher Gestalt und mit erschreckenden Attributen bedeckt, die man im Templo Mayor von Tenochtitlán mit Blut bestrich und mit Kopalharz beräucherte. Doch ich denke nicht nur an ihre materielle Erscheinung, sondern auch an ihre Ausstrahlung: wie vor vierhundert Jahren ist die Statue ein Gegenstand, der uns zugleich anzieht und abstößt, uns bezaubert und entsetzt. Sie hat ihre Kräfte bewahrt, obgleich der Ort und die Art und Weise ihrer Manifestation sich geändert haben. Auf der Höhe einer Pyramide oder begraben unter den Trümmern eines zerstörten *Teocalli*, versteckt zwischen den Gegenständen einer Antiquitätensammlung oder mitten in einem Museum stehend, erregt die Coatlicue unsere Bewunderung. Unmöglich, nicht vor ihr stehen zu bleiben, sei es auch nur für eine Minute. Der Wille wird ausgeschaltet: der Block, ein in Stein gehauenes Rätsel, paralysiert unseren Blick. Egal, welche Empfindung wir nach diesem Augenblick der Reglosigkeit haben: Bewunderung, Entsetzen, Begeisterung, Neugier – einmal mehr erweist sich die Wirklichkeit als etwas, das sich jenseits dessen befindet, was wir sehen, und ist doch gleichzeitig das, was wir sehen. Das, was wir »Kunstwerk« nennen – eine fragwürdige Bezeichnung, zumal wenn sie auf die Werke der alten Kulturen angewendet wird – ist vielleicht nichts anderes als eine Konfiguration von Zeichen. Jeder Betrachter kombiniert diese Zeichen auf eine andere Weise, und jede Kombination strahlt eine andere Bedeutung aus. Gleichwohl mündet die Pluralität von

Bedeutungen in einen einzigen *Sinn*, in immer den gleichen. Ein Sinn, der von dem Empfundenen untrennbar ist.

Durch die Ausgrabung der Coatlicue macht man im Kleineren die Erfahrung noch einmal, die das europäische Bewußtsein angesichts der Entdeckung Amerikas gemacht haben muß. Die neuen Länder tauchten als eine unbekannte Dimension der Wirklichkeit auf. Die Alte Welt wurde von der Trias beherrscht: drei Zeiten, drei Zeitalter, drei Körpersäfte, drei Personen, drei Kontinente. Amerika paßte buchstäblich nicht in das überlieferte Weltbild. Nach der Entdeckung verlor die Dreiheit ihre Vorrechte. Nicht mehr drei Dimensionen und eine einzige wahre Wirklichkeit: Amerika fügte eine weitere Dimension hinzu, die vierte, die unbekannte Dimension. Ihrerseits wurde die neue Dimension nicht vom Dreierprinzip beherrscht, sondern von der Zahl vier. Für die amerikanischen Indianer entsprachen Raum und Zeit, besser gesagt: der Zeit-Raum oder die Raum-Zeit, die all-eine und duale Dimension der Wirklichkeit, dem System der vier Kardinalpunkte: vier Schicksale, vier Götter, vier Farben, vier Zeitalter, vier jenseitige Welten. Jeder Gott hatte vier Gesichter, jeder Raum vier Richtungen, jede Wirklichkeit vier Seiten. Der vierte Kontinent mit seinen Bergen und seinen Flüssen, seinen Wüsten und seinen Urwäldern, mit seinen absonderlichen Göttern und seinen unerschöpflichen, klingenden Schätzen war aufgetaucht als eine volle, greifbare, strotzende Realität – das Wirkliche in seinen unmittelbarsten Manifestationen und das Wunderbare in seinen phantastischsten Manifestationen. Keine andere Wirklichkeit, sondern der andere Aspekt, die andere Dimension der Wirklichkeit. Amerika war wie die Coatlicue die sichtbare, steinerne Offenbarung der unsichtbaren Mächte.

In dem Maße, wie die neuen Länder in den Augen der Europäer Gestalt annahmen, zeigten sie, daß sie nicht nur Natur waren, sondern auch Geschichte. Für die ersten spanischen Missionare stellten sich die indianischen Gesellschaften als ein theologisches Mysterium dar. Die *Historia general de las cosas de Nueva España* (Allgemeine Geschichte von den Dingen Neu-Spaniens) ist ein außergewöhnliches Buch, eines der Werke, mit denen die anthropologische Wissenschaft beginnt – und in bewundernswerter Weise beginnt – doch sein Autor, Bernardino de Sahagún, war des Glaubens, daß die Religion der alten Mexikaner ein Blendwerk Satans sei und daß man sie in der indianischen Seele ausrotten müsse. Später wurde aus dem theologischen Mysterium ein geschichtliches Problem. Die intellektuelle Perspektive änderte sich, doch die Schwierigkeit blieb die gleiche. Im Unterschied zu den Kulturen Persiens, Ägyptens und Babylons waren die amerikanischen Kulturen nicht älter als die europäische: sie unterschieden sich von ihr, und zwar von Grund auf. Ihre Verschiedenheit war eine wahre *Andersheit*.

So isoliert die Kulturzentren in der Alten Welt auch gewesen waren, hatte es doch zwischen den Völkern des Mittelmeerraums und denen des Nahen Ostens sowie zwischen diesen Kulturen und denen Indiens und des Fernen Ostens immer Beziehungen und Verbindungen gegeben. Die Perser und die Griechen waren in Indien gewesen, und der indische Buddhismus war bis nach China, Korea und Japan gedrungen. Dagegen ist evident, obgleich man die Möglichkeit von Berührungen zwischen den Kulturen Asiens und denen Amerikas nicht ganz ausschließen kann, daß diese letzteren die Transfusion von Ideen, Stilen, Techniken und Religionen, welche die Gesellschaften der Alten Welt belebte, nicht kannten. Im präkolumbianischen Amerika gab es keine äußeren Einflüsse von der Bedeutung etwa der babylonischen Astronomie im Mittelmeerraum, der persischen und griechischen Kunst im buddhistischen Indien, des Mahayana-Buddhismus in China, der chinesischen Ideogramme und des konfuzianischen Denkens in Japan. Wie es scheint, gab es Berührungen zwischen den Gesellschaften Mesoamerikas und denen der Anden, doch beide Kulturen verdanken fremden Einflüssen wenig oder nichts. Von den ökonomischen Praktiken bis zu den künstlerischen Formen, von der gesellschaftlichen Organisation bis zu den kosmologischen und ethischen Konzeptionen waren die beiden großen amerikanischen Kulturen im weitesten Sinne des Wortes ursprünglich: ihr Ursprung ist in ihnen selbst zu finden. Eben diese Originalität war einer der – vielleicht entscheidenden – Gründe ihres Untergangs. Originalität ist gleichbedeutend mit *Andersheit*, und beides ist gleichbedeutend mit Isolierung. Die beiden amerikanischen Kulturen lernten nie kennen, was eine wiederholte, ständige Erfahrung der Gesellschaften der Alten Welt war: die Gegenwart des *anderen*, das Eindringen fremder Kulturen und Völker. Deshalb betrachteten sie die Spanier als Wesen einer anderen Welt, als Götter. Der Grund für ihre Niederlage ist weniger in ihrer technischen Unterlegenheit zu suchen, als in ihrer geschichtlichen Einsamkeit. Unter ihren Ideen gab es die Vorstellung der anderen Welt mit ihren Göttern, nicht die der anderen Zivilisation und deren Menschen.

Das europäische Geschichtsbewußtsein widersetzte sich den unergründlichen amerikanischen Kulturen von Anfang an. In der zweiten Hälfte des 16. Jahrhunderts mehrten sich die Versuche, gewisse Unterschiede, welche die Einheit des Menschengeschlechts zu negieren schienen, zu beseitigen. Einige verfochten die Meinung, daß die alten Mexikaner einer der versprengten Stämme Israels seien; andere schrieben ihnen einen phönizischen oder karthagischen Ursprung zu; wieder andere, wie der mexikanische Gelehrte Sigüenza y Góngora, mütterlicherseits Neffe des großen Dichters, meinten, daß die Ähnlichkeit zwischen einigen mexikanischen und christlichen Riten ein verzerrtes Echo der Predigt des Evangeliums durch den Apostel Sankt Thomas sei, der bei den Indianern unter dem Namen Quetzalcóatl bekannt war (Sigüenza glaubte auch, daß Neptun ein kulturstiftender Caudillo, der Urvater der

Mexikaner gewesen sei); der Jesuit Atanasio Kircher, eine wandelnde Enzyklopädie und der Ägyptomanie verfallen, verkündete, daß die Kultur Mexikos, wie man an den Pyramiden und anderen Indizien sähe, eine überseeische Abwandlung derjenigen Ägyptens sei – eine Ansicht, die seine Leserin und Bewunderin Sor Juana Inés de la Cruz entzückt haben mußte ... Nach jedem dieser Verschleierungsversuche tauchte die amerikanische *Andersheit* wieder auf. Sie war unbezwingbar. Die Anerkennung dieser Andersheit am Ende des 18. Jahrhunderts bedeutete den Beginn des wahren Verständnisses. Eine Anerkennung, die ein Paradox mit einschließt: die Brücke zwischen dem Ich und dem anderen bedeutet nicht Ähnlichkeit, sondern Verschiedenheit. Was uns verbindet, ist keine Brücke, sondern ein Abgrund. Der Mensch ist pluralisch: die Menschen.

Der Stein und die Bewegung

Die Kunst überlebt die Gesellschaften, von denen sie geschaffen wird. Sie ist die sichtbare Spitze jenes Eisbergs, den jede untergegangene Kultur darstellt. Die Rückgewinnung der Kunst des alten Mexiko fand im 20. Jahrhundert statt. Zuerst kamen die archäologische und die historische Forschung; danach das ästhetische Verständnis. Oft wird gesagt, daß dieses Verständnis illusorisch sei: Was wir angesichts eines Reliefs von Palenque empfinden, ist nicht das, was ein Maya empfand. Das ist wahr. Aber wahr ist auch, daß unsere Empfindungen und Gedanken vor diesem Werk real sind. Unser Verständnis ist nicht illusorisch: es ist mehrdeutig. Diese Mehrdeutigkeit taucht bei allen unseren Betrachtungen der Werke anderer Kulturen auf und selbst angesichts der Werke unserer eigenen Vergangenheit. Wir sind weder Griechen noch Chinesen noch Araber; auch können wir nicht sagen, daß wir die ro-

manische oder die byzantinische Skulptur völlig verstehen.
Wir sind dazu verurteilt, zu übersetzen, und jede unserer
Übersetzungen, handle es sich um die gotische oder um die
ägyptische Kunst, ist eine Metapher, eine Verwandlung des
Originals.

Bei der Rückgewinnung der prähistorischen Kunst Mexikos
trafen zwei Umstände zusammen. Der erste war die Mexikanische Revolution, welche die Sicht unserer Vergangenheit von
Grund auf änderte. Die Geschichte Mexikos, zumal in ihren
zwei großen Episoden der Conquista und der Unabhängigkeit,
kann als ein doppelter Bruch betrachtet werden: der erste mit
der indianischen Vergangenheit, der zweite mit der neuspanischen. Die Mexikanische Revolution war ein zum Teil ge-
glückter Versuch, die durch die Conquista und die Unabhängigkeit zerrissenen Bande zu erneuern. Wir entdeckten bald,
daß wir, wie der Dichter López Velarde sagt, »ein kastilisches
und maurisches Land mit aztekischen Zügen« waren. Es ist
nicht verwunderlich, daß wir modernen Mexikaner, geblendet
von den glanzvollen Überresten der alten Kulturen, die kürzlich von den Archäologen ausgegraben wurden, an diese gran-
diose Vergangenheit anknüpfen und sie verherrlichen wollten.
Doch diese Veränderung der historischen Sicht wäre unzu-
länglich gewesen, wäre sie nicht mit einer anderen Veränderung in der ästhetischen Sensibilität des Westens zusammenge-
fallen. Der Wandel vollzog sich langsam und dauerte Jahrhunderte. Er begann fast gleichzeitig mit der europäischen Expansion und findet seinen ersten Ausdruck in den Chroniken der
spanischen und portugiesischen Seefahrer, Conquistadoren
und Missionare. Danach, im 17. Jahrhundert, entdeckten die
Jesuiten die chinesische Kultur und verliebten sich in sie, eine
Passion, die ein Jahrhundert später ihre Feinde, die Philosophen der Aufklärung, teilen sollten. Zu Beginn des 19. Jahrhunderts erliegen die deutschen Romantiker einer doppelten
Faszination: dem Sanskrit und der Literatur Indiens – und so

ging es weiter, bis das moderne ästhetische Bewußtsein zu Beginn unseres Jahrhunderts die Kunst Afrikas, Amerikas und Ozeaniens entdeckte. Die moderne Kunst des Westens, die uns gelehrt hat, mit gleichen Augen eine Negermaske wie einen polynesischen Fetisch zu betrachten, bahnte uns auch den Weg zum Verständnis der alten Kunst Mexikos. So verkehrt sich die *Andersheit* der mesoamerikanischen Kultur ins Gegenteil: dank der modernen Ästhetik sind diese zeitlich so fernen Werke für uns auch zeitgenössische Werke.

Ich habe als Grundzüge der mesoamerikanischen Kultur die Originalität, die Isolierung und das, was ich nur als die *Andersheit* bezeichnen konnte, erwähnt. Ich muß zwei weitere Wesensmerkmale hinzufügen: die Homogenität im Raum und die Kontinuität in der Zeit. Auf dem mesoamerikanischen Territorium, das kontrastreich und mannigfaltig ist und wo es alle Klimata und Landschaften gibt, entstanden verschiedene Kulturen, deren Grenzen *grosso modo* denen der Geographie entsprechen: der Nordwesten, das zentrale Hochland, die Küste des Golfs von Mexiko, das Tal von Oaxaca, Yucatán und der Regenwald des Südostens bis Guatemala und Honduras. Die Verschiedenartigkeit der Kulturen, Sprachen und Kunststile sprengt nicht deren wesenhafte Einheit. Obgleich sich ein Werk der Maya schwerlich mit einem aus Teotihuacán – die beiden Pole oder Extreme Mesoamerikas – verwechseln läßt, finden sich in allen großen Kulturen gewisse gemeinsame Elemente. Ich zähle jene auf, die mir die wesentlichsten zu sein scheinen:
– Der Anbau von Mais, der Stangenbohne und der Kalebasse;
– das Fehlen von Zugtieren und damit des Rades und des Wagens;
– eine eher primitive Technologie, der es nicht gelang, die Steinzeit hinter sich zu lassen, außer auf einigen Gebieten wie der im übrigen vortrefflichen Goldschmiedekunst;
– Stadtstaaten mit einem militärisch-theokratischen Gesell-

schaftssystem, in denen die Kaufmannsschicht eine führende Rolle spielte;

– Hieroglyphenschrift, Gesetzbücher, ein komplexer Kalender, der auf der Verbindung eines »Jahres« von 260 Tagen und einem anderen, dem Sonnenjahr, von 365 Tagen basierte;

– das rituelle Spiel mit einem Kautschukball (dieses Spiel ist der Vorläufer des modernen Sports, bei dem zwei Mannschaften mit einem Hohlball um den Sieg kämpfen, wie beim Basketball und beim Fußball);

– eine sehr fortgeschrittene Astronomie, wie in Babylon untrennbar von der Astrologie und der Priesterkaste;

– Handelszentren, nicht unähnlich den »Freihäfen« unserer Zeit;

– eine Weltsicht, in der der Umlauf der Gestirne und die Rhythmen der Natur sich zu einer Art Tanz des Universums verbanden, Ausdruck des kosmischen Krieges, der seinerseits, in großem Maßstab, der Archetyp der rituellen Kriege und der Menschenopfer war;

– ein äußerst rigoroses religiös-ethisches System, das Praktiken wie die Beichte und die Selbstverstümmelung einschloß;

– eine kosmologische Spekulation, in der der Begriff der Zeit eine Hauptfunktion erfüllte, beeindruckend durch ihre emphatische Auffassung der Bewegung, des Wandels und der Katastrophe – eine Kosmologie, die, wie Jacques Soustelle aufgezeigt hat, auch eine Philosophie der Geschichte war;

– ein religiöses Pantheon, das vom Prinzip der Metamorphose regiert wurde: das Universum ist Zeit, die Zeit ist Bewegung, und die Bewegung ist Wandel, ein Ballett maskierter Götter, die die schreckliche Pantomime der Schöpfung und Zerstörung der Welten und der Menschen tanzen;

– eine Kunst, die schon Dürers Bewunderung erregte, bevor sie Baudelaire in Erstaunen setzte, und in der sich so verschiedene Temperamente wie die Surrealisten und Henry Moore wiedererkannt haben;

– eine Dichtung, welche die Pracht der Bilder mit metaphysischer Tiefe verband.

Die Kontinuität in der Zeit ist nicht weniger bemerkenswert als die Einheit im Raum: eine viertausend Jahre alte Existenz, von den Anfängen in den Siedlungen des Neolithikums bis zum Untergang im 16. Jahrhundert. Genaugenommen beginnt die mesoamerikanische Hochkultur um 1200 v. Chr. mit einer Kultur, die wir, *faute de mieux*, die *Olmeca*-Kultur nennen. Den Olmeken verdankt man unter anderem die Hieroglyphenschrift, den Kalender, die ersten Fortschritte in der Astronomie, die Monumentalskulptur (die Kolossalköpfe) und die sonst nur noch in China vorkommenden in Jade geschnittenen Figuren. Die Olmeken sind der gemeinsame Stamm der großen Zweige der meso-amerikanischen Kultur: Teotihuacán im Hochland, El Tajín am Golf, die Zapoteken (Monte Albán) in Oaxaca, die Maya in Yucatán, im Regenwald des Südostens, in Guatemala und in Honduras. Diese Periode ist die Blütezeit. Sie beginnt um 300 n. Chr. und zeichnet sich aus durch die Gründung von Stadtstaaten, die von mächtigen Theokraten regiert werden. Am Ende dieser Epoche kommen aus dem Norden die Barbaren und gründen neue Staaten. Es beginnt eine andere, ausgeprägt militaristische Phase. Im Jahre 856 wird im Hochland nach dem Bilde von Teotihuacán – dem mesoamerikanischen Alexandria und Rom – Tula gegründet. Sein Einfluß erstreckt sich im 10. Jahrhundert bis nach Yucatán (Chichén Itzá). In Oaxaca beginnt für die Zapoteken die Zeit des Zerfalls, sie werden von den Mixteken verdrängt. Im Golf: Huaxteken und Totonaken. Im 12. Jahrhundert Zerstörung Tulas. Wiederum, wie in China vor der Han-Zeit, einander bekämpfende Reiche. Die Azteken gründen 1325 México-Tenochtitlán. Auf der neuen Hauptstadt liegt der Schatten Tulas, auf der wiederum der von Teotihuacán lag. México-Tenochtitlán war das Zentrum eines Reiches, und beim Einzug von Cortés im Jahre 1519 zählte die Stadt über eine halbe Million Einwohner.

In der Geschichte Mesoamerikas, wie in der aller Kulturen, gab es große Unruhen und Aufstände, doch keine einschneidenden Veränderungen, wie zum Beispiel in Europa die Verwandlung der Antike durch das Christentum. Die kulturellen Archetypen waren seit den Olmeken bis zum endgültigen Verfall im wesentlichen die gleichen. Ein weiteres bemerkenswertes und vielleicht einzigartiges Charakteristikum: das Nebeneinander eines unzweifelhaften Primitivismus auf technischem Gebiet – ich habe bereits darauf hingewiesen, daß die Mesoamerikaner in vielen Bereichen nicht über die Steinzeit hinaus gelangten – und großen religiösen Konzeptionen sowie einer sehr komplexen Kunst voller Raffinement. Ihre Entdeckungen und Erfindungen waren zahlreich, und darunter gab es zwei wirklich außerordentliche: die Entdeckung der Null und der Schreibung der Zahlen nach ihren Stellen. Beide Entdeckungen wurden früher gemacht als in Indien und völlig unabhängig voneinander. Mesoamerika zeigt einmal mehr, daß eine Kultur sich nicht an ihren Produktionstechniken messen läßt, zumindest nicht ausschließlich, sondern an ihrem Denken, ihrer Kunst und ihren ethischen und politischen Errungenschaften.

In Mesoamerika bestand eine Hochkultur neben einer ländlichen Kultur, die Ähnlichkeit hatte mit der der archaischen Siedlungen vor der urbanen Revolution. Diese Parallelität spiegelt sich wider in der Kunst. Die Handwerker in den Dörfern stellten Gegenstände des täglichen Gebrauchs her, im allgemeinen aus Ton und anderen zerbrechlichen Materialien, die uns durch ihre Gefälligkeit, ihren Einfallsreichtum und ihren Humor bezaubern. Bei ihnen war Nützlichkeit nicht unvereinbar mit Schönheit. Dieser Kunstgattung gehören auch viele magische Gegenstände an, Medien jener psychischen Energie, welche die Stoiker »sympathia universalis« nannten, dieses Fluidum, das die lebendigen Wesen – Menschen, Tiere, Pflanzen – mit den Elementen, den Planeten und den Gestirnen verbindet. Die andere Kunst ist die der großen Kulturen. Die religiöse Kunst der Theokratien und die aristokratische Kunst der Fürsten. Die erstere war fast immer monumental und öffentlich, die letztere zeremoniell und prunkvoll. Die mesoamerikanische Kultur kannte, wie so viele andere, nicht die rein ästhetische Erfahrung; das heißt, angesichts der Volkskunst und der magischen Kunst, wie auch angesichts der religiösen Kunst war der ästhetische Genuß nicht isoliert, sondern mit anderen Erfahrungen verbunden. Die Schönheit war kein Wert an sich; in einigen Fällen war sie verbunden mit religiösen Werten und in anderen mit der Nützlichkeit. Die Kunst war kein Selbstzweck, sondern eine Brücke oder ein Talisman. Als Brücke führt uns das Kunstwerk vom Hier des Jetzt zu einem Dort in einer anderen Zeit. Als Talisman vertauscht das Werk die Wirklichkeit, die wir sehen, mit einer anderen: Coatlicue ist die Erde, die Sonne ist ein Jaguar, der Mond ist der Kopf einer enthaupteten Göttin. Das Kunstwerk ist ein Medium, es überträgt heilige Kräfte und Mächte, *andere*. Die Funktion der Kunst ist es, uns die Tore zu öffnen, die auf die andere Seite der Wirklichkeit führen.

Ich habe von Schönheit gesprochen. Das war ein Irrtum. Das Wort, das auf die mesoamerikanische Kunst zutrifft, ist *Ausdruck*. Es ist eine Kunst, die *spricht*, doch das, was sie sagt, sagt sie mit solchem Nachdruck, daß dieses Sprechen immer ausdrucksvoll ist. Ausdrücken: den Saft, die Essenz ausdrücken, nicht nur der Idee, sondern auch der Form. Eine mit Attributen und Zeichen bedeckte Maya-Gottheit ist keine Skulptur, die wir lesen können wie einen Text, sondern ein Skulptur-Text oder eine Text-Skulptur. Verschmelzung von Lektüre und Betrachtung, zweier Tätigkeiten, die im Westen voneinander getrennt sind. Die Coatlicue Mayor setzt uns nicht nur durch ihre Ausmaße und ihr Volumen in Erstaunen – sie ist zweieinhalb Meter hoch und zwei Tonnen schwer –, sondern auch dadurch, daß sie ein versteinerter Gedanke ist.

Wenn der Gedanke schrecklich ist – um zu gebären, verschlingt die Erde –, ist der Ausdruck, den er annimmt, rätselhaft: jedes Attribut der Göttin – Reißzähne, gespaltene Zunge, Schlangen, Schädel, abgeschnittene Hände – ist realistisch dargestellt, doch das Ganze ist eine Abstraktion. Die Coatlicue ist zugleich eine Scharade, ein Syllogismus und eine Präsenz, die ein »schreckliches Mysterium« ausdrückt. Die realistischen Attribute verbinden sich gemäß einer heiligen Syntax, und der Satz, der so entsteht, ist eine Metapher, die die drei Zeichen und die vier Himmelsrichtungen in sich vereinigt. Ein Kubus aus Stein, der zugleich eine Metaphysik ist. Allerdings ist die Gefahr dieser Kunst das Fehlen von Humor, die Pedanterie des blutrünstigen Theologen. (Die Theologen haben in allen Religionen enge Beziehungen zu den Henkern.) Doch wie sollte man in dieser Strenge nicht eine doppelte Treue zur Idee und zum Material sehen, in der sie sich manifestiert – Stein, Ton, Knochen, Holz, Federn, Metall? Das »Steinerne« der mexikanischen Skulptur, das Henry Moore so bewundert, ist die andere Seite ihrer nicht weniger bewundernswerten gedanklichen Strenge. Verschmelzung von Materie und Bedeutung: der Stein spricht, ist Idee, und die Idee wird zu Stein.

Die mesoamerikanische Kunst ist eine Logik der Formen, der Linien und der Volumen, die zugleich eine Kosmologie ist. Nichts ist dem griechisch-römischen Naturalismus und dem der Renaissance, der auf der Darstellung des menschlichen Körpers beruht, ferner als die mesoamerikanische Konzeption des Raumes und der Zeit. Für den Maya- oder Zapoteke-Künstler ist der Raum fließend, ist Ausdehnung gewordene Zeit; die Zeit ist massiv: ein Block, ein Kubus. Raum, der vergeht, und unbewegliche Zeit: zwei Extreme der kosmischen Bewegung. Ein Sichnähern und Sichentfernen in diesem *Ballett*, wo die Tänzer Gestirne und Götter sind. Die Bewegung ist Tanz, der Tanz ist Spiel, das Spiel ist Krieg: Schöpfung und Zerstörung. Der Mensch ist nicht der Mittelpunkt des Spiels, aber er ist der Spender von Blut, des kostbaren Stoffes, der die Welt bewegt und dank dem die Sonne aufgeht und der Mais wächst.

Paul Westheim weist auf die Bedeutung des Stufenmäanders hin, auf die Stilisierung der Schlange, des Zickzacks des Blitzes, des Windes, der die Oberfläche des Wassers kräuselt und das Maisfeld zum Wogen bringt. Von Bedeutung ist auch die Darstellung des Maiskorns, das in die Erde gesenkt wird und in ihr aufgeht, so wie der Priester die Stufen der Pyramide hinauf- und hinabsteigt und die Sonne im Osten hochklettert und im Westen hinabstürzt. Als Zeichen der Bewegung ist der Stufenmäander die Treppe der Pyramide, und die Pyramide ist nichts anderes als Geometrie gewordene Zeit, Raum. Die Pyramide von Tenayucan hat 52 Schlangenköpfe: die 52 Jahre des aztekischen Jahrhunderts. Die Pyramide von Kukulkán in Chichén Itzá hat neun Doppelterrassen (die 18 Monate des Jahres), und ihre Treppen zählen 364 Stufen plus einer der oberen Plattform (die 365 Tage des Sonnenjahres). In Teotihuacán hat jede der zwei Treppen der Sonnenpyramide 182 Stufen (364 plus einer der Plattform auf der Spitze), und der Tempel von Quetzalcóatl weist 364 Schlangenrachen auf. In El Tajín hat die Pyramide 364 Nischen plus einer verborgenen. Vermählung von Raum und Zeit, Darstellung der Bewegung durch eine steinerne Geometrie. Und der Mensch? Er ist eines der Zeichen, welche die universale Bewegung entwirft, tilgt, entwirft, tilgt ... »Der Lebensspender«, heißt es in einem aztekischen Gedicht, »malt mit Blumen.« Seine Gesänge schattieren und kolorieren jene, die leben müssen. Wir sind Wesen aus Fleisch und Blut, doch so unbeständig wie gemalte und kolorierte Schatten: »Nur in deiner Malerei leben wir hier auf Erden.«

Wandel und Kontinuität

Die Kunst Neuspaniens und des unabhängigen Mexiko erfordern keine ausführliche Darlegung. Sie umfassen einen Zeitraum von vierhundertfünfzig Jahren, während die Kunst Mesoamerikas seit dreitausend Jahren besteht.

Das 16. Jahrhundert war das Jahrhundert der großen Zerstörung und zugleich des großen Aufbaus. Das Jahrhundert der Konquistadoren und Missionare, aber auch das der Baumeister, Steinmetze und Stukkateure: Festungen, Klöster, Paläste, Kirchen, Kapellen, Hospitäler, Schulen, Aquädukte, Brunnen, Brücken. Gründung von Städten, bisweilen auf den Ruinen der Indio-Städte. Der Grundriß war im allgemeinen quadratisch, mit dem Platz im Zentrum, also römischen Ursprungs. In Berggegenden griff man auf den unregelmäßigen maurischen Grundriß zurück. Verpflanzung der Kunststile der Epoche, wenn auch mit einiger Verspätung und recht anarchisch: Mudejarstil, Gotik, Platereskstil, Renaissance. Diese Mischung ist für Hispanoamerika typisch und paßt genau zu Mexiko, dem Land, in dem sich wie in keinem anderen die Dialektik von Verbindung und Trennung, von Gegensätzen, entfaltet: Licht und Schatten, weiblich und männlich, Leben und Tod, Ja und Nein. Das 17. Jahrhundert übernimmt den Barock und macht ihn sich zu eigen, ein Stil, dem Mexiko viele wirklich denkwürdige Werke verdankt. Dieser Barock, verbunden mit einem *Churriguerismo*, der noch überladener war als der Spaniens, hielt sich bis weit ins 18. Jahrhundert. Dieses Jahrhundert, so meine ich, ist auf dem Gebiet der Architektur in Neuspanien reicher und fruchtbarer als in Spanien. Die Unabhängigkeit überrascht uns mitten im Neoklassizismus, ein Stil, der weder zur mexikanischen Tradition noch zu der Phase paßte, die das Land gerade durchlebte. Das letzte Zeugnis über die Stadt Mexiko stammt von Humboldt. Er nennt sie

»die Stadt der Paläste«. Das Lob war übertrieben, enthielt jedoch ein Quentchen Wahrheit: Boston war zu jener Zeit ein großes Dorf.

Die Kunst Neuspaniens begann als eine verpflanzte Kunst. Sehr bald erlangte sie jedoch eigene Wesensmerkmale. Inspiriert durch die spanischen Vorbilder, paßten sich auf dem ganzen Kontinent die neuhispanischen Künstler dem spanischen Wesen wohl am meisten an; gleichzeitig aber gibt es in ihren Werken etwas, das schwer zu definieren ist und das ihre Vorbilder nicht aufweisen. Ein indigenes Moment? Nein. Vielmehr eine Art Abweichung vom spanischen Archetyp, sei es durch Übertreibung oder durch Ironie, durch sorgfältige Berechnung oder durch eine Pirouette der Phantasie. Die Lust am Stil bricht mit der Norm, indem sie die Linie betont und den Entwurf kompliziert. Die Kunst Neuspaniens verrät den Wunsch, über das Vorbild hinauszugehen. Der Kreole hat das Gefühl, eines eigenen Seins zu ermangeln: er ist nur ein Streben nach Sein, und er gelangt zum Sein nur, wenn er die Extreme berührt hat. Daher seine psychischen Schwankungen, seine Begeisterung und seine Lethargie, seine Liebe zu den Formen, die ihm Sicherheit und Würde geben, und seine Lust, eben diese Formen zu dehnen und zu strecken bis zur Verrenkung.

In Neuspanien entstand eine recht beachtliche Malerei, auch wenn sie der spanischen nicht gleichkommt, sowie eine ausgezeichnete Bildhauerei und eine wirklich außergewöhnliche Architektur. Eine Zivilisation ist nicht nur ein Ensemble von Techniken. Ebensowenig ist sie eine Sicht der Welt: sie ist eine Welt. Ein Ganzes: Werkzeuge, Kunstwerke, Institutionen, Gemeinschaften und Individuen, die von einer Ordnung bestimmt werden. Diese manifestiert sich am vollkommensten in der Stadt und in der Sprache. Durch seine Städte und durch seine dichterischen Werke war Neuspanien eine Zivilisation. Auf dem Gebiet der Sprache läßt sich das gleiche Phänomen beobachten wie auf dem der Architektur: ein gewisser *décalage* zwischen der Zeit Europas und jener Mexikos. Dieser Unterschied wirkte sich nicht immer nachteilig aus. So fällt zum Beispiel der Niedergang der Barockdichtung in Spanien am Ende des 17. Jahrhunderts mit ihrem Höhepunkt in Mexiko zusammen: Góngoras *Soledades* (Einsamkeiten), dem bedeutendsten Gedicht des 17. Jahrhunderts in Spanien, entspricht – oder besser gesagt, antwortet – fünfzig Jahre später der *Primero Sueño* (Erster Traum) von Sor Juana Inés de la Cruz. Stellt das Werk der mexikanischen Nonne ein Ende oder einen Anfang dar? Unter dem Gesichtspunkt der Stilgeschichte geht mit ihr eine große Epoche der Dichtung unserer Sprache zu Ende; unter dem Blickwinkel der Geistesgeschichte beginnt mit ihr etwas, das heute noch nicht abgeschlossen ist: der Feminismus. Sie war die erste Frau unserer Kultur, die nicht nur das Bewußtsein hatte, Frau und Schriftstellerin zu sein, sondern auch ihr Recht darauf verteidigte. Es wäre faszinierend, eine vergleichende Studie über die beiden großen Frauengestalten Amerikas während der Kolonialzeit zu schreiben: Juana Inés de la Cruz, die zehnte Muse Mexikos, und Ann Bradstett, die zehnte Muse Nordamerikas. Der Gegensatz zwischen der Architektur von Mexiko-Stadt und von Boston – die eine monumental, komplex und von der reichen Ornamentik eines barocken Festes, die andere schlicht, kahl, teils zweckmäßig, teils asketisch – kommt auch in den Werken dieser beiden bemerkenswerten Frauen zum Ausdruck.

Das 19. Jahrhundert war ein Jahrhundert der Kämpfe, Invasionen, Spaltungen, Verstümmelungen und der Suche. Eine unglückliche Epoche, wie in Spanien und in den meisten Ländern unserer Kultur. Am Ende taucht ein großer Künstler auf: José Guadalupe Posada. Im Vorwort zu seiner *Anthologie des schwarzen Humors* bemerkt André Breton, daß der Humor, außer im Werk von Goya und Hogarth, in der Tradition der bildenden Kunst des Okzidents nicht in Erscheinung tritt. Und er fügt hinzu: »Reiner und handfester Humor triumphiert in der bildenden Kunst, wie uns scheint, erst in einer uns näheren Zeit, und als seinen ersten und genialen Meister können wir vielleicht den mexikanischen Künstler José Guadalupe Posada ansehen . . .« Und weiter unten zögert Breton nicht, Posadas Schwarz-Weiß-Holzschnitte mit bestimmten surrealistischen Kunstwerken, besonders den *collages* von Max Ernst zu vergleichen. Es sei noch bemerkt, daß mit Posada nicht nur der Humor in der modernen bildenden Kunst Einzug hält, sondern daß mit ihm auch die Bewegung der mexikanischen Malerei beginnt. Obgleich er 1913 starb, wurde er von Diego Rivera und José Clemente Orozco nicht als Vorläufer, sondern stets als Zeitgenosse betrachtet. Sie hatten recht. Mir persönlich erscheint Posada sogar moderner als sie. Von den mexikanischen Malern weist José Clemente Orozco die größte Nähe zu Posada auf, doch bei Orozco verwandelt sich Posadas schwarzer Humor in Sarkasmus und damit in Idee. Und die Idee, der ideologische und didaktische Ballast, steht oft als Hemmnis zwischen dem heutigen Betrachter und der Malerei Riveras, Orozcos und Siqueiros'. Hier muß einmal mehr gesagt werden, daß Malerei nicht die Ideologie ist, die sie verdeckt, sondern die Formen und Farben, mit denen der Maler, oft unbewußt, sich entdeckt und uns seine Welt entdeckt.

Die moderne mexikanische Malerei ist, wie im Fall der Entdeckung der prähispanischen Kunst, das Ergebnis des Zusammentreffens zweier Revolutionen: der sozialen Revolution in Mexiko und der künstlerischen Revolution des Okzidents. Rivera nahm an der Bewegung des Kubismus teil, Siqueiros interessierte sich für die Experimente des Futurismus und Orozco hat nicht wenig mit den Expressionisten gemein. Gleichzeitig erlebten alle drei intensiv die revolutionären Ereignisse und deren Folgen. Rivera und Siqueiros waren Anhänger einer Partei mit ästhetischen und politischen Programmen und Schemata; Orozco, freier und reiner, Anarchist und Konservativer in einem, zudem ein Einzelgänger, war der eigentliche Rebell. Wenn auch ein Großteil des Werkes dieser drei Maler ein bildnerischer Kommentar unserer Geschichte und namentlich der Mexikanischen Revolution ist, so liegt ihre Bedeutung doch nicht in ihren politischen Auffassungen und Haltungen. Das Werk selbst ist in allen drei Fällen – mögen zwischen ihnen auch wesentliche Unterschiede bestehen – bemerkenswert durch seine bildnerische Kraft und seinen Formenreichtum. Drei starke, unverwechselbare, ungleiche Maler.

Zu ihrer Zeit übten alle drei großen Einfluß aus, innerhalb und außerhalb Mexikos. So ist zum Beispiel der Einfluß von Siqueiros in den ersten Werken Pollocks spürbar und der Orozcos in den Anfängen Tobeys. Der Bildhauer und Maler Noguchi war eine Zeitlang Assistent und Mitarbeiter Riveras. Die Liste ließe sich noch verlängern. Das Kapitel des Einflusses, den die mexikanischen Maler auf die nordamerikanischen Künstler ausübten, bevor diese sich dem »abstrakten Expressionismus« anschlossen, bleibt noch zu schreiben. Gleichzeitig ist das Werk der drei mit der modernen Geschichte Mexikos verknüpft, und in dieser Abhängigkeit vom geschichtlichen Geschehen liegt, mit allen Widersprüchen, seine Größe und seine Begrenztheit. Sie verkörpern die beiden zentralen Momente der Mexikanischen Revolution: die Rückkehr zu den Ursprüngen, die Wiederentdeckung des erniedrigten und beleidigten Mexiko und, vor allem bei Orozco, die Desillusionierung, den Sarkasmus, die Anklage – und die Suche. Natürlich hört die mexikanische Malerei nicht mit ihnen auf. Sie sind ihr Beginn, ihre unmittelbare Vergangenheit. Zwischen 1925 und 1930 tauchte eine neue Gruppe von Malern auf, Rufino Tamayo und einige andere. Mit ihnen beginnt eine andere Malerei, die gegenwärtige. Sie wurden nicht in diese Ausstellung aufgenommen, weil eine weitere in Vorbereitung ist, die ausschließlich der zeitgenössischen mexikanischen Kunst gewidmet sein wird.

Die Tradition der Volkskunst – eine weitere unklare Bezeichnung – ist in Mexiko sehr alt und geht bis zum Neolithikum zurück. Eine wahrhaft beeindruckende Kontinuität. In der neuspanischen Epoche übernahm das mexikanische Kunsthandwerk zunächst die aus Spanien importierten Formen und Motive und war später dann orientalischen Einflüssen ausgesetzt: aus China, von den Philippinen, sogar aus Indien. Die Volkskunst des 19. Jahrhunderts ist, wie die heutige, Ergebnis der Kreuzung aller dieser Stile, Epochen und Zivilisationen. In der Volkskunst Mexikos verbindet sich, wie in den Holzschnitten Posadas, das Vertraute mit dem Phantastischen, verschmilzt die Nützlichkeit mit dem Humor. Diese Gegenstände sind Werkzeuge, und sie sind Metaphern. Sie werden noch heute von anonymen Handwerkern hergestellt, die unsere Zeitgenossen und zugleich jene der Künstler der präkolumbianischen Dörfer sind. In Wirklichkeit sind diese Gegenstände weder alt noch modern: sie gehören einer zeitlosen Gegenwart an.

Der spanische Betrachter wird vor vielen dieser Gegenstände zweifellos ein Gefühl der Vertrautheit, vermischt mit Fremdheit, empfinden. Einerseits wird er sich in ihnen wiedererkennen, andererseits wird das Unerwartete ihn überraschen. Zwischen diesen Polen entfaltet sich die Ausstellung mexikanischer Kunst, die in diesem Jahr, 1977, in Madrid und Barcelona gezeigt wird: Wiedererkennen und Entdecken. Spanien kann sich im Spiegel dieser Ausstellung sehen und gleichzeitig eine andere Dimension der Wirklichkeit und der Kunst entdecken. Eine fremde und eigene Dimension. Vermischung von schon Geschautem und nie Geschautem, Gewöhnlichem und Ungewöhnlichem – ist dies nicht, was wir dichterische oder ästhetische *Erleuchtung* nennen? Rimbaud entdeckte und sagte es in unvergeßlichen Worten in seinen *Illuminationen*: »Dieses Idol, schwarze Augen, gelbe Mähne, ohne Verwandtschaft noch Gefolge, edler als die Sage, mexikanisch und flämisch . . .« Die Kunst des Festes und der Kult des Todes als eine andere prachtvolle Kunst, an der Sinnlichkeit und Imagination teilhaben, waren Gaben, die Spanien von Burgund geerbt hatte. Mit den Spaniern Karls V. gelangten sie nach Mexiko, und hier trafen sie auf den Tanz der Indios, die Umhänge aus Federn, die Masken aus Jade und die Schädel aus Türkisen. Mexiko und Flandern: zwei Pole Spaniens.

Mexiko, 12. September 1977

Der mexikanische Muralismo[1]
Re-Visionen: Orozco, Rivera, Siqueiros

Worin unterscheidet sich Ihrer Meinung nach der mexikanische Mura-
lismo von den anderen expressionistischen Richtungen unseres Jahrhun-
derts?

Der mexikanische Muralismo hat eigene, unverwechselbare
Charakteristika. Es ist keineswegs übertrieben, wenn man
sagt, daß er in der Geschichte der Kunst des 20. Jahrhunderts
eine Sonderstellung einnimmt. Einerseits ist er eine Folge der
künstlerischen Bewegungen Anfang dieses Jahrhunderts in
Europa; andererseits ist er eine Antwort auf diese Bewegungen
und in gewissem Maße deren Negation. Es gibt im mexikanischen Muralismo gleichsam einen Zwiespalt zwischen seinen
ästhetischen und seinen ideologischen Bestrebungen. Doch
um diesen Zwiespalt zu verstehen, muß man den geschichtlichen und gesellschaftlichen Bedingungen Rechnung tragen,
die das Entstehen dieser künstlerischen Bewegung zu Beginn
der zwanziger Jahre ermöglichten. Ohne die Mexikanische
Revolution hätte es den Muralismo nicht gegeben – oder er
hätte ganz anders ausgesehen.

Inwiefern war die Mexikanische Revolution für den Muralismo be-
stimmend?

Die Mexikanische Revolution war unter den Revolutionen des

[1] Grundlage dieses Textes ist ein Interview, das ich dem französischen Fernsehen während der Aufnahme eines Films über den mexikanischen Muralismo
gegeben habe. Ich hatte mir dabei einige Notizen gemacht, und von ihnen
ausgehend schrieb ich den hier abgedruckten Dialog, der eine wesentliche
Erweiterung und substantielle Modifikation der ursprünglichen Fassung darstellt. In Wirklichkeit handelt es sich um einen ganz neuen Text.

20. Jahrhunderts ein einzigartiges Phänomen. Sie war eine nationalistische, die Landwirtschaft betreffende Revolte, keine ideologische Revolution. Sie war nicht das Werk einer Partei und hatte kaum ein Programm: sie war eine Erhebung des Volkes, ein spontaner Aufstand, der nicht einen Führer hatte, sondern viele. Ich habe mich immer gefragt, ob es eine Revolution war, in der modernen Bedeutung des Wortes, oder eine Revolte. Ich glaube, es war eine Revolte. So etwas wie eine Eruption des verborgenen Lebens Mexikos. Unsere Revolution brachte wie bei einer Geburt ein unbekanntes Mexiko ans Licht. Nur daß das Kind, das 1910 geboren wurde, schon Jahrhunderte alt war: es war das Mexiko des Volkes, das traditionelle Mexiko, das von dem bestehenden Regime überdeckt worden war. Ein Mexiko, das die einen wie die anderen, Progressisten der Linken wie Progressisten der Rechten, heute erneut begraben haben. Die Mexikanische Revolution war die Entdeckung Mexikos durch die Mexikaner. Ich habe angedeutet, daß sie so etwas wie eine gewaltige Revolte gewesen ist; ich füge hinzu: Sie war eine Enthüllung. Die Revolution enthüllte uns Mexiko. Besser gesagt: Sie gab uns die Augen wieder, es zu sehen. Und vor allem den Malern, den Dichtern und den Romanciers: Mariano Azuela, Rivera, Martin Luis Guzmán, Orozco, López Velarde, Vasconcelos.

Die Revolution war eine Rückkehr zu den Ursprüngen, aber sie war auch ein Beginn, oder genauer, ein Neubeginn. Mexiko kehrte zu seiner Tradition nicht zurück, um seine Geschichte zu wiederholen, sondern um eine neue Geschichte zu beginnen. Dies war der mehr oder weniger klare Gedanke, von dem das neue Regime und insbesondere der Unterrichtsminister dieser Jahre, José Vasconcelos, sich leiten ließ. Vasconcelos war ein genialer Mann. Er rief die Künstler dazu auf, bei der Aufgabe, Mexiko zu erschaffen oder wiederzuerschaffen, mitzuarbeiten. Er forderte dazu ebenso die Dichter wie die Tänzerinnen, die Maler wie die Musiker auf. In den Schulen lehrte man die Kinder die traditionellen Lieder und Tänze, man begeisterte sich für die Volkskunst, es erschienen Bücher und Zeitschriften, die Wände der öffentlichen Gebäude wurden den Malern zugewiesen. Vasconcelos glaubte an den gesellschaftlichen Auftrag der Kunst. Auch glaubte er an die Freiheit, und deshalb zwang er den Malern weder ein ästhetisches noch ein ideologisches Dogma auf. In seiner Kunstpolitik ließ er sich nicht nur von dem Vorbild der großen religiösen Malerei des Mittelalters und der Renaissance leiten, sondern auch von dem Beispiel Neuspaniens, vor allem dem des 16. Jahrhunderts: in fast allen Klöstern dieser Epoche nimmt die Wandmalerei eine Sonderstellung ein. Doch im Unterschied zur Kirche ließ Vasconcelos den Künstlern alle Freiheit.

Vasconcelos sollte das Unterrichtsministerium bald verlassen. Seine Nachfolger teilten seine Ideen zwar nicht, doch erkannten sie deren politischen Nutzen: der junge revolutionäre Staat brauchte so etwas wie eine kulturelle Legitimation oder Weihe, und konnte es eine größere Weihe als den Muralismo geben? Damit begann eine Zwiespältigkeit, die den mexikanischen Muralismo schließlich denaturierte: einerseits war er eine revolutionäre Kunst oder nannte sich wenigstens revolutionär; andererseits war er eine offizielle Kunst. Ich werde darauf noch zurückkommen. Ich möchte zunächst auf die Umstände hinweisen, die beim Entstehen des mexikanischen Muralismo eine Rolle spielten: die Entdeckung des wahren Mexiko durch die Mexikanische Revolution und die politischen und ideologischen Erfordernisse des neuen revolutionären Regimes.

Kann man sagen, daß der Muralismo ein Ausdruck der Mexikanischen Revolution ist?
Ja und nein. Die geschichtlichen und politischen Umstände erklären nicht alles. Die Revolution hatte das Volk Mexikos und dessen traditionelle Künste entdeckt; ihrerseits brauchten

die revolutionären Regierungen sozusagen die Weihe der
Künstler. Das Wesentliche war jedoch das Auftreten einer
Gruppe von Künstlern, die die Wirklichkeit mit anderen, mit
neuen Augen sah, und nicht mit denen der akademischen
Kunst. Für einen Künstler des 19. Jahrhunderts wäre es nicht
einfach gewesen, das präkolumbianische künstlerische Erbe
oder den Reichtum und die Originalität der Volkskunst zu
erkennen. Nun aber kommt ein weiterer entscheidender Umstand hinzu, der kein politischer, sondern ein ästhetischer ist,
kein nationaler, sondern ein internationaler: die Lehre der
modernen Kunst Europas. Die große ästhetische Revolution
in Europa, die zu Beginn des 19. Jahrhunderts mit den Romantikern begann, hat uns gelehrt, die Künste und Traditionen
anderer Völker und Kulturen zu sehen, von den orientalischen
und afrikanischen bis zu denen des präkolumbianischen Amerika und Ozeaniens. Ohne die modernen Künstler des Westens,
die sich diesen ganzen Komplex von Stilen und Anschauungen
der nicht-westlichen Traditionen zu eigen machten, hätten die
mexikanischen Muralisten die indigene mexikanische Tradition
nicht verstehen können. Der mexikanische Nationalismus war
eine Folge des Kosmopolitismus des 20. Jahrhunderts.

Der mexikanische Muralismo ist das Ergebnis sowohl des
Wandels im gesellschaftlichen Bewußtsein durch die Mexikanische Revolution als auch des Wandels im ästhetischen Bewußtsein durch die künstlerische Revolution im Europa des
20. Jahrhunderts. Ich muß hinzufügen, daß die Muralisten im
Gebrauch der präkolumbianischen und volkstümlichen Formen recht zurückhaltend waren. Es ist seltsam, doch Rivera,
ein großer Kenner der modernen Stilrichtungen und ein großer Bewunderer der präkolumbianischen Kunst, verrät in seinen Formen eine eher akademische und europäische Sicht der
indigenen Welt. Siqueiros stand der Kunst des Barock und
dem italienischen Futurismus näher als der Volkskunst. Gleiches kann man von Orozco sagen: er besaß größere Affinität

zum europäischen Expressionismus als zu den traditionellen Künsten Mexikos. Und nichts ist dem hieratischen Charakter und der Geometrie der präkolumbianischen Künstler ferner als das Pathos Orozcos oder der Gestenreichtum Siqueiros'. Obgleich die präkolumbianische Kunst häufig eine Schrecken einflößende Kunst ist, ist sie doch keine Kunst, die schreit. Es gibt in der mesoamerikanischen Kunst keine Exklamationen. In Wirklichkeit ist der Künstler, der es verstanden hat, sowohl aus der Lehre der präkolumbianischen Kunst als auch aus der der Volkskunst die äußersten Konsequenzen zu ziehen, Rufino Tamayo gewesen.

Können Sie uns etwas mehr über die Beziehungen zwischen dem Muralismo und der europäischen Kunst sagen?
Der mexikanische Muralismo verdankt der modernen europäischen Malerei viel. Man darf nicht vergessen, daß Diego Rivera an die zwanzig Jahre in Europa verbracht hat. Er nahm am künsterlischen Leben von Paris teil, war ein Freund von Modigliani und Juan Gris, stritt sich mit Pierre Reverdy, und die an der Literatur- und Kunstgeschichte Interessierten werden seinen Namen im Zusammenhang mit vielen Kämpfen und Ereignissen jener Zeit finden. Bei der Uraufführung von *Les Mamelles de Tirésias* zum Beispiel protestierten mehrere kubistische Maler gegen Apollinaires Stück. Unter den Unterzeichnern des Protestschreibens findet man neben Juan Gris, Lhote und Severini den Namen Rivera. Doch Rivera ist kein Einzelfall. Mehrere hispanoamerikanische Künstler und Dichter waren an den künstlerischen Bewegungen in Paris während dieses Jahrhunderts beteiligt. Außer Rivera wären zum Beispiel anzuführen: Picabia (Hispanocubaner), Marius de Zayas (Mexikaner und New Yorker), Huidobro (Chilene), Matta (Chilene), Lam (Cubaner) und andere, die in verschiedenen Perioden mit der europäischen Avantgarde, insbesondere mit dem Surrealismus, in Berührung kamen.

Wie Sie selbst . . .

Und wie auch der peruanische Dichter César Moro und unlängst der Maler Alberto Gironella . . . Doch kehren wir zu Rivera zurück. In Riveras Entwicklung gibt es eine kubistische Phase. Der Kubismus von Diego Rivera gehört der zweiten Periode, der Endphase dieser Richtung an. Es ist aufschlußreich, daß Rivera schon damals hervorstach durch seine Vorliebe für die folkloristische Anekdote und für lebhafte Farben, die der kubistischen Strenge und Schmucklosigkeit sehr fern sind. Rivera war ein Maler, der über viele Mittel verfügte, doch meiner Ansicht nach war er ein akademischer Maler. Sein Kubismus war äußerlich, und das gleiche läßt sich sagen von seinen anderen Malweisen und Stilen. Seine Kunst kommt nicht von innen. Rivera besitzt Kunstfertigkeit, große Kunstfertigkeit sogar, zeigt bisweilen Meisterschaft, hat zweifellos Talent, doch nie oder fast nie Leidenschaft. Es ist eine äußerliche Malerei, ganz im Gegensatz zu der Orozcos. Rivera war ein eklektischer Maler, der verschiedene Malweisen kombinierte. Er erfand weniger, als daß er verschiedene Stile anwandte und sie, zuweilen sehr glücklich, miteinander verband. Ich denke an jene Wandbilder (Educación Pública, Chapingo), wo er mit wahrem Talent sowohl die Lehre der Freskomaler des *Quattrocento* als auch die Gauguins wiederbelebte. Letzterer war von entscheidender Bedeutung für seine Darstellung der Natur und des Menschen Mexikos. Die Indianerinnen und Indianer Riveras stammen von Gauguin. Es gibt noch einen Maler, zu dem er bisweilen eine unzweifelhafte Affinität besitzt: Ensor. Ich beziehe mich dabei auf den bekannteren Ensor, den des berühmten *Einzug Christi in Brüssel*. Es ist sonderbar, daß die Kritik diese Affinität übersehen hat. Eine weitere Ähnlichkeit, welche die Kritik, glaube ich, ebenfalls nicht bemerkt hat, ist die mit Léger. Die Entwicklung Légers ähnelt ein wenig der Riveras. Wie dieser ging er vom Kubismus – wenn der Légers auch rigoroser, kühner und erfinderischer war – zu einer unmittelbaren, volkstümlichen Kunst über, deren größter Reiz auf der seltsamen und wunderbaren Verbindung der Maschine mit dem weiblichen Körper beruht. Auch bei Rivera taucht die mit dem Maschinismus verbundene Erotik auf.

Rivera war, was die Malerei betrifft, der gebildetste der Muralisten, doch auch die anderen kannten die Versuche und Errungenschaften der modernen Malerei. Bei Siqueiros gibt es, sowohl in seiner Malerei als auch in seinen ästhtischen Anschauungen, Anklänge an den italienischen Futurismus. Der Versuch, die Bewegung zu malen, ist etwas, das Siqueiros mit einem Boccioni gemein hat. Was Orozco betrifft, so gibt es, abgesehen von dem Einfluß Daumiers und Toulouse-Lautrecs, Übereinstimmungen und Ähnlichkeiten mit dem deutschen Expressionismus und mit Künstlern, die, wie Rouault, vom Fauvismus herkommen. Auch gemahnt mich Orozco manchmal an Ensor und natürlich an Kokoschka.

Die Kunst der Muralisten ist ohne Zweifel Teil der expressionistischen Strömung, doch worin sehen Sie die Beziehungen zwischen dem europäischen Expressionismus und der mexikanischen Bewegung?
Man muß zunächst einmal Klarheit schaffen: manchmal vergißt man, daß der mexikanische Expressionismus, um ihn einmal so zu nennen, sich nicht auf den Muralismo beschränkt. Der Holzschneider Posada war, ohne es selbst zu wissen, ein ausgesprochener Expressionist. Rufino Tamayo ist, auf seine Weise, ebenfalls einer. Das gleiche läßt sich sagen von José Luis Cuevas. Trotzdem ist der Fall der Muralisten ein anderer, sowohl vom chronologischen als auch vom ästhetischen Standpunkt aus betrachtet. Sie sind es, mit denen in Mexiko und, als Bewegung, sogar auf dem amerikanischen Kontinent, die moderne Kunst beginnt; zudem besaß ihr Expressionismus besondere Charakteristika. Ihr Verhältnis zum europäischen Expressionismus war gewissermaßen ein polemisch-ver-

wandtschaftliches. Um diese Beziehung zu erhellen, muß man mit dem Anfang beginnen.

Die beiden großen europäischen Bewegungen, zu denen der mexikanische Muralismo Affinitäten zeigt und mit denen er Ähnlichkeiten aufweist, sind der Fauvismus und der Expressionismus. Der erstere war französisch und mediterran; der letztere deutsch, flämisch, nordisch. Beide Bewegungen entstehen um 1905 und gehen dem mexikanischen Muralismo um viele Jahre vorauf. Es besteht kein Zweifel, daß unsere Maler diese Strömungen und Richtungen nicht nur nicht ignorierten, sondern sie sich, fast immer auf eine sehr persönliche Art, assimilierten und anverwandelten. Zudem: Der gemeinsame Ursprung des Fauvismus und des Expressionismus waren van Gogh und Gauguin. Sie und Cézanne, sagte der Expressionist Nolde, »waren die Eisbrecher der modernen Kunst«. Ich brauche nicht daran zu erinnern, daß Rivera seinerseits die Lehre Gauguins aufgreift. Und auch, wenngleich weniger offensichtlich, die eines anderen großen Ahnen: Rousseau. Im Fall Orozco könnte man weitere Namen anführen: Daumier, Toulouse-Lautrec. So schöpften die Muralisten aus den gleichen Quellen wie die Expressionisten und die *Fauves*.

Von diesen gemeinsamen Ursprüngen abgesehen, ist evident, daß zwischen den Muralisten und den Expressionisten fortdauernde, konstante Affinitäten bestehen. Ähnlichkeiten, die nicht immer Einflüsse sind, sondern Koinzidenzen oder vielmehr Konfluenzen. Das läßt sich mit Sicherheit sagen von den beiden Künstlern, bei denen der Expressionismus stärker ausgeprägt ist: Orozco und Siqueiros. Der Fall Rivera ist ein anderer. Dieser hat eine unmittelbare Beziehung zum Fauvismus. Dagegen gehören Grosz, Otto Dix, Kokoschka, Rouault und Ensor der gleichen geistigen Familie an wie Orozco. Ein Maler kompakter Massen und fester Volumen wie Permeke erinnert an den Siqueiros der dreißiger Jahre, nicht an den Muralisten, sondern an den Staffeleimaler, der vielleicht der beste Siqueiros ist. Ich weiß nicht, ob jemand das schon gesagt hat: Unter den besten Bildern von Siqueiros gibt es eine Folge, deren Thema riesige Kalabassen und andere gewöhnliche Früchte sind. Das Motiv kann gar nicht traditioneller und weniger ideologisch sein. Diese Bilder erinnern an die großen spanischen Stilleben, sind jedoch von einer eigentümlichen, unerklärlichen Dramatik. Es sind gramvolle Früchte, die an riesige abgeschnittene Köpfe oder an melancholische Wandelsterne gemahnen. Bilder, die frei sind von den Mängeln, die fast sein ganzes Werk aufweist: das Gestikulieren, die Beredsamkeit. Sie sind Formen, nichts als *Formen*, in denen sich tiefe Emotion ausdrückt.

Die Beziehung zwischen dem Fauvismus und dem Expressionismus ist eng und widersprüchlich zugleich. Der Fauvismus ist eine dynamische, sinnliche Kunst, in Gefühlen schwelgend, leuchtend und von einer Inbrunst erfüllt, die man durchaus religiös nennen kann. Nicht von ungefähr war die größte Gestalt Matisse, der vollblütigste Maler dieses Jahrhunderts und derjenige, dessen Malerei als einzige in unserer elenden Epoche glücklich genannt zu werden verdient. Auch der Expressionismus ist dynamisch, doch seine Dynamik ist subjektiv; er sucht nicht, wie der Fauvismus, die Versöhnung mit den Naturkräften, sondern er will die dreifache Spaltung vertiefen: die zwischen dem Menschen und der Natur, die zwischen dem Menschen und seinesgleichen und die im Menschen selbst. Der Expressionismus ist immer pathetisch, sei er nun brutal oder ironisch. Der Fauvismus ist orgiastisch; der Expressionismus ist kritisch. Für den ersteren ist die Wirklichkeit ein Quell von Wundern; für den letzteren ein Quell von Grauen. Der Fauvismus ist ein Ausruf des Staunens angesichts des Lebens und dessen freudige Bejahung; der Expressionismus ist ein Schrei des Elends und eine moralische Anklage.

Der mexikanische Muralismo ist – mit der großen Ausnahme von Rivera – dem Expressionismus näher als dem

Fauvismus. Durch seine besonderen Neigungen, seine Sensibilität und sein Formgefühl unterscheidet sich Rivera ganz deutlich von seinen Kollegen und Rivalen. Besäße der Gegensatz zwischen dem romantischen und dem klassischen Künstler noch Geltung, wären Orozco und Siqueiros eindeutig romantische Künstler und Rivera ein klassischer. Er ist es vor allem wegen seiner meisterhaften Zeichnung und seines Sinns für Komposition. Seine Farbe ist nie grell, und sein Strich, manchmal allzu ruhig, windet und krümmt sich nie. Weder Qual noch Verzerrung, welches die beiden Pole von Orozco und Siqueiros als Zeichner sind. Es gibt bei ihm zudem einen Wesenszug, der ihn von seinen Kollegen zutiefst unterscheidet und der viele Kilometer platter und monotoner Malerei entschuldigt: seine Liebe zur Natur und seine Liebe für die weibliche Form. Ineinander verschlungene Bäume, taufeuchte Blüten, und Frauen, die ebenfalls etwas Pflanzliches haben. Keine materialistische, sondern eine animistische Malerei.

Orozcos und Siqueiros' Welt ist eine andere. Ihre Deformierungen der menschlichen Gestalt sind von der fauvistischen Sinnlichkeit weit entfernt; wie bei den nordischen Expressionisten haben diese Deformierungen nicht nur eine ästhetische, sondern auch eine moralische Dimension. Bei den einen wie bei den anderen ist das gemalte Bild – intensiv, brutal, zerrissen – weniger eine Vision des Grauens der Welt, als ein Urteil und eine Verurteilung. Kritische Kunst, Kunst der Negation und des Sarkasmus. Hier tritt der erste Unterschied zutage: der europäische Expressionismus und der mexikanische Muralismo sind subjektive Visionen der Wirklichkeit, doch der Subjektivismus der Europäer ist vor allem eine Sache der Sensibilität, wohingegen der der Mexikaner weder emotional noch psychologisch, sondern ideologisch ist (und moralisch im Falle Orozco). Der Expressionismus ist die Kunst einiger hochintelligenter Menschen, die auf die Intelligenz verzichtet haben oder in ihr nur eine Waffe sehen, um sich an der Dummheit und der Schlechtigkeit der Welt zu rächen; die Muralisten – wieder mit Ausnahme von Orozco – glaubten an die Vernunft, sei es auch in der paradoxen und widersprüchlichen Form der Dialektik. Der Expressionismus war pessimistisch, der Muralismo optimistisch. Der Expressionismus war eine Kunst gegen die Gesellschaft und den Staat; obgleich viele Expressionisten es zu Ruhm und Geld brachten, wurde keiner von ihnen ein offizieller Künstler. Der Muralismo war die Kunst eines jungen nationalistischen Staates, und seine prägnantesten Werke wurden auf die Wände der öffentlichen Gebäude gemalt. Trotz der formalen Ähnlichkeiten und Affinitäten in der Sensibilität und der ästhetischen Konzeption weichen die beiden Bewegungen stark voneinander ab. Zwei Wege, die sich kreuzen, doch in entgegengesetzte Richtungen führen.

Was ist Ihre heutige Meinung über den Muralismo?
Es ist schwer, ein Urteil über die Muralisten insgesamt abzugeben. Orozco, Rivera und Siqueiros waren sehr verschieden. Jeder von ihnen war eine starke Persönlichkeit, und es ist unmöglich, den anarchischen Orozco und zwei ideologische Künstler wie Rivera und Siqueiros mit demselben Maßstab zu messen. Generell kann man sagen, daß mich der mexikanische Muralismo durch seine Kraft beeindruckt. Zudem: Welche Menge! Es ist unmöglich, angesichts so vieler Kilometer Malerei, von denen einige scheußlich, andere bewundernswert sind, gleichgültig zu bleiben. Es ist eine Malerei, die mich oft irritiert, aber die mich manchmal auch begeistert. Doch bevor wir ein Urteil über diese Malerei wagen, sollten wir so manche Zweideutigkeit beseitigen, die sich zwischen sie und den Betrachter schiebt. Diese Zweideutigkeiten sind emotionale und ideologische Schleier, die uns daran hindern, sie wirklich zu *sehen*.

Was sind dies für Zweideutigkeiten?
In erster Linie der Nationalismus. Aus den mexikanischen Muralisten sind kleine Heilige geworden. Die Leute betrachten ihre Malereien wie fromme Menschen Heiligenbilder betrachten. Ihre Wandbilder sind nicht bemalte Flächen, die wir betrachten können, sondern Fetische, die wir verehren sollen. Die mexikanische Regierung hat aus dem Muralismo einen nationalen Kult gemacht, und natürlich wird Kritik, wie in allen Kulten, geächtet. Die Wandmalerei ist Teil dessen, was man das Wachsfigurenkabinett des mexikanischen Nationalismus nennen könnte, in dem Juárez der Schweigsame das Wort führt. Von dieser sentimentalen Zweideutigkeit abgesehen, gibt es ein ästhetisches Mißverhältnis. Viele Wandbilder wurden auf die Mauern ehrwürdiger Gebäude des 17. und 18. Jahrhunderts gemalt. Ein ungerechtfertigter Eingriff, ein Mißbrauch, so als wenn man der Venus von Milo eine phrygische Mütze aufsetzte. Was hat das Colegio de San Ildefonso, ein Meisterwerk der neuspanischen Architektur, mit den Fresken zu tun, die Orozco dort gemalt hat, noch dazu Fresken, die nicht so sehr echte Wandmalerei, als vielmehr vergrößerte Lithographien sind?

Die dritte Zwiespältigkeit ist noch bedenklicher. Sie ist moralischer und politischer Natur. Diese Werke, die sich selbst revolutionär nennen und im Fall von Rivera und Siqueiros für einen simplifizierten, manichäischen Marxismus stehen, wurden in Auftrag gegeben, gefördert und bezahlt von einer Regierung, die nie marxistisch war und die aufgehört hatte, revolutionär zu sein. Die Regierung billigte es, daß die Maler auf die Wände öffentlicher Gebäude in Schwarz-Weiß-Manier eine pseudo-marxistische Version der Geschichte Mexikos malten, weil diese Malerei dazu beitragen würde, ihr ein progressives, revolutionäres Gepräge zu geben. Der mexikanische Staat trug die Maske des populistischen und progressistischen Nationalismus. Was Rivera und Siqueiros betrifft, kann man schwerlich annehmen, sie seien sich nicht darüber im klaren gewesen, daß sie in Mexiko mit einer Freiheit malen konnten, die sie in Rußland nie gehabt hätten. So gab es eine zweifache Komplizenschaft: die der Regierung und die der Künstler. Hier muß ich eine Ausnahme machen: Orozco, der rebellischste und unabhängigste dieser Künstler und wahrscheinlich auch der beste. Er, ein leidenschaftlicher, sarkastischer und religiöser Geist, war nie der Gefangene einer Ideologie: er war der Gefangene seiner selbst. Sein widersprüchliches, überspanntes Genie ließ ihn bisweilen in eine rhetorische Dramatik abgleiten, doch manchmal verleiht es seinem Werk eine erschütternde Authentizität.

Wenn die Zweideutigkeiten, die Sie diese Malerei nicht sehen lassen, einmal beseitigt sind, was sehen Sie dann?
Ich stelle fest, daß das Kunstwerk seinem Schöpfer immer untreu ist. Das Kunstwerk sagt etwas anderes als das, was der Künstler sagen wollte. Ein Beispiel: Die Wandmalereien von Ajanta in Indien werden zu Recht gerühmt; jedoch ist niemand der Ansicht, daß man diese Wandmalereien etwa aus der Perspektive des Buddhismus sehen muß, sondern vor dem Hintergrund der Glaubensanschauungen und Ideen dieser Religion. Man braucht nicht an die Bodhisattwas zu glauben, um diese Malereien zu lieben. Die Kunst ist ein übriges; die Kunst sagt *mehr* und fast immer etwas *anderes* als das, was der Künstler sagen wollte. So ist der mexikanische Muralismo in seinen besten und intensivsten Momenten *mehr* und *anderes* als die Ideologie dieser Maler und ihres Mäzens, der mexikanischen Regierung. Der Maler Rivera widerlegte zum Glück oft den Ideologen Rivera.

Könnten Sie uns erklären, in welcher Hinsicht das Werk des Malers Rivera den Schemata des Ideologen Rivera untreu ist?
Vor Jahren habe ich über Rivera geschrieben. Da ich noch

genauso denke, will ich es hier wiedergeben: »Wenn der Betrachter vor dem Werk Diego Riveras steht, wird er sofort gewahr, daß dieser Maler weniger ein dialektischer Materialist ist als ein Materialist schlechthin, das heißt ein Verehrer der Materie als kosmischer Substanz. Rivera verehrt und malt vor allem die Materie. Und er begreift sie als Mutter: als großen Mutterleib, großen Mund und großes Grab. Als Mutter, als magna mater, die alles verschlingt und gebiert, ist die Materie eine stets ruhende weibliche Gestalt, schlaftrunken und insgeheim tätig, ständig Leben spendend wie alle großen Fruchtbarkeitsgötter . . . Paradies, Fortpflanzung, Keimung unter den großen grünen Blättern des Anfangs . . . Auf seinen Wänden wimmelt es von Menschen, Pflanzen, Maschinen, Zeichen . . . Diese Fülle von Keimen hat nichts zu tun mit der Geschichte des Menschen. Wenn Rivera der Geschichte beizukommen versucht, gleitet er in die Illustration ab.«

Und Siqueiros?
Für mich ist es nicht einfach, von Siqueiros zu sprechen. Ich lernte ihn während des Bürgerkriegs in Spanien kennen. Er war Oberst der Republikanischen Armee und befehligte ein Regiment an der Südfront. Er hatte an der Mexikanischen Revolution teilgenommen und sich dann der kommunistischen Bewegung angeschlossen. Wir waren damals Freunde, doch wir trennten uns, als er das erste Attentat auf Trotzki plante, das dann einem Sekretär des russischen Revolutionärs das Leben kostete. Es ist unmöglich, das zu vergessen und zu verzeihen. Auch kann man nicht darüber hinwegsehen, daß Siqueiros sein Leben lang Stalinist war. Ein verstockter, unverbesserlicher Stalinist; er gehörte zu den ganz wenigen, die den Einzug der russischen Panzer in Prag begrüßten. Doch es wäre unredlich, nicht auch die andere Seite der Medaille zu zeigen: er war ein Kämpfer, der für seine Überzeugungen Kerkerhaft und Gefahren auf sich nahm. Er war ein leiden-

schaftlicher und ein selbstherrlicher Mensch; sein Leben und seine Malerei sind überreich an Wahrheitsblitzen und an Theaterdonner. Ein eher mediterranes als mexikanisches Temperament, halb Italiener, halb Spanier. Drei Personen in einer: ein rebellischer Künstler, gemanaged von einem neapolitanischen Impressario, beide unter der geistlichen Führung eines bornierten Theologen.

Was den Maler Siqueiros betrifft, glaube ich, daß es besser sein wird, wenn ich, wie im Falle Rivera, hier einen Auszug dessen wiedergebe, was ich vor Jahren über ihn geschrieben habe: »Für Alfaro Siqueiros ist alles Licht und Schatten, Bewegung und Kontrast. Vorläufer seiner Malerei, die aus Antithesen, gewaltsamen Verzerrungen und jähen Erleuchtungen besteht, könnte man unter einigen spanischen und flämischen Barockmalern finden, unter den Romantikern – die sich ebenfalls mit diesem Dualismus von Licht und Schatten auseinandersetzten – und unter den italienischen Futuristen, die die Bewegung malen wollten. Wenn bei Rivera die Gefahr des Statischen besteht, so bei Siqueiros die der theatralischen Effekthascherei. Manchmal schwellen seine Formen an wie die Muskeln eines Jahrmarkt-Herkules. Wo Rivera statische Illustrationen macht, verfällt Siqueiros in die Litanei. Gemalte Literatur, ›Ideologie‹, die sich der Formen als Buchstaben bedient.«

Rivera und Siqueiros waren Rivalen. Prallten Charaktere aufeinander oder Ideologien?
Ihre psychologische Verschiedenheit war nicht weniger entscheidend als ihre intellektuelle und politische. Doch diese Verschiedenheit darf uns nicht den Blick verstellen für ebenso bemerkenswerte Ähnlichkeiten. Zum Beispiel: Obgleich Rivera lange Zeit Trotzkist gewesen ist und Siqueiros sich vom Stalinismus nie losgesagt hat, ähnelt sich ihr Marxismus, er gehört jener oberflächlichen und simplifizierten Spielart an,

die vor vierzig Jahren populär war. Es ist offenbar, daß diese schematische Ideologie in Verbindung mit dem Staatsapparat nicht ohne Einfluß war auf die fortschreitende stilistische und emotionale Degeneration, welche die Werke ihrer letzten Jahre erkennen lassen. Im allgemeinen schufen die großen Künstler – Tizian, Rubens, Goya, Cézanne, Renoir, Matisse – ihre größten Werke gegen Ende ihres Lebens. Gute Malerei ist wie guter Wein: sie wird mit der Zeit besser. Nicht bei Rivera und Siqueiros. Der späte Rivera wurde ein Serienproduzent, eine Hand, die unablässig malte, mechanisch geführt, nicht von der Inspiration, sondern von der Gewohnheit. Das Spätwerk Siqueiros' wäre lächerlich, wenn es nicht pathetisch wäre: seine letzten Wandbilder sind ein Wirrwarr aufgeblähter Formen.

Sind Sie, wie viele Kritiker, der Meinung, daß die Malerei von Rivera und Siqueiros Beispiele des »sozialistischen Realismus« sind?
Niemand weiß, was unter »sozialistischem Realismus« zu verstehen ist. Tatsache ist, daß ihre Malerei, wie fast alle Werke, die dieser Richtung angehören, nicht realistisch ist und noch weniger sozialistisch. Es ist allegorische Malerei, eines der am wenigsten modernen Charakteristika des Muralismo. Die Allegorie war die bevorzugte Ausdrucksform des Mittelalters. Heute ist sie ungebräuchlich. Die letzten Künstler, die diese Gattung pflegten, waren die »pompiers« des 19. Jahrhunderts, die Allegorien des Fortschritts, der Wissenschaft, des Handels und der Industrie malten. Doch man sollte die Allegorie nicht geringschätzen: In ihrer Blütezeit schenkte sie uns Werke wie die *Divina Commedia*. Die Malerei unserer Muralisten – das gilt auch für Orozco – ist von dieser Vielschichtigkeit und Subtilität weit entfernt: sie ist eine dualistische und statische Sicht der Geschichte. Bei Rivera und Siqueiros hat dieser allegorische Manichäismus seinen Ursprung in einer simplifizierten Version des Marxismus, in der jedes Bild entweder die Kräfte

des Fortschritts oder die der Reaktion darstellt. Die Guten und die Bösen.

Wie beurteilen Sie diese Einstellung?
Ich habe sie manichäisch genannt, doch habe ich dem Manichäismus unrecht getan, der ein sehr umfassender Dualismus war und die mannigfachen Schattierungen der Wirklichkeit auszudrücken vermochte. Das gleiche trifft übrigens auch auf den authentischen Marxismus zu. Ich will für diesen beschränkten und dogmatischen Dualismus ein Beispiel geben. Die Wandmalereien von Rivera und Siqueiros stellen die Eroberung Mexikos als einen wahren Fluch dar, als Triumph der Reaktion, das heißt des Bösen. Dergestalt idealisieren sie die präkolumbianische Gesellschaft – Rivera verherrlichte sogar die Menschenopfer und den Kannibalismus – während sie bis zur Karikatur die negativen und finsteren Charakterzüge der Conquistadoren betonen. Dagegen war für Marx und Engels die Conquista trotz ihrer Grausamkeit und Knechtung der Indios ein positives Faktum, geradeso wie die britische Herrschaft über Indien. Die imperialistische Expansion des Westens war positiv, weil sie den rückständigen, erstarrten Gesellschaften die neue dynamische – ökonomische und kulturelle – Rationalität des Kapitalismus aufgezwungen hatte. Der Sieg des Westens war der Sieg einer Produktionsweise, die der aztekischen oder der hinduistischen überlegen war. Aus demselben Grund waren Marx und Engels Parteigänger der Vereinigten Staaten in deren Krieg gegen Mexiko: die Nordamerikaner repräsentierten den Fortschritt, die Technik und die Demokratie. Für sie war die »böse« Seite – wenn sie die geschichtliche Bewegung vorantrieb – in Wirklichkeit die »gute«. Sie waren der Meinung, daß die Geschichte sich auf die Dauer nicht irrt und daß ihre Katastrophen sich am Ende in Fortschritt verwandeln. Die »Bösen« – die spanischen Conquistadoren – waren die »Guten«, weil ihr Werk das Ergebnis

neuer geschichtlicher Kräfte war. Das Pulver ihrer Musketen war den Bogen und Pfeilen der Indios überlegen, so wie die europäische Wissenschaft in der Renaissance der aztekischen Magie überlegen war. Man mag diese Denkart verwerflich finden, doch kann man sie nicht ignorieren, zumal dann nicht, wenn man sich als Marxisten bezeichnet. Den Marxismus auf den Schwarz-Weiß-Dualismus unserer Muralisten (und auch vieler Dichter, wie zum Beispiel Neruda) reduzieren, heißt nicht nur, ihn schmälern, sondern auch, ihn entstellen.

Ich möchte hinzufügen, daß Marx und Engels den Gedanken des Guten, das sich auf der scheinbar bösen Seite der Geschichte, das heißt ihrer finalen Positivität verbirgt, von Hegel herleiten (das Wirkliche ist rational), der seinerseits eine philosophische Tradition fortsetzt, die bis auf Platon zurückgeht: Das Sein ist, weil es *ist*, notwendig gut. Und das Böse? Bei dem Neuplatoniker Proklos, von Hegel hoch geschätzt, kündigt sich bereits die Antwort an, die später die »Dialektik der Geschichte« geben sollte. Proklos unterstrich die positiven Kräfte der Negation, er behauptete, daß Fortschritt in ständiger Relation zum Rückschritt stattfindet und sogar, daß Fortschritt notwendig Rückschritt bedeutet. Deshalb, sagte er, ist das Chaos nicht weniger göttlich als die Ordnung. Doch erst in unserer Zeit sollten wir dieser finsteren Karikatur der »Dialektik« begegnen, die uns dazu führt, die bürokratischen Diktaturen des Ostens als »Volksdemokratien« zu bezeichnen.

Finden Sie nicht, daß Rivera und Siqueiros, von ihren ideologischen Ähnlichkeiten abgesehen, gegensätzliche Charaktere waren?
Ja, aber viele dieser Unterschiede haben einen gemeinsamen Ursprung: die Theatralik. Rivera und Siqueiros waren geborene Schauspieler, und für beide gab es zwischen Darstellung und Wirklichkeit keine klare Grenze; unmerklich, wie es stets der Fall ist, hörten sie auf, Personen zu sein, und wurden Darsteller. Ihre Malerei wurde bloße Gestik. Der Unterschied

zwischen beiden besteht darin, daß Siqueiros vom Charakter her dem Melodrama angehört und Rivera der Posse. Rivera hatte etwas von einem Clown, und das ist einer der sympathischsten Züge seines Charakters. Er war ein wunderbarer Erfinder von Geschichten und besaß viel Phantasie. Seine Lust am Fabulieren konnte ihn jedoch zur Lüge und noch Schlimmerem verleiten. Es ist heilsam, die anderen und sich selbst nicht ernst zu nehmen; nicht heilsam ist es, vor sich selbst und den anderen die Achtung zu verlieren! Siqueiros' politische Entwicklung war, zumindest für einen Menschen mit meinen Überzeugungen, tadelnswert, doch nicht inkohärent; die Riveras war lamentabel und nicht gradlinig. Er war Anhänger der trotzkistischen Bewegung und ein naher Freund Trotzkis und seiner Frau, Natalja Sedova, während der ersten Jahre ihres mexikanischen Exils. Wie konnte er gegen Ende seines Lebens zum Renegaten werden, sich dem Stalinismus anschließen und die Ermordung seines alten Freundes begrüßen? Das Schreiben, mit dem er sich um die Wiederaufnahme in die Kommunistische Partei Mexikos bewirbt, ist ein trauriges Dokument, ein schändliches und gar nicht gefordertes Schuldbekenntnis. Der Widerruf von Frida Kahlo, ohne Zweifel unter Riveras Einfluß, war nicht weniger beschämend.

Ich erinnere an all dies, weil die offiziellen Publikationen, die diesen Malern gewidmet wurden, die Wahrheit verschweigen. Ihre Biographien sind zum Zweck ihrer Kanonisation und Mumifizierung gereinigt und gefälscht worden. Der Ausstellungskatalog der Retrospektive Frida Kahlos im Instituto Nacional de Bellas Artes ist besonders grotesk: sie wird nicht nur charakterisiert als eine ergebene Aktivistin von einwandfreier Orthodoxie, man hat auch ihr abwechslungsreiches Liebesleben sorgsam verschleiert. Ein Beispiel für den Mangel an künstlerischem, politischem und moralischem Feingefühl unserer Obrigkeit ist das Museum Frida Kahlo in Coyoacán. Doch es ist besser, hier Jean van Heijenoort, Trotzkis ehemaligen Sekretär und Freund, der während der Exiljahre des russischen Revolutionärs in Mexiko mit Frida Kahlo und Diego Rivera zusammenlebte, zu Wort kommen zu lassen: »Das Haus, in dem Trotzki und Natalja in Coyoacán wohnten, ist in das Museum Frida Kahlo verwandelt worden. Durch falsche Inschriften (»Frida und Diego wohnten in diesem Haus von 1929-1954«) hat man alles getan, um die Spuren von Trotzkis Aufenthalt zu tilgen. Dort haben die Sitzungen der Dewey-Kommission stattgefunden, doch nichts erinnert den Besucher an diese Tatsache. In dem Raum, der Trotzki und Natalja über zwei Jahre als Schlafzimmer diente, hat irgend jemand, wie einen Kothaufen, eine kleine Stalinbüste hinterlassen.«[1]

Was können Sie uns über Orozco sagen?
Orozco war der unabhängigste und intensivste von den dreien. Er besaß ein starkes, wenn auch begrenztes Temperament. Er konnte weder lachen noch lächeln. Eine weitere Beschränkung, die für einen Maler schwerwiegend ist: er war nicht sinnlich. Bei Goya gibt es die Faszination und das Entsetzen vor dem Fleisch, bei Daumier und bei Toulouse-Lautrec ist der Sexus ein Teufel, und der Teufel ist bekanntlich der Erfinder des Lachens. Bei Orozco ist alles ernst, ist alles trübselig. Orozcos Körper kennen die Liebkosung nicht: es sind Körper von Henkern und Opfern. Eine verkrampfte, verquälte und oft monotone Kunst: die Heftigkeit ist auf die Dauer ermüdend. Doch es gibt Augenblicke schrecklicher Intensität, Augenblicke, in denen der Künstler uns beeindruckt und erschüttert. Orozco reißt uns zudem durch eine andere bewundernswerte Eigenschaft mit: die Freiheit des Geistes. Ein wahrer Rebell. In seinen Ideen ebenso wie in seinem Temperament hat Orozco oft Ähnlichkeit mit Vasconcelos. Beide begannen als

1 *With Trotsky in Exile. From Prinkipo to Coyoacán.* Harvard University Press, 1978.

Revolutionäre, und beide endeten als Bewunderer von Cortés, dem Schreckgespenst der Liberalen und Revolutionäre. Die mexikanische Reaktion hat in Vasconcelos und in Orozco ihren größten und echtesten Ausdruck in diesem Jahrhundert gefunden. Beide waren tief religiös, auch wenn Orozco nie in die Frömmelei Vasconcelos' verfiel noch in dessen politische Verirrungen. Im Gegenteil: Orozco war einer der ersten, der die Ähnlichkeit zwischen dem Hitlerismus und dem Stalinismus sah. Er war ein wahrhaft freier Mensch und Künstler, und er hatte, ein in Mexiko außergewöhnlicher Fall, keine Angst, von seiner Freiheit Gebrauch zu machen. Allen Widerständen zum Trotz.

Und der Maler?
Ich kann nur wiederholen, was ich in dem bereits erwähnten Essay geschrieben habe: »Orozco liebt, wie Siqueiros, die Bewegung: wie Rivera ist er monumental. Er ist ebenso emphatisch wie sie. Wenn er stürzt, stürzt er schwerer: er fällt aus größerer Höhe. Im Gegensatz zu ihnen versucht er nicht, die Wirklichkeit mit der Waffe der Ideologien zu durchdringen, sondern er greift diese Ideologien und ihre Verkörperungen an. Selbst die Mexikanische Revolution ist Gegenstand seiner Attacken. Seine Malerei scheint manchmal eine Explosion zu sein, aber wir wissen, daß sie eine echte Explosion ist: sie verbrennt einen. Und der, den sie zuerst verbrennt, ist der Maler. Der Mensch ist bei Orozco allein. Die Götter sind tot; uns gegenüber gestikulieren die grimmigen Masken aller Ideologien, gibt es einen Wald von Klauen und Grimassen: die Verlogenheit dieser und der anderen Welt.«

Gibt es weitere Affinitäten des Muralismo zu außermexikanischen Bewegungen?
Der Muralismo machte sich nicht nur Einflüsse und Anregungen von außen zu eigen, er hatte auch selbst Einfluß. Die

Geschichte des Einflusses der mexikanischen Malerei in Lateinamerika bleibt noch zu schreiben. Zu untersuchen bleibt auch, welchen Einfluß die Muralisten auf den abstrakten Expressionismus Nordamerikas hatten. Ich denke nicht nur an Pollock, der bestens bekannt ist, sondern auch an seltener erwähnte Maler wie Tobey oder den Bildhauer Noguchi. In *Puertas al Campo* habe ich mich mit diesem Thema beschäftigt, ich möchte hier nicht wiederholen, was ich dort geschrieben habe. Ich will nur auf ein paar Dinge aufmerksam machen. Man hat des öfteren gesagt, daß der abstrakte Expressionismus ein Automatismus ist, der sich unmittelbar vom Surrealismus herleitet, insbesondere von Masson und Matta. Das stimmt. Doch man vergißt das Vorbild Siqueiros. Der mexikanische Maler war einer der ersten, der systematisch den *Zufall* nutzte. Eine Ästhetik, die dem Automatismus nahekommt: einen Farbstrahl auf die Wand richten und ausgehend von diesem Fleck zu malen beginnen. Doch der mexikanische Einfluß beschränkt sich nicht nur darauf. Im *abstrakten Expressionismus* gab es, wie der Name selbst sagt, einen klaren Widerspruch (nebenbei gesagt, in diesem Widerspruch liegt der Grund für seine außerordentliche Vitalität): einerseits Abstraktion, andererseits Expression. Die europäische abstrakte Malerei war intellektuell und metaphysisch: sie wollte die Formen auf eine Geometrie zurückführen, die Empfindungen auf Archetypen und das Leben selbst auf Rhythmen. Obgleich die Nordamerikaner, wie die abstrakten Maler in Europa, auf die Darstellung der Wirklichkeit verzichteten, wollten sie nicht Archetypen malen, sondern Emotionen, konkrete und unmittelbare Empfindungen. Das brachte sie in die Nähe des Expressionismus und natürlich auch der mexikanischen Malerei (Siqueiros und Orozco), von der sie in den dreißiger Jahren fast alle beeinflußt worden waren. Die abstrakte Malerei der Nordamerikaner hat ihren Ursprung in Europa; ihr Expressionismus hat seinen Ursprung in Mexiko. Kurz: surrealistischer Automatismus plus europäische abstrakte Malerei plus mexikanischer Expressionismus.

Eine abschließende Bemerkung: Der Einfluß des Muralismo veranschaulicht ein Phänomen, das sich in der Geschichte der Künste stets wiederholt hat. In Mexiko war der Einfluß der Wandmalerei unheilvoll, weil er, anstatt Türen zu öffnen, sie verschloß. Der Muralismo schuf eine Sekte akademischer und lärmender Schüler. In den Vereinigten Staaten war dieser Einfluß wohltuend: er öffnete den Malern die Augen, belebte ihren Geist, ihre Sensibilität. Im einen Fall lähmte er die Künstler, in dem anderen machte er sie frei. Nichts natürlicher, als daß die Protagonisten des folgenden Kapitels der Geschichte der mexikanischen Malerei die heterodoxen und die marginalen Künstler waren, jene, die es wagten, *Nein* zu sagen zum Akademismus und zum Ideologismus, zu dem der Muralismo degeneriert war. Dieses neue Kapitel – begonnen von Tamayo, Mérida, Gerzso und anderen – ist noch nicht abgeschlossen. Ich finde, daß es dem des Muralismo nicht nachsteht: es ist etwas ganz anderes, mit einem eigenen Leben, und es ist an der Zeit, es mit Strenge und Generosität zu betrachten. Mit der gleichen Strenge und Generosität, mit der wir die Muralisten betrachten und beurteilen sollten.

Die zeitgenössische Malerei Mexikos

Es gibt irreführende Ausdrücke. Zum Beispiel *moderne Malerei*: sie ist so alt wie das Jahrhundert. Eine ebenso ambivalente Bezeichnung ist: *Pariser Schule*. Diese war nicht wirklich eine Schule, sondern eine Aufeinanderfolge von Strömungen und Malweisen, ein Ensemble von Bewegungen, an denen große Maler aus verschiedenen Ländern entscheidend beteiligt waren: Spanien, Italien, Holland, Deutschland, Rußland. Der kosmopolitische Charakter der *Pariser Schule* verweist gerade auf ihre Modernität. Besser gesagt, er verweist auf ihren paneuropäischen Charakter: die moderne Malerei entstand beinahe gleichzeitig in Paris und München, in Mailand und Petersburg, um nur die bekanntesten Brennpunkte zu nennen. Sie war eine der letzten Ausdrucksformen jenes Europa, das im 18. Jahrhundert entstanden war und, nicht ohne Brüche, bis 1914 fortbestanden hatte, um dann von Imperialismus und Nationalismus zerstört zu werden. Nach dem Ersten Weltkrieg erloschen die Brennpunkte der Kunst einer nach dem anderen, mit Ausnahme von Paris. Obgleich dieses Phänomen bislang noch nicht untersucht worden ist, läßt sich das Verschwinden dieser Bewegungen mit einiger Plausibilität auf das Zusammentreffen zweier konträrer Umstände zurückführen. Erstens: Von allen Städten, in denen bedeutende künstlerische Bewegungen entstanden waren, war Paris die einzige wirklich internationale Stadt. Zweitens: Die Revolutionen und Konterrevolutionen, die in Rußland, Italien und Deutschland gesiegt hatten, waren erklärte Feinde der modernen Kunst und insbesondere hinsichtlich zweier ihrer zentralen Prinzipien: Internationalismus und schöpferische Freiheit. Es ist also nicht verwunderlich, daß die unterschiedlichen und widersprüchlichen Bewegungen, die aus der modernen Malerei ein lebendiges Ganzes gemacht hatten, nach Paris abwanderten und sich dort konzentrierten. Paris war die einzige freie Metropole in Europa und stand dazu seit Beginn des Jahrhunderts, im Unterschied zu London, sämtlichen Strömungen der Kunst offen. Mit dem Zweiten Weltkrieg hörte Paris auf, die Kunstmetropole zu sein, und dies bedeutete auch das Ende der rein europäischen Periode der Kunst des 20. Jahrhunderts.

Die Bewegung der modernen Kunst entstand in Europa, eroberte jedoch sehr bald die anderen Kontinente. Die Expansion nahm ihren Anfang in Amerika: 1913 fand in New York eine große Ausstellung statt (Armory Show), auf der die europäischen Künstler der Avantgarde ihre Werke zum ersten Mal außerhalb des alten Kontinents zeigten. Dennoch dauerte es mehr als dreißig Jahre, bis die nordamerikanische Kunst sich von der europäischen löste und aufhörte, ein bloßer provinzieller Abklatsch zu sein. Gleiches geschah anderswo. Die Ausnahme war Mexiko: hier entstand, um das Jahr 1920, eine moderne Kunst mit eigenen, unverwechselbaren Wesensmerkmalen. Zwischen 1920 und 1940 verband die mexikanische Kunst, und dies nicht selten mit Erfolg, zwei scheinbar unvereinbare Elemente: ein internationales ästhetisches Vokabular und eine auf die einheimische Tradition gegründete Inspiration. Die mexikanischen Künstler übernahmen bestimmte Kunstströmungen jener Zeit, insbesondere den Fauvismus und den Expressionismus, und schufen sie neu. Diese Neuschaffung war oft originell und voll innerer Kraft: sie war eher Metamorphose als Verpflanzung. Die Verschmelzung war fruchtbar, weil das natürliche Element, der Boden und der Himmel, die diese Stile nährten, nicht so sehr eine bestimmte Natur, als eine bestimmte Geschichte war. Will sagen: eine Natur – Menschen, Dinge, Formen, Farben, Landschaften, Atmosphäre –, die durch eine singuläre, nicht auf die europäische Geschichte zurückführbare Geschichte gesehen und gelebt wurde. Zwei Entdeckungen verbanden sich: die mexikanischen Künstler lernten die moderne Kunst zur gleichen Zeit kennen, wie sie, durch die Mexikanische Revolution, die verborgene, doch lebendige Wirklichkeit ihres eigenen Landes kennenlernten. Ohne diese zweifache Entdeckung hätte es die Bewegung der mexikanischen Malerei nicht gegeben. Die Revolution enthüllte den Mexikanern die Wirklichkeit ihres Landes und ihrer Geschichte; die moderne Kunst lehrte die Künstler diese Wirklichkeit mit neuen Augen zu sehen.

In ihren besten Momenten war die mexikanische Malerei ein eigenständiger Bestandteil der Kunst der ersten Jahrhunderthälfte. Um 1930 erreichte sie ihren Gipfelpunkt; danach begann, wie bei allen Bewegungen, ihr Niedergang, nachdem sie zuvor allerdings verschiedene bekannte nordamerikanische Maler beeinflußt hatte, die sich später dem abstrakten Expressionismus verschreiben sollten. Die mexikanische Malerei wurde Opfer einer zweifachen Infizierung; sie erlag einem doppelten Aberglauben, sperrte sich in zwei Gefängnisse: in das der Ideologie und in das des Nationalismus. Erstere verschüttete die Quelle der inneren Erneuerung: Freiheit und Kritik; letzterer verschloß die Türen der Kommunikation nach außen. Erstarrung und Wiederholung: die Maler begannen, sich selbst zu imitieren. Um das Jahr 1940 durchbrach eine Gruppe bekannter Künstler die Isolation, verzichtete auf die Rhetorik der Ideologie und beschloß, auf eigene Faust zwei Welten zu erkunden: die Welt der universalen Malerei und ihre eigene. Diese Künstler veränderten und erneuerten nicht nur die mexikanische Kunst, sondern ihnen verdanken wir überdies einige ihrer besten Werke.

Zur gleichen Zeit trat in New York die nordamerikanische Kunst durch das Werk vieler starker Persönlichkeiten als direkte Erbin der europäischen Avantgarde hervor. Kontinuität und Bruch zugleich: der abstrakte Expressionismus präsentierte sich als Synthese und als Überwindung des leidenschaftlichen Automatismus der Surrealisten und der neuplatonischen Geometrie der abstrakten Malerei. Auf den abstrakten Expressionismus folgte eine weniger kraftvolle Strömung, die *Pop-art*, die in ihrer Unverfrorenheit an den Dadaismus erinnerte, wenn auch weniger beladen mit metaphysischer Leidenschaft und ohne die Faszination des Todes.

Während dieser Jahre war New York das Zentrum, wie Paris es vor dem Zweiten Weltkrieg gewesen. Gleichwohl waren (und sind) die Unterschiede gewaltig. Tatsächlich war New York schon seit geraumer Zeit in erster Linie Schauplatz – oder genauer gesagt Kampfplatz – des Verfalls der Avantgarde. In weniger als dreißig Jahren hat sich die Avantgarde zunächst in eine Akademie, das heißt in ein Verfahren und eine Manier, und dann in eine Mode verwandelt. Die Kunst als Gebrauchsgegenstand und als Objekt finanzieller Spekulation. New York ist weiterhin ein Zentrum, doch darf man die Vorherrschaft des Marktes nicht mit Fruchtbarkeit, Imagination und schöpferischer Kraft verwechseln.

Im Grunde gilt es, dem Aberglauben der Zentren abzuschwören: das künstlerische Schaffen hat sich zu allen Zeiten sowohl der Uniformierung als auch der Zentralisierung widersetzt. Die besten künstlerischen Perioden waren diejenigen, in denen verschiedene Brennpunkte nebeneinander existierten; die lokalen Stile sind immer lebensvoll, während bei den imperialen die Maske über das lebendige Gesicht triumphiert. Seit mehr als zwanzig Jahren erleben wir eine Renaissance von Schulen, Bewegungen, Strömungen und Persönlichkeiten, die einer Nation oder einer Stadt angehören, nicht einer Metropole. Ein Phänomen, das sich in entgegengesetzter Richtung zum Prozeß der Zentralisierung entfaltet, der die Künstler am Ende unfruchtbar und ihre schöpferischen Produkte uniform machte. Das gleichzeitige Bestehen verschiedener nationaler Brennpunkte, wahrer Achsen, die, wenngleich miteinander verbunden, doch autonom sind, ist eine Entwicklung, die sich analog in anderen Bereichen feststellen läßt: in der Politik, in der Religion, in der Kultur. Es ist nicht so sehr ein Rückschritt, als eine Wiederbelebung. Diese Bewegungen werden die moderne Kunst wahrscheinlich wieder gesunden lassen. Und Gesundheit bedeutet Mannigfaltigkeit, Spontaneität, wirkliche Originalität, die etwas ganz anderes ist als trügerische Neuheit. Es ist ermutigend, daß gerade Spanien einer der ersten Orte ist, an denen sich diese heilsame Reaktion zeigt.

Die Situation Mexikos unterscheidet sich nicht wesentlich von der, die ich soeben umrissen habe. Unsere Künstler sind, wie alle, der Faszination und dem Sog der Metropole erlegen, doch gelang es ihnen im allgemeinen, sich selbst treu zu bleiben. Die eigenen Traditionen, die im Falle Mexikos dem Land eine Art geistige Würde verleihen, waren ein ausgleichender Faktor. Gleich weit entfernt von den Verlockungen des Weltmarktes, der Geld und Ruhm bringt, aber die Seele austrocknet, und von der willfährigen Selbstgefälligkeit des Provinzlers, der sich für den Nabel der Welt hält, müssen unsere Maler, und darin liegt kein Widerspruch, zugleich ihr Erbe bewahren und es verändern, sich allen Strömungen aussetzen und sie selber sein. Dies ist eine Herausforderung, der sich jede Generation stellt und auf die alle in unterschiedlicher Weise antworten.

Die acht Künstler, die heute in Madrid, in den Räumen der Banco Exterior de España, ausstellen, repräsentieren unzweifelhaft den Kern unserer zeitgenössischen Malerei. Dank ihnen besitzt die mexikanische Kunst dieses Jahrzehnts Charakter und Mannigfaltigkeit, Kühnheit und Reife. Vielleicht fehlen, für meinen Geschmack, zwei oder drei Namen, doch ist keiner zuviel: die Ausstellung versammelt eine Gruppe von Künstlern, die uns in ihren Werken nicht nur zeigen, was die mexikanische Malerei heute ist, sondern in einigen Fällen auch, was sie morgen sein wird. Obgleich die ästhetischen Alternativen für alle die gleichen waren und sind, drücken die Werke eines jeden dieser Künstler eine individuelle Sicht der Welt und der Wirklichkeit aus. Entgegen meinen Wünschen kann ich mich nicht auf einen von ihnen im besonderen beziehen: Sinn dieser Seiten ist vielmehr, sie in ihrem historischen Kontext und innerhalb der zeitgenössischen Perspektive zu *situieren*. An anderer Stelle habe ich verschiedene Untersuchungen und Gedichte über fast alle von ihnen geschrieben. So brauche ich nur zu wiederholen, was ich schon des öfteren gesagt habe: Wenn man wissen möchte, was die lebendige Malerei Mexikos ist, muß man sich die Werke dieser Maler ansehen. Ich füge hinzu, daß sich unter ihnen einige befinden, die in der zeitgenössischen Kunst Lateinamerikas einen zentralen Platz einnehmen.

Die mexikanischen Künstler, die heute ihre Werke in Spanien vorstellen, mußten sich zunächst einmal die Sprache der zeitgenössischen Malerei aneignen und sie dann zu ihrer eigenen machen. Dabei gingen sie wie alle jungen Künstler der Welt vor. Überdies mußten sie sich mit einem besonderen Umstand auseinandersetzen: sie sind Künstler der zweiten Hälfte des 20. Jahrhunderts, aber sie malen in einem Land, in dem die tausendjährige Vergangenheit immer noch lebendige Gegenwart ist (es ist wohl kaum nötig, an die Fortdauer und Vitalität der Volkskunst zu erinnern). Kann man ein Künstler seiner Zeit und seines Landes sein, wenn dieses Land Mexiko heißt? Die Antwort auf diese Frage ist nicht eindeutig. Jedes der Werke dieser acht Künstler ist eine Antwort, jede Antwort ist eine andere, und jede Antwort ist gültig. Die Vielfalt, ja sogar der widersprüchliche Charakter dieser Antworten nimmt ihnen nicht die Gültigkeit. In Wirklichkeit ist die Frage nicht nur ein Ausgangspunkt: sie beantworten heißt, in das Unbekannte vordringen, eine verschüttete Wirklichkeit entdecken oder uns selbst entdecken.

So unterschiedlich und verschiedenartig die Werke auch sein mögen, mit denen diese Maler auf die unausgesprochene Frage antworten, die ihnen die mexikanische Wirklichkeit stellt, gibt es doch ein Element, das sie verbindet und das gewissermaßen eine Entgegnung ist, die sie alle umfaßt: die Kunst hat keine Nationalität, aber ebensowenig ist sie Entwurzelung. Die Kunst ist nicht reduzierbar auf das Land, das Volk und den Augenblick, die sie hervorbringen; und doch ist sie nicht von ihnen zu trennen. Die Kunst entzieht sich der Geschichte und ist doch von ihr geprägt. Das Werk ist eine Form, die sich vom Boden löst und keinen Ort im Raum einnimmt: es ist ein Bild. Nur daß das Bild Gestalt annimmt, weil es mit einem Boden und einem Augenblick verbunden ist: vier Pappeln, die in den Himmel einer Pfütze ragen, eine nackte Welle, die aus einem Spiegel entsteht, ein wenig Wasser oder Licht, das durch die Finger einer Hand rinnt, die Aussöhnung eines grünen Dreiecks und eines orangefarbenen Kreises. Das Kunstwerk läßt uns einen Augenblick lang das Jenseits im Diesseits, das Immer im Jetzt erblicken.

Mexiko, 27. September 1983

Gunther Gerzso
Der eisige Blick

Gunther Gerzso wurde 1915 in Mexiko geboren. Seine Kindheit und einen Teil seiner Jugend verbrachte er in Europa.
1942 kehrte er in unser Land zurück und begann zu malen,
unberührt von den damals herrschenden Tendenzen. Von Natur aus einsiedlerisch, was nach San Juan de la Cruz die kontemplativen Seelen sind. Erst spät, 1950, hat er seine erste
Ausstellung in der Galería de Arte Mexicano von Inés Amor.
Die ersten Arbeiten Gerzsos sind vom Surrealismus inspiriert
und hatten auch dessen Gepräge. Er war mit den Surrealisten
befreundet, die während des Zweiten Weltkriegs nach Mexiko
kamen (Leonora Carrington, Wolfgang Paalen, Remedios
Varo, Alice Rohon), und besonders mit Benjamin Péret. Das
Bild, das er von dem französischen Dichter malte, gehört zu
den besten Arbeiten seiner ersten Periode. Sehr bald aber
wandte er sich von der figurativen Malerei ab und eroberte sich
den nonfigurativen Raum. Cardoza y Aragón sieht in dieser
Wandlung einen Bruch mit dem Surrealismus. Ich bin anderer
Meinung: Gerzso verzichtete auf die surrealistische Malweise,
nicht jedoch auf die surrealistische Inspiration.

Mag dieses Thema, was Gerzsos Malerei angeht, auch von
sekundärem Interesse sein, lohnt es doch, einen Augenblick
bei ihm zu verweilen: Ist die Figuration wirklich das Moment,
das den Surrealismus von der abstrakten Malerei trennt? Es
heißt, der Surrealismus sei figurativ, weil er trotz seiner
Verachtung des Realismus und der Darstellung der äußeren
Wirklichkeit sich den Begriff des *inneren Urbilds* zu eigen
macht. Der Surrealismus setzt dem Gegenstand, den wir mit

offenen Augen sehen, jenen entgegen, den wir sehen, wenn wir die Augen schließen, oder auch jenen, den der Blick des »Wilden«, des Kindes oder des Verrückten wahrnimmt. Doch auch bei den großen Begründern der abstrakten Kunst finden wir Gedanken, die dem des *inneren Urbilds* ähneln. Kandinsky sagte, daß die Kunst einer *inneren Notwendigkeit* gehorche, und fügt hinzu, daß schön sei, was innerlich ist. Für Kandinsky war Sehen gleichbedeutend mit Imaginieren und Imagination mit Erkennen. Künstlerisches Erkennen ist geistiger Art: in den Visionen des Künstlers spiegeln sich auf die eine oder andere Weise die universalen Archetypen. Durch die Theosophie entdeckt Kandinsky erneut die Analogie und die Lehre von den Korrespondenzen, diese geistige Strömung, die seit der Renaissance die abendländische Kunst immer wieder befruchtet hat. Was Klee betrifft, zeigt sein Werk so große Verwandtschaft mit den surrealistischen Werken, daß ich nicht eigens darauf hinweisen muß. Malewitsch wollte die Malerei auf ein paar Grundformen wie Kreis, Quadrat, Dreieck, Kreuz zurückführen. So gelangen wir von der mystischen Kosmologie Kandinskys zu einer geometrischen Kosmologie. Diese Tendenz findet ihren rigorosesten Ausdruck bei Mondrian: die Eigenschaften, die dem Feuerstein, der Platane oder einem Mädchen zugeschrieben wurden, seien Attribute des rechten Winkels. Der rechte Winkel »stützt« das Schauspiel der sogenannten Wirklichkeit. Was wir sehen, ist bloße Erscheinung: ihr zugrunde liegen die Archetypen, die Grundformen, welche die wahre, wenn auch verborgene Stütze der Wirklichkeit sind. Diese Beispiele zeigen die enge Verwandtschaft der Begriffe *Archetyp* und *inneres Urbild*. Zudem: Kann man Maler wie Arp, Picabia, Sophie Tauber-Arp wie auch Miró und Tanguy figurativ nennen – in dem Sinne, wie ein Magritte oder ein Dalí es sind? Nein. Meiner Meinung nach besteht der Unterschied zwischen den beiden Richtungen in folgendem: für die Surrealisten impliziert der Begriff des *inneren Urbilds*

Leidenschaft und Subversion: es geht darum, die Wirklichkeit zu *verändern*; für die abstrakten Maler verwandelt sich das innere Urbild in einen idealen Archetyp. Die letzte Phase der surrealistischen Kunst des Okzidents war die erste Phase der abstrakten Malerei.

Anderer Art sind die Ähnlichkeiten des Surrealismus mit der zweiten Phase der abstrakten Malerei, das heißt mit dem nordamerikanischen abstrakten Expressionismus, dem Tachismus und dem Informel. Was sie gemeinsam haben, ist weniger die Idee des *inneren Urbilds*, als die große Bedeutung, welcher bei ihnen der leidenschaftlichen Subjektivität, dem Automatismus, der Inspiration und dem Zufall zukommt. Doch verdeckt diese Ähnlichkeit auch einen Unterschied: der surrealistische Automatismus steht im Dienst des Bildes, er hat die Funktion, das *Erscheinen* des Bildes zu bewirken; bei den Nordamerikanern verkehrt sich diese Funktion: der Automatismus trachtet danach, die Bilder zu zerstören. In ihrer zweiten Periode sucht die abstrakte Kunst ein *Jenseits* des Bildes. Der Surrealismus wollte die Sprache zum Schreien bringen – oder zum Schweigen. Im Falle Gerzsos impliziert der Übergang von der Figuration zur Abstraktion keinen Bruch mit dem Surrealismus. Der Begriff *inneres Urbild* ist zwar nicht mehr explizit, doch er verschwindet auch nicht, und der Automatismus bleibt eine wesentliche Inspirationsquelle des Malers. Allerdings wäre es absurd, Gerzso in eine Schule oder in eine Formel einsperren zu wollen. Gerzso ist Gerzso und weiter nichts.

Gerzsos Malerei ist weniger ein System von Formen als eines von Anspielungen. Farben, Linien und Volumen spielen in seinen Bildern das Spiel von Echos und Korrespondenzen. Übereinstimmungen und Differenzen, Rufe und Antworten. Eine Malerei, die nicht erzählt, aber die spricht, ohne zu sprechen: die Formen und Farben, die das Auge sieht, weisen auf eine andere Wirklichkeit hin. In jedem Bild Gerzsos gibt es unsichtbar, wiewohl präsent, ein Geheimnis. Seine Malerei enthüllt es nicht: sie weist darauf hin. Es liegt jenseits des Bildes. Besser gesagt: *hinter* dem Bild. Die Funktion dieser Risse, Wunden und sexueller Höhlungen ist es, auf das hinzuweisen, was sich auf der anderen Seite befindet und was die Augen nicht sehen. Deshalb sagt Cardoza y Aragón richtig, daß Gerzsos Malerei »nicht darstellt, sondern bedeutet«. Was bedeutet sie? Jenes, das jenseits ihrer selbst liegt und das nicht auf Begriffe reduziert werden kann. An diesem Punkt verwandelt sich die Bildkritik – die Übersetzung in Worte – in dichterische Schöpfung: das Bild ist ein Sprungbrett, das uns die Bedeutung erhaschen läßt, welche die Malerei ausstrahlt. Eine Bedeutung, die, kaum daß wir sie berühren, sich auflöst.

Die Titel vieler Bilder von Gerzso beziehen sich auf Landschaften Mexikos und Griechenlands. Andere auf eher imaginäre Räume. Keine mythischen Landschaften, sondern Mythenlandschaften. Sie alle zeugen von der Sehnsucht des Maler-Dichters nach einem anderen Raum. Nicht der innere Raum eines Michaux, dieser Raum der Erscheinungen, sondern ein Raum, der sich ausdehnt und sich entrollt oder aufrollt, sich entfaltet, sich teilt und sich mit sich selbst vereinigt, ein Raum-Raum. Sehnsucht nach Raum und manchmal seine gewaltsame Verletzung: aufgerissene, verletzte Oberflächen, aufgeschlitzt von einem kalten Messer-Auge. Was gibt es hinter dem Gegenwärtigen? Gerzsos Malerei ist ein Versuch, auf diese Frage zu antworten, die vielleicht die Schlüsselfrage der Erotik ist und, ohne Zweifel, der Ursprung des Sadismus. Gewalt, aber auf der anderen Seite Geometrie, Suche nach dem Gleichgewicht. Jedes Bild trachtet danach, in sich zur Ruhe zu kommen, doch nicht in der Unbeweglichkeit, sondern in der Spannung: Pakt vieler gegensätzlicher Kräfte, Konvergenzen, magnetischer Bündel. Bild-Balance, in einem Augenblick sonderbaren Gleichgewichts überraschte Welten, Malerei mitten in der Zeit, über dem Abgrund schwebend, Stück einer lebendigen Zeit. Malerei vor dem Geschehen, vor dem, was kommen wird. Reine Erwartung, Malerei jenseits des Schauspiels, auf der Lauer, doch auf der Lauer worauf? Diese rigorose und vortreffliche Malerei gründet auf einem Spalt der Zeit. Geometrien aus Feuer und Eis, aufbauend auf einem Raum, der sich spaltet: Aufhebung der Gesetze der Schwerkraft.

Manuel Felguérez
Der multiple Raum

Zwischen 1950 und 1970 hat Manuel Felguérez, Bildhauer und Maler, ein mächtiges und umfangreiches Werk der Wandmalerei geschaffen. Einige dieser Arbeiten sind nicht nur in ihren Ausmaßen außergewöhnlich, sondern auch in der Strenge und Neuheit der Ausführung. Ich denke insbesondere an das große Wandgemälde des Kinos Diana und an das herrliche Werk an dem Gebäude, das den Concamín beherbergt. Letzteres ist ein endloses, verwickeltes Spiel von Hebeln, Schrauben, Rädern, Wellen, Achsen, Rollen und Scheiben. Ein seltsames Bild der Bewegung in einem Augenblick der Ruhe, gemahnt dieses phantastische Räderwerk an die erschreckende Welt der *Oda triunfal* von Alvaro de Campos. Jedoch hat bei uns wie so oft niemand von der Größe und Bedeutung dieser Werke Kenntnis nehmen wollen. Seit Tamayos Rebellion gegen den ideologischen Modernismo hat sich die Mehrheit unserer guten Künstler auf die Kunst am Bau kaum noch eingelassen. Der einzige, der dem traditionellen Muralismo eine andere Konzeption des Wandgemäldes entgegensetzte, war Carlos Mérida. Anders ausgerichtet als Mérida, doch ihn gewissermaßen ergänzend, hat Manuel Felguérez eine neue und wirklich großartige Wandbildkunst geschaffen, in der sich die Malerei mit der Bildhauerei verbindet. Die plastische Wandmalerei, oder genauer, das polychrome Relief.

Felguérez' neuer Muralismo brach nicht nur mit der Tradition der Mexikanischen Schule, sondern auch mit seinem eigenen Jugendwerk. Seine ersten Werke gehören dem Informel und dem Tachismus an, zwei ästhetischen Richtungen, die in

seiner Jugend vorherrschten. Doch schon damals hätte ein
aufmerksamer Blick hinter dem nicht-gegenständlichen Infor-
malismus jener Bilder eine verborgene Geometrie entdecken
können. Der abstrakte Expressionismus zerstörte die darun-
terliegende rationale Struktur nicht, sondern verdeckte sie nur.
Daß jenen Konstruktionen und Destruktionen der Leidenschaft eine unsichtbare Ordnung zugrunde lag, ist nicht verwunderlich: Felguérez ist in erster Linie Bildhauer und kommt
vom Konstruktivismus her. In seinem Streben nach Plastizität
ähnelt er mehr einem Zadkine oder einem Gabo als einem
Pollock oder einem De Kooning.

Seine Vorliebe für die Geometrie und ihre Konstruktionen
führte ihn zur Architektur und diese zur Kunst am Bau. Der
architektonische Raum gehorcht nicht nur den Gesetzen der
Geometrie und der Statik, sondern auch denen der Geschichte.
Er ist ein Raum, der auf einem physischen Raum gründet, der
auch ein sozialer Raum ist. Gegen 1960 zeigt Felguérez immer
weniger Neigung, Bilder und Skulpturen für Gemäldegalerien
zu schaffen, und sucht nach Möglichkeiten, seine Kunst in den
Raum der Öffentlichkeit einzugliedern: in Fabriken, Kinos,
Schulen, Theatern, Badeanstalten. Natürlich wollte er die Versuche der ideologischen Kunst – Patrimonium der ideenlosen
Epigonen – nicht wiederholen, und noch weniger ging es ihm
darum, die Wände der öffentlichen Gebäude zu *dekorieren*.
Nichts lag seinem skeptischen und spekulativen Temperament
ferner als die Dekoration. Nein, er hatte ganz andere Ambitio-
nen: durch Verbindung von Malerei, Bildhauerei und Architektur einen neuen Raum zu schaffen.

Die Jahre der Konsolidierung des aus der Mexikanischen
Revolution (1930-1945) hervorgegangenen politischen Systems waren auch jene, in denen man sich von den weltweiten
Strömungen im Bereich der Kunst und der Literatur immer
mehr entfernte. Am Ende dieser Phase geriet Mexiko in eine
kulturelle Isolation, und die ursprünglich fruchtbare künstle-

rische und dichterische Bewegung degenerierte zu einem akademischen Nationalismus, der nicht weniger stickig und steril
war als der Europäismus zur Zeit von Porfirio Díaz. Die
ersten, die sich dagegen auflehnten, waren die Dichter, und
ihnen folgten schon bald die Romanciers und die Maler.

Zwischen 1950 und 1960 sorgte die Generation, der Felguérez angehörte – Cuevas, Rojo, Gironella, Lilia Carrillo, García
Ponce – für eine ästhetische und geistige Erneuerung: Geist
und Bilder läuterten sich. Diese jungen Leute hatten eine
grenzenlose Neugier und Aufnahmefähigkeit und einen siche-
ren Instinkt. Weithin auf Verständnislosigkeit stoßend, aber
fest entschlossen, die allgemeine Zirkulation der Ideen und
Formen wiederherzustellen, rissen sie alle Fenster auf und
ließen die frische Luft der Welt herein.

Dank ihnen können die jungen Künstler in Mexiko heute
etwas freier atmen.

Im darauffolgenden Jahrzehnt führte ein jeder dieser Künstler sein persönliches Abenteuer fort und setzte sich mit seinen
eigenen Traumbildern auseinander. Felguérez, ein spekulati-
ves Temperament, das durch die Klarheit, Genauigkeit und
Tiefe seines Denkens den berühmten Ausspruch Duchamps
(»Dumm wie ein Maler«) widerlegt, beendete diese Periode der
äußeren Suche mit einer inneren. Nicht auf der Suche nach sich
selbst, sondern auf der nach einer anderen Ausdrucksform.
Das Ergebnis dieser kritischen Prüfung waren die polychro-
men Reliefs von 1960-1970. Diese Erfahrung führte ihn, wie
das bei einem so klarsichtigen und sich selbst fordernden
Künstler vorherzusehen war, zu einer weiteren Erfahrung: sie
manifestiert sich in den Werken, denen der Künstler den tref-
fenden Titel »Der multiple Raum« gegeben hat.

Mit seinen neuen Arbeiten wechselt Felguérez vom öffentlichen Raum der Wand zu einem Raum über, der ein Multipli-
kator von Räumen ist. Ausgehend von einer zweidimensiona-
len Form und Farbe gelangt er durch fortgesetzte Kombinatio-

nen, die um so überraschender sind, je rigoroser sie sind, zum Relief und von diesem zur Skulptur.

Ein logischer Übergang, der zugleich Metamorphose der Formen und visuelles Gefüge ist. Jede Form ist Ausgangspunkt für eine andere Form: der Raum als Produzent von Räumen. Auf diese Weise hebt der Künstler die Trennung zwischen dem zwei- und dreidimensionalen Raum, zwischen der Farbe und dem Volumen auf. Dem Spiegel, diesem philosophischen Instrument par excellence – Projektor von Bildern und zugleich Kritiker der von ihm projizierten Bilder – kommt bei den plastischen Objekten Felguérez' eine besondere Bedeutung zu: er ist ein Reproduzent von Räumen.

Ein weiteres Merkmal: Der Künstler versteht das Multiple nicht als bloße Serienproduktion einander völlig gleicher Objekte; jedes Objekt schafft ein von ihm verschiedenes, und eine jede dieser Reproduktionen bedeutet die Produktion eines wirklich anderen Gegenstandes. Felguérez' öffentliche Kunst ist eine spekulative Kunst. Ein Spiel des Mannigfaltigen und des mit sich selbst Identischen, das große Mysterium, das die Menschen seit dem Paläolithikum immer wieder fasziniert. In der gleichmäßigen kosmischen Ordnung – Umlauf der Gestirne, Kreislauf der Jahreszeiten und der Tage – verbinden sich Wiederholung und Wandel. Felguérez' multipler Raum ist eine plastische und geistige Analogie eben jenes Spiels: Die Verschiedenheiten sind lediglich Spiegelungen der sich selbst spiegelnden Identität; und ihrerseits ist die Identität nur ein Moment, der Moment der Konjunktion in der Vereinigung und Trennung der Verschiedenheiten.

»Der multiple Raum« ist Felguérez' Kritik an seinem Werk als Bildhauer-Muralist. Durch diese Kritik kommt er zu einer neuen Synthese seiner sowohl spekulativen als auch sozialen Berufung. Seine Analyse der Formen führt zu einer Art Konzeptualismus, um einen modischen Begriff zu gebrauchen, der ihn in die Nähe der Künstler in der Nachfolge Duchamps

bringen könnte. Doch der Konzeptualismus dieser Künstler ist eine Entkörperung, und Felguérez trachtet gerade nach dem Gegenteil: seine Kunst ist visuell und taktil. Sie ist kein Text, der spricht, sondern ein Objekt, das sich darbietet. Wir nehmen das, was Felguérez uns präsentiert, nicht mit dem Gehör auf, sondern mit den Augen und dem Tastsinn: es sind Dinge, die wir sehen und berühren können. Aber es sind Dinge von geistiger Qualität: nicht ein Mechanismus beseelt sie, sondern eine Logik. Die multiplen Räume sprechen nicht: schweigend entfalten sie sich vor uns und verwandeln sich in einen anderen Raum. Ihre Verwandlungen enthüllen uns die den Formen innewohnende Rationalität. Die Räume erschaffen sich, in des Wortes wahrer Bedeutung, und bauen sich vor unseren Augen auf mit einer Logik, die im Grunde keine andere ist als die des Samens, der sich in Wurzel, Stengel, Blüte, Frucht verwandelt. Logik des Lebens.

Ideen-Formen sagt Felguérez, der ein ausgezeichneter Kritiker seiner selbst ist. Doch gibt es nichts Statisches in dieser Welt: Die Formen, Bilder der endlichen Vollkommenheit, bewirken durch die Kombination ihrer Elemente unendliche Verwandlungen. Kein Raum zum Betrachten, sondern ein Raum, um andere Räume zu entwerfen. Eine Kunst von der Strenge einer Beweisführung, die gleichwohl an der Grenze zwischen Zufall und Notwendigkeit unvorhersehbare Gegenstände erzeugt. Felguérez' Objekte sind visuelle und taktile Aussagen: eine konkrete Logik, die zugleich eine schöpferische Logik ist.

Alberto Gironella
Die gemalten Träume

Zwischen dem Wort und dem visuellen Bild, zwischen dem
Gehör und den Augen gibt es ein ständiges Hin und Her.
Wenn wir die Worte des Dichters hören, sehen wir, jäh entstanden, das von ihnen evozierte Bild. Wir sehen es im Geiste, mit
dem inneren Auge. Desgleichen: Wenn wir die Formen und
Farben des Bildes sehen, hören wir sie, als wären es Worte, in
einer uns unbekannten Sprache gesprochen, die wir in diesem
Augenblick jedoch irgendwie verstehen. Stumme Worte, die
wir gleichfalls im Geiste hören. In einem ebenso grausamen
wie sinnlichen Sonett beschreibt Lope de Vega mit violenten
und prächtigen Worten den Tod des Holofernes. Die Verse
verbinden und lösen sich gemäß einem Rhythmus, der hie und
da, einem Scheinwerfer gleich, die verschiedenen Aspekte der
Szene erfaßt und beleuchtet: das Zelt des Heerführers, die
schweren roten Vorhänge, den Flackerschein der Pechfackeln,
die zerbrochenen Trinkgefäße, den umgestürzten Tisch, die
Blut- und Weinflecke auf dem Tafeltuch, den bleiernen Schlaf
der Soldaten, und auf dem zerwühlten Lager den riesigen
Körper des enthaupteten Kriegers. Das Sonett ist ein Wort-
strom, ein fortgesetztes mächtiges Brausen, das unvermittelt in
ein Bild mündet, das uns durch seine augenblickhafte Starrheit
erschreckt: da steht Judith von tiefer Nacht umgeben auf der
Wehrmauer und hält wie eine gräßliche Laterne das abgeschnittene Haupt ihres Feindes hoch. Der letzte Vers ist von
der Grellheit und Schärfe eines Blitzes: die Jüdin mit dem
Haupt »erglänzt bewaffnet«. Dieses Sonett evoziert – oder
besser: konvoziert – die Bilder von Rubens. Anstelle des spa-

nischen Dichters hätte es ebenso der flämische Maler signieren können; es ist schreibende Malerei, so wie es malende Worte gibt.

Alberto Gironellas Kunst steht am Schnittpunkt von Wort und Bild. In seiner Jugend schrieb er Gedichte; später entschied er sich für die Malerei, aber blieb auch als Maler ein Dichter. Er ist kein Einzelfall, denn in unserem Jahrhundert, ganz zu schweigen von den großen Beispielen der Vergangenheit, waren einige vortreffliche Künstler Dichter und Maler zugleich: Max Ernst, Paul Klee, Hans Arp, Henri Michaux. Die Schriften Duchamps sind untrennbar von seinem bildnerischen Werk, und die zeitgenössische Dichtung verdankt Picasso einige Texte von der Vehemenz einer Schmähschrift und der Phantastik eines Alptraums. Alberto Gironella gliedert sich in diese Tradition ein, doch ist seine Stellung in ihr singulär, sowohl durch die Eigenart seines Werks, als auch durch den extremen und leidenschaftlichen Charakter seines Unternehmens.

Dichtung und Malerei sind Künste, die sich in entgegengesetzten Bereichen entfalten: das Reich der Dichtung ist die Zeit, das der Malerei der Raum; die Dichtung hören wir, die Malerei betrachten wir: das Gedicht läuft in der Zeit ab und sein Ablauf ändert sich, während das Bild sich selber stets gleichbleibt. Gleichwohl ist die Macht, die Malerei und Dichtung regiert, ein und dieselbe; obgleich der Maler die Augen benutzt und der Dichter die Sprache, gehorchen Blick und Sprache doch derselben Macht: der Imagination. Auch darin ist Gironella singulär: wie bei den anderen Malern ist die Imagination in seinem Werk die Kraft, welche die Dichtung mit der Malerei verbindet, jedoch nicht wie eine Brücke, die zwei Ufer verbindet, sondern wie eine Umarmung, die zugleich ein Ringen ist. Vereinigung und Kampf: die Verschmelzung bedeutet Vernichtung.

Im Unterschied zu anderen Maler-Dichtern ist Gironella

kein Dichter der Worte, sondern visueller Bilder. Ich will damit sagen, daß er das Gemälde nicht ausschließlich als ein Werk der bildenden Kunst versteht, sondern auch als eine Metapher seiner Violenz, seiner Obsessionen, Träume, Ängste und Wünsche. Für diesen Maler ist das Gemälde ein Spiegel, aber ein magischer Spiegel, der, abwechselnd glückverheißend und unheilvoll, die Bilder verklärt oder entstellt. Das Gemälde wird zum Gedicht und stellt sich dem Betrachter als ein Bündel von Metaphern dar, und obgleich diese Metaphern nicht verbal, sondern visuell sind, gehorchen sie den gleichen rhythmischen Gesetzen wie die dichterischen Metaphern. In Gironellas Malerei bilden Farben und Formen einen Reim: sie tauchen auf und verschwinden, verbinden und lösen sich gemäß den Gesetzen der Wiederholung und Variation, die im Gedicht herrschen. Das Echo hat eine kardinale Funktion in Gironellas Werk und besteht in der fast manischen Wiederholung gewisser Bilder, die beunruhigende Verzerrungen und Verstümmelungen erleiden. Das Echo ist die rhythmische Manifestation der Obsession. Es ist, genauer gesagt, eine Metapher der Obsession: durch Wiederholungen und Variationen verwandelt sich das obsessive Bild in Rhythmus.

Alberto Gironella ist ein geborener Maler: er denkt, fühlt und spricht in Linien, Farben und Formen; aber ebenso schicksalhaft ist er auch ein Dichter, den seine Vorstellungskraft über das Sehen hinausführt. Seine Maleraugen dienen seinen Obsessionen, und seine Bilder sind Obsessionen. Seine Imagination begnügt sich nicht damit, darzustellen: sie will sprechen, und oft spricht sie auch. Aber sie spricht, ohne in Literatur zu verfallen, und getreu den ihr eigenen bildnerischen Mitteln. Gironellas Malerei erzählt nicht und berichtet nicht: sie ist eine Salve von Bildern, die im Betrachter eine andere Salve von Bildern auslöst. Es ist keine Malerei, die gelesen werden will, wie die vieler seiner Zeitgenossen: es ist eine Malerei, die wir zugleich sehen und hören müssen. Durch diese stummen Bilder spricht die andere Stimme, die Stimme, die wir nicht mit dem Gehör wahrnehmen, sondern mit den Augen und mit dem Geist. Die Verwunderung und Begeisterung, mit der André Breton vor nahezu zwanzig Jahren die erste Ausstellung Gironellas in Paris begrüßte, erklärt sich daher, daß der französische Dichter in diesen Bildern die gleiche Frage wiedererkannte, die sich der Surrealismus gestellt hatte. Die gleiche Frage, nicht die gleiche Antwort. Es war ein Wiedererkennen in der Verschiedenheit.

Jeder Maler führt mit einigen Werken der Vergangenheit ein Zwiegespräch. Ein Zwiegespräch voller Gegensätze und Affinitäten, ein intimes Zwiegespräch, liebevoll und polemisch, das seinem eigenen Werk fast immer implizit ist. Das Zwiegespräch Gironellas dagegen ist offen und explizit. Im Grunde ist es falsch, Gironellas Beziehung zu manchen Werken der Vergangenheit, wie etwa zu jenen von Velázques, Goya, El Greco, Valdés Leal (ja auch zu ihm, und zu Pereda) ein Zwiegespräch zu nennen. Es ist eine Beziehung ohne Worte, der Religion näher denn der Kunst – einer Religion ohne Jenseits, doch mit allen Schrecken und Wonnen der Religion –, eine Beziehung, die, wie das bei großen Leidenschaften oft der Fall ist, die zweideutigen Formen der Verehrung und der Schmähung, des Beweihräucherns und des Bespuckens annimmt. Malerei verstanden als eine Zeremonie der Ehrung und der Profanierung, ein sakrilegisches Ritual.

Das 20. Jahrhundert hat die Grenzen zwischen Kritik und Kunstwerk fast völlig aufgehoben. Die Kritik ist nicht nur selber kreativ, sie ist heute auch Teil des künstlerischen Werks, und es gibt zahlreiche moderne Werke, sowohl Gedichte als auch Bilder, die eine Kritik anderer Werke oder ihre eigene Kritik enthalten. Die moderne Kunst seit der Romantik ist eine polemische Kunst. Besser gesagt: Die moderne Kunst ist modern, weil sie polemisch ist. Fast immer äußert sich diese Polemik als Kritik der Tradition. Gironellas Einstellung zu der großen spanischen Malerei paßt in diese Perspektive. Allerdings gibt es einen Unterschied: seine Kritik ist nicht zu unterscheiden von der Devotion und die Devotion nicht von der Rachgier. Wie er Werke wie *Reina Mariana, Las meninas, El entierro del conde de Orgaz* oder die *Vanitas* von Valdés Leal traktiert, geht über die Kritik hinaus: es ist eine Art Liturgie der Folter. Die Violenz der Leidenschaft verwandelt den kritischen Dialog in einen erotischen Monolog, in dem der Gegenstand des Verlangens, hundertmal zerstört, ebensooft wiedererwächst. Meuchelmorde und Auferstehungen, endlose Riten der Passion.

So wie die moderne Kunst die Unterschiede zwischen Kunstwerk und Kritik verwischte, hat sie auch die Unterscheidung zwischen Original und Übertragung aufgehoben. Das literarische oder bildnerische Zitat und die Verwendung von Fragmenten fremder Werke im eigenen Werk sind übliche Verfahren sowohl bei Dichtern, als auch bei Malern und Komponisten. Ich brauche wohl kaum an die literarischen Collagen von Eliot und Pound, den beiden Initiatoren dieser Kompositionsmethode erinnern. Auch in diesem Verfahren unterscheidet sich Gironella durch den Radikalismus seiner Leidenschaft. Die Zitate von Eliot und Pound sind literarischer, religiöser oder politischer Art und dienen dazu, einen Gesichtspunkt zu veranschaulichen; die Zitate Gironellas dienen lediglich dazu, sein Verlangen zu befriedigen. Sie sind ein Zweikampf, in dem jede Umarmung ein Ordal ist, ein Liebesbeweis, bei dem der Maler sein Leben riskiert. Zu Gironellas Werk paßt, leicht modifiziert, der Titel eines berühmten Essays von Michel Leiris: Die Malerei als eine Tauromachie betrachtet. Gironella kämpft mit den Werken der Vergangenheit wie ein Stierkämpfer, und selten ist einer seiner Stiere lebend in den Korral zurückgekehrt. Diese Leidenschaft Gironellas kann als *feroce* bezeichnet werden, in der Bedeutung, die Baudelaire diesem Adjektiv gab. Die Grausamkeit ist gewissermaßen das animalische Pendant zum geistigen Enthusiasmus, und so findet man sie denn auch als kontradiktorische Ergänzung in den großen religiösen, erotischen und künstlerischen Passionen. Sie ist eine Leidenschaft, die nicht nur Inquisitoren und Henker beherrschte, sondern die auch Märtyrer und Liebende beseelte. Zudem verdanken wir ihr einige unvergeßliche Gedichte, Romane, Bilder, Schriften: Goya und Picasso, Baudelaire und Rimbaud, Quevedo und Swift, Michaux und Cioran. Im Unterschied zur Grausamkeit der Tyrannen und Verbrecher, richtet sich die der Künstler gegen die Phantasie ihrer Einbildungskraft, das heißt gegen sie selbst. Diese Bilder von Velázquez oder Pereda, die Gironella wie ein grausamer und schwärmerischer Liebhaber unermüdlich tätowiert, schindet, erdolcht, malt und auslöscht, das ist er selbst.

Die übertriebene und übertreibende Liebe ist auch eine Liebe für die Extreme. Gironella ist widersprüchlich und lebt seine Widersprüche, ohne zu versuchen sie zu mildern oder sie in illusorische Synthesen aufzulösen. Seiner delirierenden, visionären Malerei setzt er eine realistische Sicht entgegen. Nur daß dieser erbitterte Realismus die Wirklichkeit buchstäblich vierteilt und aus ihr ein weiteres Delirium macht. Die Wirklichkeit hört auf, glaubhaft zu sein, sie wird eine groteske und grauenerregende Erfindung. Gironellas Humor läßt sich direkt von Valle-Inclán und Solana, von Gómez de la Serna und Buñuel herleiten: Kunst des Aberwitzes. Und mehr als eine Kunst: eine Moral. Aber Moral im Sinne Nietzsches, der in Seneca einen Torero der Tugend sah. Den spanischen Aberwitz (*disparate*) zu definieren ist geradeso schwer wie eine Definition des englischen Humors zu finden. Für den Diccionario de Autoridades ist er »eine widersinnige Handlung oder eine Äußerung wider die Vernunft«. Ich persönlich würde eine andere Definition geben: Der Aberwitz ist eine Übertreibung der Vernunft, führt diese bis zur äußersten, unvernünftigen Konsequenz. Eine Übertreibung, die der Unvernunft recht gibt. So ist der Aberwitz ein zirkuläres geistiges Verfahren, das am Ende die Vernunft der Unvernunft und die Realität der Irrealität überführt. Der Aberwitz macht die Wirklichkeit unwahrscheinlich, unglaubwürdig. Für José Bergamín ist der Aberwitz ein Stil, und als Beispiel führt er die Architektur des Barock an: »Ein Aberwitz in Stein«. Meiner Ansicht nach ist der Aberwitz weniger ein Stil als eine Auflehnung: er ist das Aufbegehren des Menschen gegen sein unsinniges Schicksal und gegen die große Absurdität, in die unsere ganze Unsinnigkeit mündet: den Tod. Ich sagte weiter oben, daß Gironella es vorziehe, seine Widersprüche zu leben, anstatt sie in Schimären aufzulösen. Ich hätte besser sagen sollen, daß für Gironella die einzige dialektische Methode, die Widersprüche aufzulösen, der Aberwitz ist. Deshalb malt er, der große Rebell, und deshalb malt er, ein noch größerer Rebell, den Akt des Malens selbst.

Eines der poetisch wie bildnerisch stärksten und herrlichsten Werke der Malerei Gironellas ist die Serie von Bildern, die *El sueño del caballero* (Der Traum des Caballeros) zum Thema hat und deren Ausgangspunkt ein Gemälde von Pereda ist. Diese Arbeiten sind in erster Linie bemerkenswert durch ihre malerische Qualität, eine seltene Verbindung von Raserei und Meisterschaft. Die Gestalten und Dinge auf diesen Bildern – der Engel und der schlafende Caballero, die Maske und der Totenkopf, die Truhe voller Juwelen und die Pistole, die Uhr und die Spielkarten, die verstreuten Münzen, das aufgeschlagene Buch und der Globus: Allegorien der Zeit und ihrer Wahngebilde – sind wahre Erscheinungen, will sagen: von einer Seele bewohnte Wesen und Dinge. Gironella ist Bürger einer Welt, die er erfunden hat und die ihrerseits ihn erfunden hat. Diese Welt ist gespenstisch und konkret, ist die hiesige und die jenseitige. Sie ist bewohnt von Ackerknechten und Engeln, Zofen und Vampiren, Inkuben und Notaren. Gespenster aus Fleisch und Blut, die sich guter Gesundheit erfreuen; wir sind diesen Männern und Frauen, bekleidet und nackt, auf den Seiten der Zeitungen und Zeitschriften aller fünf Kontinente begegnet. Sie sind unsere Zeitgenossen. Zu ihnen gesellen sich Kobolde und Schimären sowie bleiche Männer und Frauen aus fernen Zeiten, fast immer nach Art des 17. Jahrhunderts gekleidet, die Frauen schwarzhaarig und von perlmuttfarbener Haut, alle mit den Stigmen der Melancholie und in den Tod verliebt.

Die Welt Gironellas – ich denke vor allem an die Folge *Der Traum des Caballeros* – ähnelt in mancher Hinsicht der Welt von *Terra nostra*, dem großen Roman von Carlos Fuentes. Die Ähnlichkeit rührt her von dem Zusammentreffen zweier starker, aber entgegengesetzter Sensibilitäten in einem magnetischen und widersprüchlichen Zentrum: Mexiko, das nicht Mexiko ist, sondern das Sevilla von Valdés Leal und das Granada des Kartäuserklosters, dieses prachtvollen und finsteren Gebäudes, wo der Stein zu Zucker wird und der Zucker zu Staub sündiger, in den Mühlen des Teufels gemahlener Gebeine. Ein spanisches Mexiko, das gleichwohl das Große Tenochtitlán der Azteken bleibt, mit Federn und Blut bedeckt. Das Jahrhundert Gironellas ist das goldene Jahrhundert der hispanischen Fäulnis, das 17. Jahrhundert, aber ein 17. Jahrhundert außerhalb der Zeit der Geschichte, eine Zeit, die ihrer selbst gram ist und von einem Jahrhundert ins andere springt, mal ins 20., mal ins 19. Jahrhundert, eine Zeit, in der sich der Barockengel der Melancholie in Doña Mariana, in eine Blondine verwandelt – die flachshaarige Mulattin, die blonde Negerin, der lebensvolle Tod, nackt wie das Wasser –, die Blondine als obskures Objekt unserer Begierde, die geradeso aussieht wie Conchita – die Flamenco-Tänzerin in dem Film von Buñuel –, Conchita, die eine Chimäre ist und . . . Verschiedene Visionen Amerikas, dieses großen Spanischen Traums, aus dem uns nur der Tod erweckt. Das Vulva-Amerika, das Vagina-Amerika, das Opferstein-Amerika, Amerika als Grab,

Amerika als Thron und Misthaufen, als Königin und Hure, das Amerika Donnes (My kingdom safeliest when with one man manned), das kein Kontinent ist, sondern eine Frau, die keine Frau ist, sondern eine Seele im Fegefeuer.

Der Traum des Caballeros ist unser Traum. Träumen wir die Zeit? Träumt die Zeit uns, sind wir ihr Traum? Gironella antwortet auf diese Fragen mit einem Zitat von Reverdy: Der Traum ist ein Schinken. Es gibt zwei Versionen dieses Bildes, und in beiden hat sich der Engel, während der Caballero weiterschläft, in ein prächtiges geflügeltes Skelett verwandelt, und auf dem Tisch liegt eine nackte Frau in der Stellung lüsterner Hingabe als eine weitere Allegorie der Eitelkeit dieses Lebens: neben dem Schrecklichsten das Begehrenswerteste. Wirklich ist nur das Leben/Wirklich ist nur der Tod. Doch ein anderes Bild kommentiert den Schlaf des Caballeros mit einem bekannten Sprichwort: »Al camerón que se duerme se lo lleva la corriente« (Wer rastet, der rostet). Der Caballero hört nicht, der Caballero schläft weiter und die nackte Frau liegt weiterhin auf dem Tisch und das geflügelte Skelett des Todes ist noch immer Zeuge der Szene. Der Zeuge oder der Erfinder? Nein, der Erfinder ist ein Maler, der weder Gironella noch Pereda heißt, sondern Orbaneja, Maler aus Úbeda, diesem Ort zwischen *Nirgendwo* und *Irgendwo*. Ist dies das Ende der Geschichte von dem Caballero und seinem Traum, die letzte Allegorie der Allegorie? Nein, es gibt noch ein Bild, in dem ich den letzten Kommentar sehe, die Moral dieser sinnlichen und düsteren Allegorie: *Der Traum des Caballeros* ist ein Bild jenes Papiers, in das man das Marzipan aus Toledo wickelt. Der Traum (Einwickelpapier), Werk von Orbaneja, Kunstmaler, Pinxit. Orbaneja ist das alter ego des Caballeros, Orbaneja malt den schlafenden Caballero, und während er ihn malt, träumt er, daß er selbst der Caballero ist, und träumt dessen Traum: zu entdecken, zu erobern, zu schlafen, in Amerika begraben zu werden. Gironella malt Orbaneja, der ein Bild von Pereda malt: einen schlafenden Caballero, dem im Traum ein Engel erscheint, Verkörperung des Todes und körperlos gewordene Zeit. Der Engel ist die Blondine und Doña Mariana, Amerika und Conchita, ist die geflügelte Schimäre, die zu einem Haufen Knochen und Moder zerfällt. Gironella malt sich selbst, wenn er Orbaneja malt, wie dieser den ungewöhnlichen und lächerlichen Traum des Caballeros nachmalt und entstellt.

In einem kuriosen und intelligenten Buch über die Verrückten, die Hofnarren und Zwerge des Habsburger Herrscherhauses sagt der Dichter Moreno Villa, daß das 17. Jahrhundert das Jahrhundert der Domestizierung der Verrückten war. Ich möchte hinzufügen: diese Domestizierung war eine goldene. Die Verrückten und Zwerge der Habsburger – Moreno Villa zählte 123 in den 180 Jahren, die die Dynastie dauerte – erhielten nicht nur milde Gaben und Geld von ihren Herrschaften, sondern auch Hoftitel. Einige hatten sogar politischen Einfluß. Höchste Auszeichnung: Die Verrückten trugen die Namen der königlichen Familie, und einer von ihnen hieß sogar Don Juan de Austria, wie der Sieger von Lepanto, der uneheliche Sohn Karls V. Es ist bezeichnend, daß die Unterscheidung zwischen Verrückter und Narr bis ins 18. Jahrhundert ziemlich vage war; und nicht weniger bezeichnend ist es, daß Narren und Verrückte auch »Spaßmacher« genannt wurden. Eben das Wort Spaß sollte ein Jahrhundert später aus diesem Gesellschaftskreis verbannt werden. Als Spaßmacher konnten die Verrückten und Narren sagen, was sie wollten, aus reiner Freude am Plappern und ohne daran zu denken, welche Folgen ihre Worte haben könnten. So steht die Gestalt des Narren mit seiner Kappe und seinen Schellen nur dem Anschein nach im Gegensatz zu der des Poeten. Der Narr und der Poet sind »Spaßmacher« und verkörpern den Mythos der Verantwortungslosigkeit für das ursprüngliche Wort: durch sie spricht eine unpersönliche Stimme, eine Kollektivstimme, die früheren Ursprungs ist als die Individuen, die Hierarchien und die gesellschaftlichen Konventionen. Der entgegengesetzte Mythos, derjenige der Verantwortlichkeit des Künstlers, ist ein moderner, ein protestantischer und kapitalistischer Mythos, den die Marxisten geerbt und kanonisiert haben. Durch den Mund des Narren und des Poeten (im weitesten Sinne) spricht die uralte Stimme der Leidenschaften, der Delirien, der Sehnsüchte und der Ängste, der Götter und der Teufel, der Obsessionen und der Distraktionen, des Begehrens und des Zorns – die Stimme aller Mächte, die uns innewohnen und uns aus uns selbst vertreiben, so daß wir auf die Suche nach phantasmagorischen Amerikas gehen. Es ist richtig, daß Don Juan de Austria, der Verrückte, den gleichen Namen trägt wie Don Juan de Austria, der Prinz; es ist richtig, daß der Maler Alberto Gironella manchmal Orbaneja heißt und manchmal der Caballero ist, der in einer Nacht des Jahres sechzehnhundertundsoundsoviel in einem Ledersessel einschlief.

Beschreibung von José Luis Cuevas[1]

José Luis Cuevas (Puma, mexikanischer Löwe oder Wildkatze: Felis concolor). Ein fleischfressender Künstler, dessen größte Attraktivität in seiner natürlichen Anmut liegt, in der Geschmeidigkeit seiner Bewegungen, der eleganten Wildheit seiner Zeichnung, der grotesken Phantasie seiner Figuren und den oft tödlichen Folgen seines Strichs. Die Stimmung dieses Künstlers schlägt jäh und ohne ersichtlichen Grund von ruhiger Sanftheit in blitzende Wut um. Die Künstler aus dieser Familie der Raubkatzen sind für gewöhnlich kühn und verwegen, aber auch geduldig und umsichtig; gleich darauf, ohne Übergang, unbändig grausam. Das natürliche Feingefühl des Exemplars, das wir hier beschreiben, schlägt um in Grausamkeit. Diese widersprüchliche Mischung hat ihm allgemeine Bewunderung eingebracht, aber auch viel Neid und Ressentiment.

Er ist in der westlichen Hemisphäre beheimatet, man begegnet ihm bisweilen an der Hudsonbai, aber auch in den Llanos Patagoniens. Allerdings ist er kürzlich nach Lutetia gezogen und ist jetzt der Schrecken der Bürger und Bürgerinnen des XVI. Arrondissements. Er ist der Rivale des Jaguars, des Löwen, des Adlers, des Rhinozeros, des Bären, des Einhorns und der anderen großen Raubtiere, die im Urwald der Kunst herumstreichen. Er ist der natürliche Feind der Klapperschlangen, der Mäuse, der Ratten, der Pfaue, der Geier und der anderen Kritiker, Maler und Literaten, die sich von Kadavern und anderem Unrat ernähren. Wer diesem Künstler am wenigsten ähnelt, sind die Kümmerlinge.

1 Aus einer *Naturgeschichte der mexikanischen Künstler.*

In den Annalen der Zauberei und der Folklore ist er eine populäre Gestalt. In einigen Orten wurde er wie ein Gott verehrt, vor allem bei den sogenannten »ekstatischen Sekten« wie denen der Bacchantinnen oder Mänaden. In manchen ewig dämmrigen Außenbezirken ist sein Name ein Fluch und man exorziert ihn mit der alten Methode des Totschweigens und der nicht weniger alten des Kläffens.

Von kräftigem Wuchs, wenn auch nicht besonders groß, ist er flink in seinen Bewegungen, die gut aufeinander abgestimmt sind. Seine rege Einbildungskraft und sein Gleichgewichtssinn ergänzen einander: Wenn er springt, um mit seiner Pranke zuzuschlagen, oder sich aus großer Höhe herabstürzt, fällt er immer auf die Füße. Er hat ein großes Gehirn und seine Sprache vermag mit erstaunlicher Treffsicherheit Wortgeschosse abzufeuern, was sie zu einer Angriffs- und Verteidigungswaffe von beträchtlicher Reichweite macht. Aber besonders ausgebildet und effizient sind die Augen und die Pranken. Die Augen erfüllen drei Funktionen: sie bannen, lähmen und zerreißen. Der Künstler bannt mit dem Blick sein Opfer, mag dieses wirklich oder imaginär sein; dann macht er es in der ihm angemessensten Haltung bewegungsunfähig und fängt sofort an, es zu zerstückeln, um es zu verschlingen. Ein ritueller Kannibalismus. Die Pranken, insbesondere die rechte, vollenden das Werk. Mit einem Bleistift oder einem Pinsel, gelenkt von den Augen und von der Vorstellungskraft, malt die Pranke auf dem Papier Figuren und Formen, die auf unvorhersehbare Weise mit dem Opfer korrespondieren, das jedoch verwandelt und ein *anderes* geworden ist. Dieser zweite Teil des Verfahrens besteht in der Auferstehung des Opfers als Kunstwerk.

Ein einsamer Jäger, geht er des Nachts auf Beute aus. Seine Netzhaut ist durch eine starke Dosis Imagination in höchstem Grade sensibilisiert und strahlt in der Dunkelheit wie ein Scheinwerfer. Sein Geruchssinn ist außerordentlich entwik-

kelt. Sein Geschlechtsleben, das uns genau bekannt ist, bestätigt das Fouriersche Gesetz der »leidenschaftlichen Anziehungskraft« oder universalen sexuellen Gravitation der Körper. Das Denken dieses Künstlers gehorcht den Gesetzen des Magnetismus und der Elektrizität.

Mexiko, 10. März 1978

Augenblick und Enthüllung
(Manuel Álvarez Bravo)[1]

Heute zieht niemand mehr in Zweifel – von dem einen oder anderen Exzentriker abgesehen –, daß die Fotografie eine Kunst ist. Das war nicht immer so. In ihren Anfängen wurde sie von vielen als bloßes Mittel einer mechanischen Reproduktion der Wirklichkeit betrachtet, nützlich als Instrument wissenschaftlicher Information, mehr nicht. Obgleich ihre Fähigkeiten bereits größer waren als die des Auges – sie drang in die Welt der Sterne ein und in die des Mikroskops, durchdrang den Nebel, fixierte mit der gleichen Genauigkeit das Getänzel einer Schneeflocke und das Schwirren einer Fliege an der Fensterscheibe – war man der Auffassung, daß der Fotoapparat der Sensibilität und Vorstellungskraft ermangele. In seinem Bericht vom Salon des Jahres 1859 schreibt Baudelaire: »Sie (die Fotografie) muß daher zu ihrer eigentlichen Pflicht zurückkehren, die ist, Dienerin der Wissenschaften und der Kunst zu sein, aber eine sehr demütige Dienerin, wie die Buchdruckerkunst und die Stenographie, welche die Literatur weder geschaffen haben noch sie ersetzen. Sie mag dem Album des Reisenden zur raschen Bereicherung dienen und seinen Augen die Genauigkeit verleihen, der sein Gedächtnis ermangeln würde (. . .), schließlich mag sie die Sekretärin und Archivarin eines jeden sein, dessen Beruf eine absolute materielle Genauigkeit fordert, so weit, so gut. (. . .). Doch weh uns, wenn ihr gestattet wird, in den Bereich des Unfaßbaren und Imaginären einzudringen . . .« In seinem Befremden und seiner Irritiert-

---

1 Vorwort zu *Instante y Revelación* (dreißig Gedichte von Octavio Paz und sechzig Fotografien von Manuel Álvarez Bravo), Mexiko 1982.

heit über das neue Instrument und dessen Möglichkeiten unmittelbarer Reproduktion vergaß der Dichter, daß sich hinter der fotografischen Linse ein Mensch befindet: eine Sensibilität und eine Phantasie. Ein Gesichtspunkt. Fast zur gleichen Zeit begeisterte sich Emerson angesichts dessen, was Baudelaire empörte: »Die Fotografie ist der wahre republikanische Stil in der Malerei. Der Künstler tritt zur Seite und läßt zu, daß einer sich selber malt.« Seltsame Blindheit: obgleich der Franzose ihr Erscheinen bedauerte und der Nordamerikaner es begrüßte, sahen beide in der Fotografie einen Ersatz der Malerei.

Baudelaires und Emersons Mißverständnis war kein Einzelfall. So meinte man beispielsweise seit den Anfängen der modernen Kunst, die Fotografie habe die Malerei, indem sie viele Bereiche der sichtbaren Wirklichkeit in Besitz genommen habe, die dieser bislang vorbehalten gewesen waren, gezwungen, sich auf sich selbst zurückzuziehen. Die Malerei habe damit aufgehört, die Welt zu sehen, und erkunde nurmehr die Wesenheiten, die Archetypen und die Ideen; sie wurde Malerei der Malerei: Kubismus und Abstraktionismus. Oder sie entfaltete sich in den Bereichen, die Baudelaire die des »Unfaßbaren und Imaginären« nannte, wurde Malerei dessen, was wir mit geschlossenen Augen sehen. Es dauerte nicht lange, bis die Wirklichkeit diese Theorie widerlegte, und sehr bald machten sich die Fotografen mit Hilfe der Fotomontage und anderer Verfahren auf eigene Rechnung an die Erkundung der Welt der Abstraktion und des Traums. Muß ich an Man Ray und an Moholy Nagy erinnern? So ist es nicht verwunderlich, daß die Vorstellung der Fotografie als Rivalin der Malerei in den letzten Jahren einer anderen, vielleicht zutreffenderen Platz gemacht hat: Malerei und Fotografie sind voneinander unabhängige, wenngleich verwandte visuelle Künste. Die Kritiker sind sogar, wie so oft, einen Schritt weitergegangen. Jetzt sehen einige von ihnen die Fotografie nicht als mechanische Erfindung, die einen Bruch in der Tradition der Malerei darstellte, sondern im Gegenteil als die natürliche Folge der Entwicklung der abendländischen Malerei. Die Geschichte der europäischen Malerei seit dem 16. Jahrhundert ist die Geschichte der Perspektive, das heißt der Kunst und Wissenschaft der visuellen Wahrnehmung; so gesehen ist die Fotografie, die ja die Perspektive unmittelbar reproduziert, nicht als Unterbrechung, sondern als Kulmination dieser Tradition zu betrachten. Kürzlich, im Jahre 1981, zeigte das Museum of Modern Art in New York eine Ausstellung von Bildern und Fotografien, welche diese Auffassung veranschaulichen sollte. »Die Fotografie«, schreibt Peter Galasi, »ist kein Bastard, den die Wissenschaft der Malerei auf die Schwelle gelegt hat, sondern das legitime Kind der Tradition der abendländischen Malerei.«[1]

Nach mehr als einem Jahrhundert des Hin- und Herschwankens ist die Kritik zum Ausgangspunkt zurückgekehrt; nicht um die Fotografie, wie Baudelaire, als dürftigen Ersatz der Malerei zu verurteilen, sondern um sie als eine Kunst zu verherrlichen, die aus derselben Tradition hervorgegangen ist. Es ist wohl kaum erforderlich, auf die Richtigkeit dieses Kriteriums näher einzugehen: im Unterschied zur Malerei anderer Zivilisationen ist es unmöglich, die Geschichte der europäischen Malerei, von der Renaissance bis zum Impressionismus, als einen von der Entwicklung der Perspektive getrennten Prozeß zu sehen. Durch die Erfindung der Fotografie vervollständigte und vervollkommnete die Optik ein Verfahren, das von den Malern der Renaissance eingeführt worden war. Indes besteht die Gefahr, Malerei und Fotografie erneut miteinander zu vermengen, wenn man nicht berücksichtigt, daß letztere, wenngleich entstanden, um die alte Obsession der Malerei, nämlich die Reproduktion der Illusion der Perspektive, zu befriedigen, sich schon bald von der Malerei löste und sich ein

1 Katalog der Ausstellung *Before Photography (Painting and the Invention of Photography)*, Museum of Modern Art New York, 1981.

eigenes Reich schuf, das von besonderen Gesetzen und Konventionen regiert wurde. Die Fotografie entsteht, wie Jahrhunderte zuvor die Perspektive, aus der Verbindung von Wissenschaft und Malerei, doch ist sie weder die eine noch die andere: sie ist eine Kunst für sich. Dem gleichen Phänomen begegnen wir beim Film: er entsteht aus der Fotografie, und dennoch ist es unmöglich, ihn mit ihr gleichzusetzen. Der Film bedeutet das Auftauen des starren Bildes, sein Eintauchen in den Strom der Zeit. Auf der Leinwand bewegt sich das Bild, verändert sich, verwandelt sich ständig in ein anderes; die Aufeinanderfolge von Bildern rollt ab wie eine Geschichte. Das Foto hält die Zeit fest, sperrt sie ein; der Film befreit sie und setzt sie in Bewegung. So entfernt er sich von der Fotografie und nähert sich den literarischen Genres an, in denen die Aufeinanderfolge herrscht: Erzählung, Roman, Schauspiel, historischer Bericht, Reportage.

Die Entdeckung der Perspektive fiel zusammen mit der Vorstellung einer idealen, auf Vernunft und Wissenschaft gegründeten Ordnung der Natur. Der Gesichtspunkt des Renaissance-Malers war nicht wirklich sein eigener, sondern der der Geometrie. Es war ein idealer Gesichtspunkt angesichts einer gleichermaßen idealen Wirklichkeit. Ich gebrauche das Adjektiv *ideal* im Sinne Platons: Proportion, *Ratio*, Idee. Die verschiedenen Strömungen in der abendländischen Malerei, vom *Manierismus* bis zum *Fauvismus*, waren nun aber durch einen wachsenden und immer ungestümeren Anteil der Subjektivität an der Kunst der Malerei gekennzeichnet. Die ideale Objektivität der Renaissance-Perspektive zerbrach oder, besser gesagt, zersplitterte: Beweglichkeit des optischen Winkels auf der einen Seite, Vielzahl der Gesichtspunkte auf der anderen. Die auf die Geometrie gegründete Kontinuität wurde unterbrochen, die Perspektive hörte auf, ein ideales Maß zu sein und stellte sich in den Dienst der Phantasie, der Sensibilität oder der Laune des Künstlers.

Die Fotografie erscheint an einem Gipfelpunkt dieser Entwicklung. Durch ihre Fähigkeit, die Perspektive mechanisch, ohne Beteiligung des Künstlers zu reproduzieren, erleichterte sie die Beweglichkeit der Gesichtspunkte und vermehrte sie. Das Erstaunlichste war, daß die Subjektivität mit Hilfe eines mechanischen Verfahrens triumphierte, das die sichtbare Welt mit der größtmöglichen Treue reproduzierte. In der Fotografie verbinden sich Subjektivität und Objektivität: die Welt, so wie wir sie sehen, aber auch die Welt unter einem unerwarteten Blickwinkel oder in einem unerwarteten Augenblick. Die Subjektivität des Gesichtspunktes verband sich mit dem Augenblickhaften: das fotografische Bild ist jenes Fragment der Wirklichkeit, das wir, ohne zu verweilen, mit einem flüchtigen Blick wahrnehmen; zugleich ist es die Objektivität in ihrer reinsten Form: Erstarrung des Augenblicks. Die Linse ist eine starke Verlängerung des Auges, und dennoch ist das, was uns die Fotografie zeigt, wenn der Film erst einmal entwickelt ist, etwas anderes als das, was das Auge sah oder das Gedächtnis festhalten konnte. Die Kamera ist alles zusammen: das Auge, das schaut, das Gedächtnis, das bewahrt, und die Vorstellungskraft, die komponiert. Vorstellen, komponieren und erschaffen sind nahe beieinanderliegende Verben. Durch die *Komposition* ist die Fotografie eine Kunst.

Ich verdanke der Fotografie eines meiner ersten Kunsterlebnisse. Das war in meiner Jugendzeit, und diese Erfahrung verbindet sich mit meiner Entdeckung der modernen Poesie. Ich war Abiturient, und eine meiner Lieblingslektüren war die Zeitschrift *Contemporáneos*. Ich war sechzehn oder siebzehn Jahre alt, und nicht immer gelang es mir, alles zu verstehen, was auf diesen Seiten stand. Meinen Freunden ging es ebenso, obwohl weder sie noch ich das je zugaben. Angesichts der Texte von Valéry und Perse, Borges und Neruda, Cuesta und Villaurrutia wechselten Neugierde und Betäubung, augenblickliche Erleuchtung und Ratlosigkeit miteinander ab. Diese

Geheimnisse – die oft unbedeutend waren, wie ich heute sehe –
entmutigten mich nicht, sondern spornten mich vielmehr an.
Eines Abends entdeckte ich beim Durchblättern der Nr. 33
(Februar 1931) nach einer Übersetzung von Eliots *The Hollow
Men* die Reproduktionen dreier Fotografien von Manuel Álvarez Bravo. Alltägliche Themen und Gegenstände: einige
Blätter, die Narbe eines Baumstammes, der Faltenwurf eines
Vorhangs. Mich erfaßte eine seltsame Verwirrung, gefolgt von
jener Freude, die das Verstehen begleitet, so unvollkommen
dieses auch sein mag. Es war nicht schwer, auf einem dieser
Bilder die – grünen, dunklen, gerippten – Blätter einer Pflanze
aus dem Innenhof meines Hauses wiederzuerkennen, noch auf
den anderen beiden den Stamm der Esche in unserem Garten
und den Vorhang im Studierzimmer eines meiner Professoren.
Gleichzeitig aber waren diese Fotografien Rätsel in Schwarz-
Weiß, stumm und doch beredt: sie verwiesen unausgesprochen
auf andere Wirklichkeiten und beschworen, ohne sie zu zeigen,
andere Bilder herauf. Jedes Bild rief ein anderes Bild hervor, ja
produzierte ein anderes Bild. So waren die Fotografien von
Álvarez Bravo eine Art visuelle Veranschaulichung oder Bestätigung der sprachlichen Erfahrung, mit der mich meine
Lektüre moderner Dichter tagtäglich konfrontierte: das poetische Bild ist immer ein zweifaches oder ein dreifaches. Jeder
Satz sagt noch etwas anderes außer dem, was er sagt. Die
Fotografie ist eine poetische Kunst, weil sie, indem sie uns
dieses zeigt, *jenes* hervorruft und vorführt. Beständige Kommunikation zwischen dem Expliziten und dem Impliziten, dem
schon Sichtbaren und dem Unsichtbaren. Das eigene Reich der
Fotografie als Kunst unterscheidet sich nicht von dem der
Poesie: das Unfaßbare und das Imaginäre. Jedoch, wie man
sehen kann, *enthüllt* und gewissermaßen *gefiltert*.

Die Kunst Manuel Álvarez Bravos, im wesentlichen poetisch in ihrem Realismus und ihrer Kargheit, ist reich an
scheinbar einfachen Bildern, die andere Bilder enthalten und

andere Wirklichkeiten produzieren. Bisweilen genügt das fotografische Bild sich selbst; andere Male bedient es sich des Titels als einer Brücke, die uns hilft, von einer Wirklichkeit zur anderen zu gelangen. Die Titel von Álvarez Bravo wirken wie geistige Auslöser: der Satz löst den Schuß aus und zersprengt das explizite Bild, damit das andere, bisher unsichtbare, implizite Bild zum Vorschein kommen kann. In anderen Fällen verweist das Bild einer Fotografie auf ein anderes, das uns wiederum zu einem dritten und einem vierten führt. Auf diese Weise bildet sich ein Netz visueller, geistiger und sogar taktiler Beziehungen, welche an die durch Reim verbundenen Zeilen eines Gedichts oder an die Konfigurationen der Sterne auf den Himmelskarten erinnern. Die erste Fotografie dieses Buches trägt den Titel *Acto Primero* (Erster Akt): ein paar Kinder vor einem Vorhang, weiß wie die Seite eines Heftes oder wie die Zukunft, bevor das Leben begonnen hat. Es gibt eine Fotografie, die als visuelle Antwort auf die unausgesprochene Frage der ersten angesehen werden kann oder besser, die diese Antwort *ist*: auf einer weißen Wand sehen wir die Abdrücke einer Hand. Eine Wand, schon fleckig geworden durch die Schatten, durch die Menschen, durch die Zeit. Der schlichte Titel – *Pared con mano* (Mauer mit Hand) – unterstreicht die Komplexität der Beziehungen zwischen dem Menschen und den Dingen: Hände, die Taten sind, die Spuren sind, die Tage sind.

Das Spiel der visuellen und sprachlichen Reime – ich wähle meine Beispiele ein wenig aufs Geratewohl – wiederholt sich in *Sol frío* (Kalte Sonne) und *Caja en el pasto* (Schachtel im Gras): dasselbe silberne Licht fällt auf das Gras, auf dem die Schachtel und das Gesicht des ausgestreckten Arbeiters ruhen. Was jedoch diese beiden Bilder verbindet, ist nicht nur die Sonne der Hochebene und der unsichtbare sanfte Wind, der die Gräser wiegt, sondern jener Zustand der Gnade, den das Wort *Pause* bezeichnet: ein Moment der Bewegungslosigkeit in der Kreisbewegung des Tages. Der Augenblick der halbgeschlossenen

Augen: wir gewahren den Lidschlag der Zeit, ihre unsichtbaren Schritte.

Unter den Fotografien des Buches ist eine, die zu Recht berühmt ist: sie zeigt einen ermordeten Arbeiter. Über sie schrieb André Breton, Álvarez Bravo »habe sich zu dem erhoben, was Baudelaire den ewigen Stil genannt hat«. Der Realismus dieses Bildes ist erschreckend, und man könnte sagen, daß er, im wahren Sinn dieser Worte und ohne den geringsten Fideismus, den elektrisierenden Bereich des Mythos und des Sakralen berührt. Der Gestürzte ist in Blut gebadet, und dieses Blut ist stumm: er ist in sein Schweigen, in das Schweigen gestürzt. *Campana y Tumba* (Glocke und Grab) ist eine dramatische Replik. Das Schweigen verwandelt sich in Klage: ein Hochtal, einige abgeforstete Hügel, ein Grab und eine zwischen zwei Pfählen an einem Querbalken hängende Glocke, die stumm ist und dennoch imstande, die Toten aufzuwecken. Eine Glocke, die andere Bilder hervorruft: jene *Manos de la casa de Díaz* (Hände im Haus von Díaz), die aus einem Schattengewölbe hervorzukommen scheinen und von denen wir nicht wissen, ob sie anklagen oder flehen. Hände von Opfern.

Den Gegensatz dazu bilden drei Fotografien, die eine wahre Epiphanie weiblicher Präsenz komponieren. Auf dem Bild *Montaña negra, nube blanca* (Schwarzer Berg, weiße Wolke) sieht man einen runden Hügel, hie und da vom Helldunkel einer zarten Vegetation bedeckt, die ein sonniger Abendwind bewegt; oben, über dem dunklen Land, wie Weißzeug, das in der Luft fliegt, eine Wolke. Die Präsenz, die der Hügel mit seiner Rundung, die Gräser im Spiel von Licht und Schatten, die Wolke in ihrer Weiße gerade nur andeuten, zeigt sich auf zwei anderen Fotografien. Eine von ihnen ist ebenfalls berühmt: *Las lavanderas sobrentendidas* (Die verborgenen Wäscherinnen), ein Bild von großer visueller und sprachlicher Überzeugungskraft, zeigt einige Agaven, von denen, Vorhängen gleich, große Leintücher herabhängen; oben, im Hintergrund, wieder

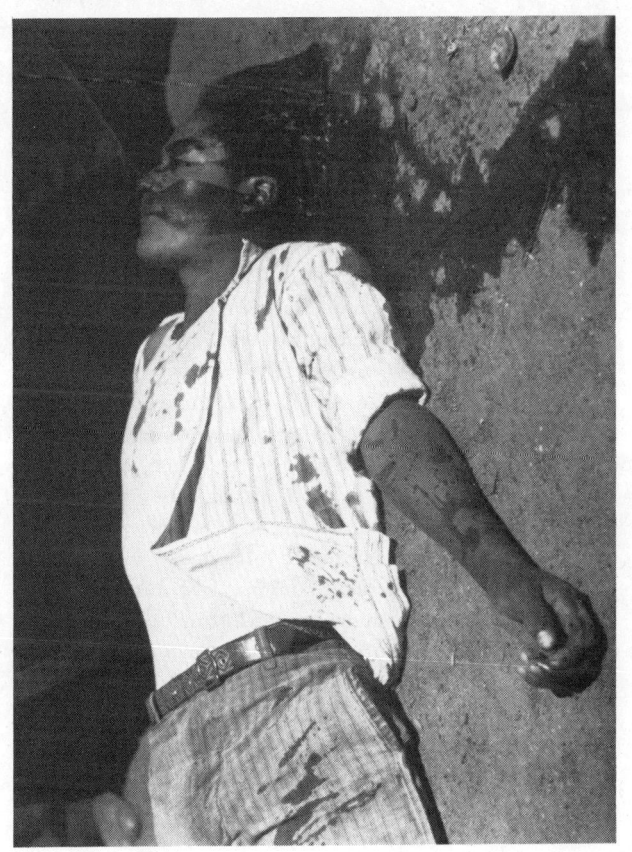

der Reim: die makellosen Wolken des Hochlands. Wolken, zu Bildern gemeißelt, die ein Hauch auflöst. Welche Spiele oder welche Riten zelebrieren die Wäscherinnen, die hinter dem Weiß verborgen sind? Unschuldiges und alltägliches Rätsel: der Vorhang öffnet sich, und ein Mädchen taucht zwischen den Tüchern des natürlichen Wäscheständers auf, ohne daß wir jedoch ihr Gesicht erkennen können. Spiel von Gegensätzen und Symmetrien: das Gesicht verdeckt, das Geschlecht entblößt. Jedes explizite Element – Tücher, Wolken, Gräser, Hügel – verknüpft sich mit den anderen, bis das implizite Bild entsteht und sichtbar wird: eine irdische Präsenz.

Eine weitere Fotografie voller geheimer Kräfte ist *Las Bocas* (Die Münder). Eine Wasserlandschaft: Lagune oder Flußarm? Auf dem trägen Wasser schwimmen schwärzliche Gegenstände: Holzstämme? Ein Strand ist zu sehen, bedeckt mit Kieselsteinen und schwarzen Punkten, wie mineralische Asche. Gegenüber, auf der anderen Seite, ein gewellter Hügel. Mit Schäfchenwolken bedeckter Himmel, unbestimmtes Licht: ist es fünf Uhr morgens oder fünf Uhr abends? Der Ort heißt *Las Bocas*. Vollkommene Übereinstimmung: der Hügel spiegelt sich im reglosen Wasser und zeichnet dabei zwei riesige Lippen. Was sagen sie? Sie sagen kein Wort, sie malen ein Zeichen: Übereinstimmung zwischen den natürlichen und den menschlichen Formen. Diese Fotografie ist eine geglückte Variation der alten Metapher: die Natur ist ein Körper, und der Körper ist ein Universum.

Das nämliche System von Entsprechungen und Verwandlungen beherrscht eine andere Fotoserie. Das zentrale Element ist nicht das Wasser, die Erde oder die Wolke, sondern das Feuer, auch hier in Beziehung zum Menschen. Auf dem Bild *La Chispa* (Der Funke) erscheint es in seiner ursprünglichen und prometheischen Form: das Feuer der Industrie, welches das Eisen durchdringt, es schmilzt oder formt. Auf dieses Bild schöpferischer Zerstörung folgt ein anderes: *Retrato de lo*

Eterno (Porträt des Ewigen). Was ist »das Ewige« hier? Die sitzende Frau, die sich kämmt und ihrem dunklen Haar Funken entreißt, oder der Blick, mit dem sie sich in ihrem kleinen Spiegel betrachtet? Die Frau betrachtet sich, und wir betrachten sie, während sie sich betrachtet. Vielleicht ist das »das Ewige«: das Sichbetrachten, das Betrachtetwerden, das Betrachten. Der Funke, das Aufblitzen, die Helligkeit, das Licht der Augen, die fragen, begehren, schauen, verstehen. Sehen: erleuchten, erleuchtet werden. Auf einer anderen Fotografie, *Retrato ausente* (Porträt einer Abwesenden), hat das Feuer sich verzehrt und das Bild der Frau verzehrt: es bleibt nur ein leeres Kleid auf einem Lehnstuhl und ein Sonnenstrahl auf der nackten Wand. Freilich hat Álvarez Bravo uns keine Geschichte erzählt: er hat uns rotierende Wirklichkeiten gezeigt, momenthafte Erstarrungen. Alles ist miteinander verknüpft und alles löst sich voneinander. Enthüllungen des Augenblicks, aber auch Augenblicke der Enthüllung.

Mexiko, 8. Februar 1982

Der ursprüngliche Blick

Vor einigen Jahren sagte mir Henry Michaux: »Am Anfang habe ich kleine *plaquettes* mit Gedichten veröffentlicht. Die Auflage betrug rund 200 Exemplare. Später stieg sie auf 2000 an, und heute beläuft sie sich auf 20 000. Letzte Woche machte mir ein Verleger das Angebot, meine Bücher in einer Reihe zu veröffentlichen, die eine Auflage von 100 000 Exemplaren hat. Ich lehnte ab: ich möchte lieber eine Auflage von 200 Exemplaren wie am Anfang.« Man kann das leicht nachempfinden: lieber unbekannt sein als nicht richtig erkannt. Grelles Licht ist wie tiefes Dunkel: man kann nicht sehen. Außerdem muß sich das Werk sein Geheimnis bewahren. Gewiß, Publizität löst die Geheimnisse nicht auf, Homer bleibt Homer noch nach Tausenden von Jahren und Tausenden von Editionen. Sie löst die Geheimnisse nicht auf, aber sie degradiert sie: sie macht aus Prometheus eine Zirkus-Nummer, aus Jesus Christus einen Musical-Star, aus *Las Meninas* eine Ikone stumpfer Andacht und aus den Büchern von Marx heilige und zugleich unlesbare Schriften (in den kommunistischen Ländern werden sie von niemandem gelesen, und doch schwören alle auf sie). Die Degradierung durch die Publizität ist eine der Phrasen des Vorgangs, den wir *Konsum* nennen. Zu Leckerbissen geworden, werden die Werke von hastigen und unaufmerksamen Lesern buchstäblich hinuntergeschlungen und nicht mehr goutiert.

Einige talentierte Desperados widersetzen sich den Bequemlichkeiten der Publizität mit einem undurchdringlichen Text. Ein selbstmörderisches Mittel. Die wahre Verteidigung des Werks besteht darin, die Aufmerksamkeit des Lesers mit einem Text zu erregen, der auf verschiedene Weise gelesen werden kann. Das berühmteste Beispiel ist *Finnegans Wake*. Die Schwierigkeit dieses Buches liegt nicht darin, daß seine Bedeutung nicht zu erfassen wäre, sondern daß sie vielfältig ist: jeder Satz und jedes Wort ist ein Bündel von Bedeutungen, eine Handvoll semantischer Samen, den Joyce uns in die Ohren streut in der Hoffnung, daß er in unserem Kopf aufgehe. Ixion, in ein Buch verwandelt, Ixion und seine Reflexionen, Flexionen und Fluxionen. Ein Werk, das von Dauer ist – das wir als »klassisch« bezeichnen – ist ein Werk, das aus sich heraus immer neue Bedeutungen schafft. Die großen Werke erschaffen sich bei ihren verschiedenen Lesern selbst wieder und verändern sich damit ständig. Auf der Fähigkeit der Selbsterschaffung beruht die Vielfalt von Bedeutungen, und auf dieser die Vielfalt von Lesearten. Es gibt nur eine Art, die neuesten Nachrichten in der Tageszeitung zu lesen, aber viele Arten, Cervantes zu lesen. Die Zeitung ist ein Kind der Publizität, und diese verschlingt es: Sie ist eine Sprache, die benutzt wird und sich durch eben ihre Benutzung abnutzt und schließlich im Papierkorb landet; der *Don Quijote* dagegen ist eine Sprache, die durch ihren Gebrauch wiedererschaffen und eine andere wird. Sie ist mehrdeutige Transparenz: die Bedeutung läßt andere mögliche Bedeutungen durchscheinen.

Was mag Carlos Castaneda von der ungeheuren Popularität seiner Bücher halten? Wahrscheinlich wird er die Achseln zucken: ein weiteres Mißverständnis bei einem Werk, das seit seinem Erscheinen Unsicherheit und Verwirrung schafft. Die Zeitschrift *Time* brachte vor einigen Monaten ein langes Interview mit Castaneda. Ich muß jedoch sagen, daß mich das »Geheimnis Castaneda« weniger interessiert als sein Werk. Das Geheimnis seiner Herkunft – ist er Peruaner, Brasilianer oder Chicano? – scheint mir ein triviales Rätsel, zumal im Vergleich mit Rätseln, die uns seine Bücher aufgeben.[1] Das erste Rätsel betrifft ihre Gattung: Anthropologie oder literarische Fiktion? Man wird das für eine müßige Frage halten: ob anthropologisches Dokument oder Fiktion, die Bedeutung des Werkes ist die gleiche. Die literarische Fiktion ist ohnehin schon ein ethnographisches Dokument, und das Dokument besitzt, wie seine schärfsten Kritiker zugeben, unzweifelhaft literarischen Wert. Das Beispiel der *Traurigen Tropen* – Autobiographie eines Anthropologen und ethnographisches Zeugnis – beantwortet die Frage. Beantwortet es sie wirklich? Wenn die Bücher Castanedas ein Werk literarischer Fiktion sind, dann in einer seltsamen Art: ihr Thema ist die Niederlage der Anthropologie und der Sieg der Magie. Sind sie aber Werke der Anthropologie, kann ihr Thema nur sein: die Rache des anthropologischen »Objekts« (ein Zauberer) am Anthropologen, der in einen Zauberer verwandelt wird. Antianthropologie.

Das Mißtrauen vieler Anthropologen gegenüber den Büchern Castanedas ist nicht nur auf den Neid oder die Kurzsichtigkeit des Fachmanns zurückzuführen. Die Zurückhaltung bei einem Werk, das als ethnographische Arbeit beginnt (die halluzinogenen Pflanzen – Peyote, Pilze und Datura – in den Praktiken und Ritualen der Yaqui-Zauberei) und das nach wenigen Seiten zur Geschichte einer Konversion wird, ist nur natürlich. Es handelt sich um einen Positionswechsel: das »Objekt« der Untersuchung – Don Juan, Yaqui-Schamane – verwandelt sich in das Subjekt, das die Untersuchung durchführt, und das Subjekt – Carlos Castaneda, Anthropologe – wird zum Objekt der Untersuchung und des Experimentierens. Es verändert sich nicht nur die Position der Elemente der Beziehung, sondern auch diese Beziehung selbst. Die Dualität

---

1 *The Teachings of Don Juan: A Yaqui Way of Knowledge,* University of California Press, 1968; dt. *Die Lehren des Don Juan: Ein Yaqui-Weg des Wissens,* Frankfurt, 1972. *A Separate Reality: Further Conversations with Don Juan,* Simon and Schuster, 1970; dt. *Eine andere Wirklichkeit: Neue Gespräche mit Don Juan,* Frankfurt, 1971. *Journey to Ixtlán: The Lessons of Don Juan,* Simon and Schuster, 1972; dt. *Reise nach Ixtlán: Die Lehre des Don Juan,* Frankfurt, 1972.

Subjekt-Objekt – das erkennende Subjekt und das zu erkennende Objekt – löst sich auf, und an ihre Stelle tritt die Dualität
Meister-Neophyt. Die Beziehung wissenschaftlicher Art verwandelt sich in eine Beziehung magisch-religiöser Art. In der
ursprünglichen Beziehung will der Anthropologe den anderen
kennenlernen; in der späteren will der Neophyt sich in einen
anderen *verwandeln.*

Die Verwandlung ist eine zweifache: die des Anthropologen
in einen Zauberer und die der Anthropologie in eine *andere*
Erkenntnis. Als Bericht seiner Konversion grenzen die Bücher
Castanedas einerseits an die Ethnographie und andererseits an
die Phänomenologie, und zwar weniger der Religion als der
Erfahrung der *Andersheit,* wie ich sie genannt habe.[1] Diese
Erfahrung findet ihren Ausdruck in der Magie, in der Religion
und in der Dichtung, doch nicht nur dort: seit dem Paläolithikum bis heute ist sie zentraler Bestandteil des Lebens von
Mann und Frau. Sie ist eine für den Menschen konstitutive
Erfahrung, wie die Arbeit und die Sprache. Sie umfaßt das
kindliche Spiel und die erotische Begegnung, das Bewußtsein,
allein in der Welt zu sein, und das Gefühl, ein Teil der Welt zu
sein. Sie bedeutet ein Sichlösen vom Ich, das wir sind (oder zu
sein glauben), ein Sichbewegen auf den *anderen* zu, der wir auch
sind und der stets anders ist als wir. Loslösung: Vision: Erfahrung der *Verwunderung,* Mensch zu sein. Als kritische Destruk-
tion der Anthropologie berührt das Werk Castanedas die einander entgegengesetzten Grenzen der Philosophie und der
Religion. Die der Philosophie, weil es uns, nach einer radikalen
Kritik der Wirklichkeit, eine andere Erkenntnis bietet, die
nicht-wissenschaftlich und alogisch ist; die der Religion, weil
diese Erkenntnis beim Initiierten einen Wesenswandel, eine
Verwandlung voraussetzt. Die *andere* Erkenntnis öffnet die
Türen zur *anderen* Wirklichkeit nur unter der Bedingung, daß

---

1 Vgl. *Der Bogen und die Leier,* Suhrkamp, Frankfurt, 1983, insbesondere das
Kapitel *Die rotierenden Zeichen.*

der Neophyt ein *anderer* wird. Die Ambiguität der Bedeutungen entfaltet sich im Zentrum von Castanedas Erfahrung. Seine Bücher sind der Bericht einer Verwandlung, die Schilderung eines geistigen Erwachens, und zugleich sind sie die Wiederholung und die Verteidigung eines vom Okzident und der zeitgenössischen Wissenschaft verschmähten Wissens. Der Gegenstand des Wissens ist mit dem der Macht verknüpft, und beide mit dem der Metamorphose: Der Mensch, der *weiß* (der Zauberer), ist der Mensch der Macht (der Krieger), und beides, Wissen und Macht, sind die Schlüssel zur Verwandlung. Der Zauberer vermag die andere Wirklichkeit zu sehen, weil er sie mit anderen Augen sieht – mit den Augen eines *anderen*.

Die Mittel für den Wesenswandel sind bestimmte, von den Indios benutzte Drogen. Die Vielfalt der bei den präkolumbianischen Gesellschaften bekannten halluzinogenen Pflanzen ist erstaunlich: sie reicht vom *yagé* oder *ayahuaca* in Südamerika bis zum Peyote im mexikanischen Hochland, von den Pilzen der Berge von Oaxaca und Puebla bis zur Datura, die Don Juan Castaneda im ersten Band der Trilogie gibt. Obgleich schon die spanischen Missionare den Gebrauch halluzinogener Mittel bei den Indios kannten (und verurteilten), interessieren sich die modernen Anthropologen erst seit kurzem für das Thema. Tatsächlich verdanken wir die wichtigsten Studien über diese Materie, wie Michael J. Harner bemerkt, weniger den Anthropologen als Pharmakologen wie Lewin und Botanikern wie Schultze und Watson.[1] Es ist einer der Verdienste

1 *Halluzinogens and Shamanism,* ed. Michael J. Harner, Oxford, University Press. Von den Essays, die dieses Buch versammelt, haben insbesondere zwei meine Aufmerksamkeit erregt, einer von Henry Munn über den Gebrauch von Pilzen bei den mazatekischen Schamanen, und ein anderer von Harner über die bis heute ignorierte Bedeutung der Halluzinogene – Datura, Mandragora, Belladonna – im Zauberwesen des Mittelalters und der Renaissance. Munns Hypothese ist faszinierend: die Pilze beleben beim Schamanen den Geist des Redens und Dichtens. Hinsichtlich des Zauberwesens im Okzident sollte man im Licht der Studie Harners bestimmte klassische Werke wiederlesen, wie etwa die ersten Kapitel von *Der goldene Esel.*

Castanedas, daß er den Schritt von der Botanik und der Physiologie zur Anthropologie getan hat. Er ist in eine hermetische Tradition eingedrungen, in eine Untergrund-Gesellschaft, die mit der modernen mexikanischen Gesellschaft koexistiert, wenn auch nicht zusammenlebt. Eine Tradition, die im Schwinden ist: jene der Zauberer, Erben der präkolumbianischen Priester und Schamanen.

Die Gesellschaft der mexikanischen Zauberer ist eine Geheimgesellschaft, die sich in der Zeit und im Raum ausdehnt. In der Zeit: sie gehört zu unserer Zeit, aber mit ihren Glaubensanschauungen, Praktiken und Ritualen wurzelt sie in der prähistorischen Welt; im Raum: sie ist eine Zunft, die mit ihren Verzweigungen die ganze Republik umfaßt und bis in den Süden der Vereinigten Staaten eindringt. Eine synkretistische Tradition, sowohl durch ihre Praktiken wie auch durch ihre Sicht der Welt. So zum Beispiel gebraucht Don Juan unterschiedslos Peyote, Pilze und Datura, während die Schamanen von Huatla, wie Munn berichtet, lediglich Pilze benutzen: In den Anschauungen Don Juans über die Natur der Wirklichkeit taucht immer wieder die Idee des tierischen Doppelgängers, des *nahual* auf, die für die präkolumbianischen Glaubensanschauungen grundlegend ist. Und obgleich daneben Ideen christlichen Ursprungs existieren, bin ich der Meinung, daß es sich um einen Synkretismus handelt, dessen Kern und dessen Praktiken dem Wesen nach präkolumbianisch sind. Die Sicht Don Juans ist die einer Kultur, welche vom Christentum des Vizekönigreichs und von den nachfolgenden Ideologien der Mexikanischen Republik – derjenigen der Liberalen des 19. Jahrhunderts bis zu jener der Revolutionäre des 20. Jahrhunderts – besiegt und unterdrückt wurde. Don Juan: ein unbeugsamer Besiegter. Die Ideologien, in deren Namen wir seit der Unabhängigkeit töten, und die uns töten, waren kurzlebig; die Glaubensanschauungen Don Juans haben Tausende von Jahren hindurch die Sensiblität und die Imagination der Indios genährt und bereichert.

Bemerkenswert und aufschlußreich ist das Fehlen mexikanischer Namen unter den Erforschern der geheimen, nächtlichen Seite Mexikos.[1] Diese Gleichgültigkeit könnte ihren Grund haben in einer Berufsblindheit unserer Anthropologen als Opfer szientistischer Vorurteile, welche ihre Kollegen in anderen Ländern übrigens nicht immer teilen. Meiner Meinung nach handelt es sich jedoch eher um eine Hemmung, die gewissen geschichtlichen und gesellschaftlichen Umständen zuzuschreiben ist. Unsere Anthropologen sind die direkten Nachkommen unserer Missionare, so wie die Zauberer die direkten Nachkommen der prähispanischen Priester sind. Wie die Missionare des 16. Jahrhunderts, befassen sich die mexikanischen Anthropologen mit den indigenen Gemeinschaften, weniger um sie kennenzulernen, als um sie zu verändern. Ihr Verhalten steht im Gegensatz zu dem Castanedas. Die Missionare wollten die Indios in die christliche Gemeinschaft aufnehmen; unsere Anthropologen wollen sie in die mexikanische Gesellschaft integrieren. Der Ethnozentrismus der ersteren war religiös, jener der letzteren ist progressistisch und nationalistisch. Eben dies setzt ihrem Verständnis gewisser Lebensformen Schranken. Sahagún besaß eine gründliche Kenntnis der Religion der Indios, auch wenn er sie für eine Ausgeburt des Teufels hielt, weil er sie aus der Perspektive des Christentums sah. Die Missionare nahmen die Glaubensanschauungen und die religiösen Praktiken der Indios völlig ernst, *teuflisch* ernst; für die Anthropologen sind sie Verirrungen, Irrtümer, Kulturprodukte, die es in diesem Museum von Kuriositäten und Monstrositäten, das da Ethnographie heißt, zu klassifizieren und zu katalogisieren gilt.

Ein weiteres Hindernis für das richtige Verständnis der indigenen Welt, sowohl der alten als auch der heutigen, ist die

---

1 Eine Ausnahme bilden die Untersuchungen von Fernando Benítez, ein bemerkenswerter Beitrag zu diesem Thema, besonders *Los hongos alucinogenos, Tierra incógnita, En la tierra mágica del peyote, Historia de un chamán cora.*

seltsame Mischung von amerikanischem Behaviorismus und Vulgärmarxismus, die in den mexikanischen Gesellschaftswissenschaften herrscht. Der Behaviorismus ist weniger schädlich: zwar begrenzt er die Sicht, aber er verzerrt sie nicht. Als wissenschaftliche Methode ist er von Wert, nicht jedoch als Philosophie der Wissenschaft. Das ist evident im Bereich der Linguistik, der einzigen der sogenannten Gesellschaftswissenschaften, die sich wirklich als eine solche konstituiert hat. Wir brauchen uns über das Thema nicht zu verbreiten: Chomsky hat das Wesentliche bereits gesagt. Anderer Art ist die Begrenzung durch den Marxismus. Die Magie auf einen bloßen ideologischen Überbau zu reduzieren, mag von einem bestimmten Gesichtspunkt aus richtig sein. Nur ist dieser Gesichtspunkt zu allgemein und läßt uns das Phänomen nicht in seiner konkreten Besonderheit sehen. Zwischen Anthropologie und Marxismus gibt es einen Widerspruch. Erstere ist eine Wissenschaft oder trachtet doch wenigstens danach, eine zu werden; deshalb legt sie Wert auf die Beschreibung jedes einzelnen Phänomens und zieht allgemeine Schlüsse nur mit größter Zurückhaltung. Noch gibt es keine anthropologischen Gesetze in dem Sinne, wie es physikalische Gesetze gibt. Der Marxismus dagegen ist keine Wissenschaft, sondern eine Theorie der Wissenschaft und der Geschichte (genauer: eine Theorie der Wissenschaft als Produkt der Geschichte); deshalb ordnet er alle gesellschaftlichen Phänomene in universale geschichtliche Kategorien ein: Urkommunismus, Sklavengesellschaft, Feudalismus, Kapitalismus, Sozialismus. Das Geschichtsmodell des Marxismus ist sukzessiv, progressistisch und einheitlich; das heißt, alle Gesellschaften haben, werden oder müssen eine jede dieser Phasen geschichtlicher Entwicklung, vom Urkommunismus bis zum Kommunismus des industriellen Zeitalters, durchlaufen. Für den Marxismus gibt es nur *eine* Geschichte, die gleiche für alle. Er ist ein Universalismus, der der Pluralität der Zivilisationen nicht Rechnung trägt und die außerordentliche Mannigfaltigkeit der Gesellschaft auf ein paar Formen ökonomischer Organisation reduziert. Marx' Geschichtsmodell war die westliche Gesellschaft; der Marxismus ist ein Ethnozentrismus, der nicht um sich weiß.[1]

An anderer Stelle habe ich von der Funktion der halluzinogenen Drogen in der visionären Erfahrung gesprochen (*Corriente alterna,* México, 1967). Ich möchte hier nicht wiederholen, was ich damals sagte, sondern nur daran erinnern, daß der Gebrauch der Halluzinogene mit den asketischen Praktiken verglichen werden kann: es sind vorwiegend physikalische und physiologische Mittel zur geistigen Erleuchtung. Im Bereich der Imagination sind sie das Äquivalent für das, was die Askese für die Sinne und die Meditationsübungen für den Verstand sind. Ich muß jedoch hinzufügen, daß die wirksame Anwendung halluzinogener Mittel eine Sicht der Welt und des Jenseits, eine Eschatologie, eine Theologie und ein Ritual voraussetzt. Die Drogen sind Teil einer physischen und geistigen Disziplin, gerade so wie die asketischen Praktiken. Die Kasteiungen des christlichen Eremiten entsprechen den Leiden Christi und seiner Märtyrer; der Vegetarismus des Yogi entspricht der Brüderlichkeit aller lebenden Wesen und den Mysterien des Karmas; der Tanz des Derwischs entspricht der kosmischen Spirale und der Auflösung der Formen in ihrer Bewegung. Zwei Überschreitungen der normalen Sexualität, die einander entgegengesetzt sind, aber miteinander koinzidieren: die Keuschheit des christlichen Geistlichen und die erotischen Riten des tantrischen Adepten. Beides sind religiöse Negationen der animalischen Zeugung. Die *huichol*-Kommunion des Peyote erfordert strengere Sexual- und Nahrungsverbote als die katholische Fastenzeit und der islamische Rama-

---

1 Allerdings war Marx, im Unterschied zu seinen Schülern, für die außerordentliche Pluralität der Gesellschaften nicht ganz unempfänglich. Als Beispiele mögen dienen seine Ausführungen über Indien und seine leider nie ausgearbeiteten Ideen über das, was er »die asiatische Produktionsweise« nannte.

dan. Jede dieser Praktiken ist Teil eines Symbolismus, der den Makrokosmos und den Mikrokosmos umfaßt; auch besitzt jede von ihnen eine rhythmische Periodizität, das heißt, sie hat Bezug zu einem sakralen Kalender. Die Praxis ist Vision und Sakrament, einmaliger Augenblick und rituelle Wiederholung.

Die Drogen, die asketischen Praktiken und die Meditationsübungen sind keine Zwecke, sondern Mittel. Wenn das Mittel zum Zweck wird, verwandelt es sich in ein Mittel der Zerstörung. Das Ergebnis ist nicht innere Befreiung, sondern Sklaverei oder Wahnsinn, ist nicht Weisheit, sondern Erniedrigung: ist keine Vision. Eben das war der Fall in den letzten Jahren. Die halluzinogenen Drogen sind zerstörerische Kräfte geworden, weil man sie aus ihrem theologischen und rituellen Zusammenhang gerissen hat. Die Theologie gab ihnen Sinn, Transzendenz; das Ritual minimalisierte die psychischen und physiologischen Störungen dadurch, daß es Perioden der Enthaltsamkeit einführte. Der heutige Gebrauch der Halluzinogene bedeutet die Profanierung eines alten Sakraments, so wie die heutige Promiskuität die Profanierung des Körpers bedeutet. Im übrigen sind die Halluzinogene nur in der ersten Phase der Initiation von Nutzen. In diesem Punkt ist Castaneda explizit und unzweideutig: ist die gewöhnliche Wahrnehmung der Wirklichkeit erst durchbrochen – erregt die Sicht der *anderen* Wirklichkeit bei unseren Sinnen und unserer Vernunft keinen Anstoß mehr – werden die Drogen überflüssig. Ihre Funktion ist gleich derjenigen des *Mandala* im tibetanischen Buddhismus: sie ist lediglich eine Meditations*hilfe*, für den Anfänger unentbehrlich, nicht für den Initiierten.

Die Wirkung der Halluzinogene ist eine zweifache: sie sind eine Kritik der Wirklichkeit und zeigen uns eine andere Wirklichkeit. Die Welt, die wir sehen, fühlen und denken, zeigt sich uns entstellt und verzerrt; auf ihren Trümmern entsteht eine andere Welt, die, je nach dem Umstand, schrecklich oder schön ist, doch immer wunderbar. (Die Droge schafft Paradiese und Infernos gemäß einer Gerechtigkeit, die nicht von dieser Welt ist, aber die unzweifelhaft jener der anderen Welt ähnelt, wie sie die Mystiker aller Religionen beschrieben haben.) Die Vision der *anderen* Wirklichkeit gründet auf den Trümmern *dieser* Wirklichkeit. Die Zerstörung der alltäglichen Wirklichkeit ist das Ergebnis dessen, was man die sinnliche Kritik der Welt nennen könnte. Im Bereich der Sinne ist sie das Äquivalent für die rationale Kritik der Wirklichkeit. Die Vision stützt sich auf eine tiefe Skepsis, die uns an der Kohärenz, Konsistenz und selbst an der Existenz dieser Welt, die wir sehen, hören, riechen und berühren, zweifeln läßt. Um die andere Wirklichkeit zu sehen, muß man an der Wirklichkeit, die wir mit unseren Augen sehen, zweifeln. Pyrrhon ist der Patron aller Mystiker und Schamanen.

Keiner hat der Wirklichkeit dieser Welt und dem Ich so kritisch gegenübergestanden wie, vor zwei Jahrhunderten, David Hume: Wir können von der objektiven Welt und vom Subjekt, das sie betrachtet, nichts Sicheres sagen, außer daß sie beide Bündel augenblicklicher und unzusammenhängender, durch die Erinnerung und die Imagination verbundener Wahrnehmungen sind. Die Welt ist imaginär, auch wenn die Wahrnehmungen, in denen sie abwechselnd in Erscheinung tritt und sich auflöst, es nicht sind. Es mag willkürlich erscheinen, wenn ich den großen Kritiker der Religion anführe. Doch das ist es keineswegs: »Wenn ich diesen Tisch und diesen Kamin sehe, sind mir nur bestimmte Wahrnehmungen gegenwärtig, die Ähnlichkeit haben mit allen anderen Wahrnehmungen (. . .) Richte ich meine Reflexion auf *mich selbst*, kann ich dieses *ich selbst* nie ohne eine oder mehrere Wahrnehmungen wahrnehmen: noch kann ich je etwas außer den Wahrnehmungen wahrnehmen. Es ist daher die Verbindung dieser Wahrnehmungen, was das *Ich* ausmacht.« *(A Treatise of Human Nature)* Don Juan, der Yaqui-Schamane, sagt im wesentlichen nichts anderes: Was wir Wirklichkeit nennen, sind lediglich »Beschreibungen der Welt« (*pictures* nennt sie Castaneda, und folgt darin mehr Russell und Wittgenstein als seinem Yaqui-Meister). Diese Beschreibungen sind nicht mehr, sondern weniger konsistent und eindringlich als die Visionen des Peyote in besonderen Augenblicken. Die Welt und Ich: ein Bündel von Wahrnehmungen, wahrgenommen (ausgestrahlt?) von einem anderen Bündel von Wahrnehmungen. Auf diesem Skeptizismus – der nicht mehr sinnlich, sondern rational ist – gründet, was Hume die *Glaubensanschauung* nennt – unsere Vorstellung von der Welt und der persönlichen Identität – und Don Juan die *Sicht des Kriegers*.

Wenn der Skeptizismus in bezug auf sich selbst konsequent ist, kann er nicht anders, als sich negieren. Zuerst zerstört seine Kritik die angeblich rationalen Fundamente, auf denen unser Glaube an die Existenz der Welt und an das Sein des Menschen ruht: beide sind Meinungen, Glaubensanschauungen, die jeder rationalen Gewißheit entbehren. Der Skeptiker bedient sich der Vernunft, um die Unzulänglichkeiten der Vernunft, ihre geheime Unvernunft, aufzuzeigen. Und gleich darauf, in einer kreisförmigen Bewegung, kommt er auf sich selbst zurück und untersucht sein Denken: war seine Kritik wirklich rational, muß sie von der gleichen Inkonsistenz geprägt sein. In der Kritik der Vernunft taucht auch die Unvernunft der Vernunft, die Inkohärenz auf. Der Skeptiker muß resignieren und, um sich nicht ein weiteres Mal zu widersprechen, sich dem Schweigen und der Reglosigkeit ergeben. Wenn er weiterleben und weiterhin sprechen will, muß er mit einem verzweifelten Lächeln die nicht-rationale Gültigkeit der Glaubensanschauungen bejahen.

Das Denken Humes, einschließlich seiner Kritik des Ich, taucht bereits bei Nargadschuna, einem buddhistischen Philosophen des 2. Jahrhunderts auf. Doch der kreisförmige Nihilismus Nargadschunas endet nicht mit einem Lächeln der Resignation, sondern mit einer religiösen Bejahung. Der Inder wendet die Kritik des Buddhismus an der Wirklichkeit der Welt und des Ich – die hohl, irreal sind – auf den Buddhismus selbst an: auch die Lehre ist hohl, irreal. Und ihrerseits ist auch die Kritik, die die Hohlheit und Irrealität der Lehre aufzeigt, hohl und irreal. Wenn alles leer ist, ist auch dieses »Alles ist leer, einschließlich der Doktrin: *Alles ist leer*«, leer. Der Nihilismus Nagardschunas löst sich selbst auf und führt nach und nach wieder die (relative) Wirklichkeit der Welt und des Ich ein, danach die (ebenfalls relative) Wirklichkeit der Lehre, welche die Irrealität der Welt und des Ich verkündet, und schließlich die (gleichfalls relative) Wirklichkeit der Kritik der Lehre, die die Irrealität der Welt und des Ich verkündet. Die Grundlage des Buddhismus mit seinen Millionen von Welten und, in jeder von ihnen, seinen Millionen von Buddhas und Bodhisattwas ist ein Abgrund, in den wir *nie* stürzen. Der Abgrund ist eine Spiegelung, die uns widerspiegelt.

Ich weiß nicht, was Don Juan und Don Genaro von den Spekulationen Humes und Negardschunas halten würden. Dagegen bin ich (fast) sicher, daß Carlos Castaneda sie gutheißt – wenn auch etwas irritiert. Sein Anliegen ist es nicht, die Inkonsistenz unserer Beschreibungen der Wirklichkeit – sei es die des täglichen Lebens oder die der Philosophie – aufzuzeigen, sondern die Konsistenz der magischen Sicht der Welt. Die Vision und die Praxis, denn die Magie ist vor allem eine Praxis. Die Bücher Castanedas sind, obgleich sie eine theoretische Grundlage – den radikalen Skeptizismus – haben, der Bericht von einer Initiation in eine Lehre, in der die Praxis den zentralen Platz einnimmt. Was zählt, ist nicht das, was Don Juan und Don Genaro sagen, sondern was sie tun. Und was tun sie? Sie vollbringen Wunder. Aber sind diese Wunder wirklich oder illusorisch? Alles hängt davon ab, wird Don Juan spöttisch sagen, was man unter wirklich und unter illusorisch versteht. Vielleicht sind sie keine entgegengesetzten Begriffe und vielleicht ist das, was wir Wirklichkeit nennen, auch Illusion. Die Wunder sind weder wirklich noch illusorisch: sie sind Mittel, um die Wirklichkeit, die wir sehen, aufzubrechen. Immer wieder schleicht sich der Humor in die Wunder ein, so als wäre die Initiation eine endlose Fopperei. Castaneda muß sowohl an der Wirklichkeit der gewöhnlichen Wirklichkeit, die von den Wundern negiert wird, zweifeln, als auch an der Wirklichkeit der Wunder, die vom Humor negiert wird. Die Dialektik Don Juans ist keine der Vernunftgründe, sondern der Taten, doch ist sie deswegen nicht minder wirksam als die Paradoxa von Nagardschuna, Diogenes oder Dschuang-dse.

Die Funktion des Humors ist keine andere als die der Drogen, der rationalen Skepsis und der Wunder: der Zauberer will mit diesen Mitteln die gewöhnliche Sicht der Wirklichkeit zerstören, unsere Wahrnehmungen und Empfindungen verwirren, unsere schwächlichen Vernunftschlüsse in Frage stellen, unsere Gewißheiten zunichte machen – damit die *andere* Wirklichkeit auftaucht. Im letzten Kapitel von *Reise nach Ixtlan* sieht Castaneda, wie Don Genaro im Zimmer Don Juans auf dem Boden schwimmt, als schwömme er in einem Schwimmstadion. Castaneda schenkt seinen Augen keinen Glauben, er weiß nicht, ob er da einer Täuschung erliegt, oder ob er im Begriff ist, zu *sehen*. Natürlich gibt es nichts zu sehen. Es handelt sich um das, was Don Juan nennt: *die Welt anhalten,* unsere Ansichten und Urteile über die Wirklichkeit aufheben. Schluß machen mit dem »dies« und dem »jenes«, dem Ja und dem Nein, und diesen glückseligen Zustand kontemplativer Unparteilichkeit erreichen, den alle Weisen angestrebt haben. Die *andere* Wirklichkeit ist nicht wunderbar: sie ist. Die Welt aller Tage ist die Welt aller Tage: welch Wunder!

Die Initiation Castanedas kann als eine Rückkehr gesehen werden. Geführt von Don Juan und Don Genaro – diesem Don Quijote und diesem Sancho Pansa der fahrenden Zauberei, zwei Gestalten mit der Bildhaftigkeit der Helden in Märchen und

Legenden – geht der Anthropologe den Weg wieder zurück. Eine Rückkehr zu sich selbst, doch weder zu dem, der er war, noch in die Vergangenheit, sondern ins Jetzt. Wiedererlangung der unmittelbaren Sicht der Welt, dieses Augenblicks der Reglosigkeit, in dem alles innezuhalten, in einer Pause der Zeit aufgehoben zu sein scheint. Bewegungslosigkeit in Bewegung – eine logische Unmöglichkeit, aber für die Sinne unleugbare Wirklichkeit. Unsichtbares Reifen des Augenblicks, der keimt, blüht, verwelkt und erneut sprießt. Das Jetzt: vor der Scheidung, vor dem falsch-oder-wahr, wirklich-oder-illusorisch, schön-oder-häßlich, gut-oder-böse. Alle haben wir die Welt einmal mit diesem *ursprünglichen* Blick gesehen, aber wir wissen nicht mehr um das Geheimnis. Wir haben die Fähigkeit verloren, die den, der sieht, mit dem, was er sieht, vereint. Die Anthropologie führte Castaneda zur Zauberei, und diese zur Sicht der Welt als Einheit: zur Schau der *Andersheit* in der gewöhnlichen Welt. Die Zauberer zeigten ihm weder das Geheimnis der Unsterblichkeit noch gaben sie ihm das Rezept ewigen Glücks: sie machten ihn wieder sehend. Sie öffneten ihm die Türen zum *anderen* Leben. Aber das andere Leben ist hier. Ja, dort ist hier, die andere Wirklichkeit ist die Welt aller Tage. Im Zentrum dieser Welt aller Tage blinkt, wie der Glassplitter im Staub und Unrat des Hinterhofs. die Offenbarung der anderen Welt. Welche Offenbarung? Es gibt nichts zu sehen, nichts zu sagen: Alles ist Anspielung, geheimer Wink, wir befinden uns in einer der Ecken des Raums der Echos, alles gibt uns Zeichen, und alles schweigt, verbirgt sich. Nein, es gibt nichts zu sagen.

Bertrand Russell sagte einmal, daß die Gattung *Verbrecher* in der Gattung Mensch einbegriffen ist. Man könnte sagen: Die Gattung *Anthropologe* ist in der Gattung *Dichter* nicht mit einbegriffen, außer in wenigen Fällen. Einer dieser Fälle ist Carlos Castaneda.

Cambridge, Mass., 15. September 1973

Scheiterhaufen, Mausoleen, Sanktuarien

Die Gegenreformation, der »jesuitische Stil« und die spanische
Dichtung des 17. Jahrhunderts sind die Kehrseite der protestantischen Strenge und ihrer Verdammung und Sublimierung
des Exkrements. Spanien holt sich das Gold aus den Indien,
zuerst von den Altären des *Dämons* (das heißt aus den präkolumbianischen Tempeln) und später aus den *Eingeweiden* der
Erde. In beiden Fällen handelt es sich um ein Produkt der
niederen Welt, dem Bereich der Barbaren, der Zyklopen und
des Körpers. Amerika ist so etwas wie eine legendäre Latrine,
nur daß in diesem Fall der Vorgang nicht darin besteht, das
Gold zurückzuhalten, sondern es zu verbreiten. Die Tonalität
ist keine moralische, sondern eine mythische. Das Sonnen-
metall breitet sich in wahnwitzigen Kriegen und phantastischen Unternehmen über Europa aus. Eine kolossale, exkre-
mentelle Verschwendung von Gold, Blut und Leidenschaft:
eine einzige methodische Orgie, die an die rituellen Zerstörungen der Indios erinnert, wenn sie auch viel kostspieliger ist.
Aber das Gold der Indien dient auch dazu, als solare Opfergabe das Innere der Kirchen zu verkleiden. In den dunklen
Schiffen glänzen die Altäre mit ihrer goldenen Vegetation von
Heiligen, Märtyrern, Jungfrauen und Engeln. Sie glänzen – in
Agonie. Gold, das eher der Nacht als dem Tag zugehört und
deshalb mit dem Vorrücken der Schatten lebendiger und
schamloser wird. Wärme des Lichts und zitternde Reflexe, die
an den alten, unheilvollen Glanz der untergehenden Sonne
und des Exkrements erinnern. Leben, das Tod bringt, oder
Tod, der Leben zeugt? Wenn das Gold und sein physiologi-
sches Pendant Zeichen der tiefsten, unbewußtesten Neigungen

einer Gesellschaft sind, bedeuten sie im spanischen und hispano-amerikanischen Barock das Gegenteil des materiellen Gewinns: sie sind der Gewinn, der geopfert und verbrannt wird, die gewaltsame Verzehrung der angehäuften Güter. Riten der Zerstörung und der Verschwendung. Opfer und Defäkation.

Die Dualität Sonne-Exkrement polarisiert sich in den beiden großen Dichtern jener Zeit: Góngora und Quevedo. Sie bilden den großartigen Abschluß der Glanzzeit der spanischen Dichtung: mit ihnen – und in ihnen – geht eine große Epoche der europäischen Literatur zu Ende. Ich sehe ihre Gedichte gleichsam als Totenfeier, lichtvolle Exequien der Sonne und des Exkrements. Obgleich Góngora der Dichter der Sonne ist, scheut er sich nicht im geringsten, das Wort *Kacke* zu gebrauchen, wenn es sein muß; der kühnste Dichter, den das Abendland hervorgebracht hat, besaß nicht das, was man »guten Geschmack« nennt. Quevedo wiederum, Dichter des Exkrements, entbehrt nicht der Helle. Wenn er von einem goldgefaßten Frauenbildnis spricht, sagt er:

En breve cárcel traigo aprisionado,
con toda su familia de oro ardiente,
el cerco de la luz resplandeciente . . .

Im flüchtigen Kerker halte ich gefangen
mit reicher Aura, rings von Gold umglüht,
den Strahlenkranz, der lichten Glanz versprüht . . .[1]

Und kurz darauf: »Ich halte alle Indien in meiner Hand.« Das Gold der Neuen Welt mit dem unterirdischen Glanz einer zyklopischen Latrine, aber auch mit dem geistigen Glanz der neuplatonischen Erotik: die Geliebte ist Licht, Idee. In diesem gebannten Blitz leuchten das petrarkische Erbe und das Gold

[1] Deutsch von Lothar Klünner.

der präkolumbianischen Götzen, das mittelalterliche Inferno und die Herrlichkeiten Flanderns und Italiens, der christliche Himmel und das mythologische Firmament mit seinen Gestirnen, Blumen, die abgeweidet werden von »den großen wilden Tieren mit leuchtendem Fell«. Daher sagt er auch in einem anderen Sonett, ohne sich zu widersprechen: »Die Stimme des Auges, die Furz wir nennen, Nachtigall der Schandknaben . . .« Der Anus als ein Auge, das auch ein Mund ist. All diese Bilder sind erfüllt von der Gier, der Raserei und der Herrlichkeit des Todes. Ihre Komplexität, ihre Vollkommenheit, selbst ihre Obszönität gehören der rituellen, prachtvollen Gattung des Brandopfers an.

Für Swift ist das Exkrement Gegenstand moralischer Meditation; für Quevedo ein Kunst-Stoff wie die Rubine, die Perlen und die griechischen und römischen Mythen der Rhetorik seiner Zeit. Quevedos Pessimismus ist absolut: alles ist nur dazu da, verbrannt zu werden. Und eben dieses Feuer ist Form, ist Stil; die Flammen bilden eine verbale Architektur, ihre Funken sind geistiger Art: Einfälle, Geistesblitze. Das Beispiel Quevedo ist das bekannteste, aber es ist nicht das einzige. Die ganze Epoche des spanischen Barock, sowohl die Dichtung als auch die bildende Kunst, ist gekennzeichnet durch den Gegensatz zwischen Gold und Schatten, Flamme und Dunkel, Blut und Nacht. Diese Elemente symbolisieren weniger den Kampf zwischen Leben und Tod als ein erbittertes Ringen zwischen zwei rivalisierenden Prinzipien oder Kräften: diesem Leben und dem anderen, der Welt des Diesseits und der Welt des Jenseits, dem Körper und der Seele. Der Körper führt die Seele in Versuchung, er will sie durch Leidenschaft verbrennen, damit sie sich in das schwarze Loch stürzt. Andererseits kasteit die Seele den Körper; sie kasteit ihn durch Feuer, damit er zu Asche werde. Das Martyrium des Fleisches ist gewissermaßen das Gegenstück zu den Autodafés und den Ketzerverbrennungen. Gegenstück auch zu den Leiden der

Seele, die an das brennende Kreuz der Sinne geschlagen ist. In beiden Fällen ist das Feuer läuternd.

In dieser Dialektik von Licht und Schatten, Flamme und Kohle, stellt das Feuer das gleiche Prinzip dar wie der Blitzstrahl *(vajra)* im tantrischen Buddhismus; der Umwandlung der sexuellen Leidenschaft – durch Meditation – in eherne Entsagung entspricht im Spanien der Gegenreformation die Verwandlung des Fleisches – durch das Feuer – in geistiges Licht. Eine weitere Analogie: so wie der Blitzstrahl (der Phallus) sich in Diamant verwandeln muß, muß der Baum (der menschliche Körper) zum Kreuz werden. In beiden Fällen wird das natürliche Element (Blitzstrahl, Baum) auf seine Essenz reduziert, um sich in Zeichen zu verwandeln (Kreuz und stilisierter *vajra*), Martyrien und Transfigurationen der Natur . . . Doch ist die Macht der Leidenschaft oder die Genußfähigkeit des Körpers so groß, daß die Verbrennung sich in Lust verwandelt. Das Martyrium erstickt die Lust nicht, sondern schürt sie. Die sich windenden, von innerer und äußerer Glut verzehrten Glieder sind Ausdruck von Gefühlen, in denen Wonnen und Qualen unauflöslich verbunden sind. Nicht einmal der religiöse Geist war unempfänglich für die Faszination der Verbrennung. Das »ich sterbe, weil ich nicht sterbe« und die »Todeslust« unserer Mystiker sind Kehrseite, Ergänzung und Transfiguration der gestammelten »töte mich« und »ich sterbe vor Lust« in der Ekstase der Liebenden. Seelen und Körper, von Leidenschaft verglüht. In unserer Barockkunst siegt der Geist über den Körper, doch der Körper vermag sich noch im Akt des Todes zu verherrlichen. Sein Untergang ist sein Monument.

Selbst in dieser Huldigung an den Tod, wie sie in den Barockgedichten zum Ausdruck kommt, flüchtet sich das Lustprinzip stets in die Form. Wir sind verurteilt zu sterben, und deshalb dient auch die Sublimierung, die uns die Tyrannei des Überich leichter ertragen läßt, letztlich dem Zerstörungs-

trieb. Da wir auch verurteilt sind zu leben, errichtet das Lustprinzip dem Tod unsterbliche (oder vermeintlich unsterbliche)
Denkmäler ... Während ich dies schreibe, sehe ich von meinem Fenster aus die Mausoleen der Sultane der Lodi-Dynastie.
Gebäude von der Farbe kaum getrockneten Blutes, Kuppeln,
geschwärzt von der Sonne, den Jahren und den Monsunregen
– andere sind aus Marmor und weißer als Jasmin –, Bäume mit
phantastischem Blattwerk, die wie Syllogismen auf geometrischen Rasenflächen stehen, und, im Schweigen der Teiche und
des smaltblauen Himmels, das Krächzen der Raben und das
lautlose Kreisen der Milane. Der kometenhafte Schwarm der
Papageien, grüne Blitze, die in der reglosen Luft aufleuchten
und wieder verschwinden, kreuzt sich mit den graubraunen
Flügeln der zeremoniösen Fledermäuse. Die einen kehren
heim, gehen schlafen; die anderen sind gerade erst erwacht, ihr
Flug ist noch schwerfällig. Es ist schon fast Nacht, und immer
noch herrscht ein diffuses Licht. Diese Gräber sind nicht aus
Stein und nicht aus Gold: sie sind aus pflanzlicher, aus lunarer
Materie. Jetzt sind nur noch die Kuppeln sichtbar, große
reglose Magnolien. Der Himmel stürzt sich in den Teich. Es
gibt weder unten noch oben: die Welt hat sich in diesem
heiteren Geviert versammelt. Ein Raum, in den alles hinein-
paßt und der nur Luft und einige sich verflüchtigende Bilder
enthält. Der Gott des Islam ist nicht gerade mein Idol, doch
mir scheint, als sei in diesen Gräbern der Widerspruch zwischen Leben und Tod aufgehoben. Nicht so bei Swift, nicht bei
Quevedo.
      Wenn wir in der Geschichte der spanischen Dichtung ein
Beispiel für die Verschmelzung von Gesicht und Geschlecht
finden wollen, wenden wir am besten unseren Blick von Góngora und Quevedo auf einen anderen Dichter: Juan Ruiz,
Erzpriester von Hita. Man wird sagen, daß ich andere Dichter
wie Garcilaso und Lope de Vega, Fernando de Rojas und den
großen Francisco Delicado vergesse. Ich vergesse sie nicht.

Doch sollten wir nach den prächtigen und schrecklichen Zeremonien des Goldes, des Exkrements und des Todes lieber die
belebende, euphorische Luft des 14. Jahrhunderts atmen. Deshalb fällt meine Wahl auf diesen universellen Geist in seiner
kleinen Stadt. Vielleicht ist er gerade auf einem seiner erotischen Jagdausflüge in den nahen Bergen, in denen nicht Nymphen und Zentauren wohnen, sondern dralle, sinnliche Bergbäuerinnen. Vielleicht ist er aber auch zurückgekehrt und
wandelt mit Trotaconventos im Kreuzgang der Kirche. Der
Geistliche und die Kupplerin spinnen Liebesgarn oder entwirren das, was Zofen und Nonnen ihnen geknüpft haben:

No me las enseñes más
que me materás.
Estábase la monja
en el monesterio,
sus teticas blancas
de so el velo negro.
Más, que me matarás.[1]

Zeig sie bloß nicht länger mir,
tötest sonst mich schier.
Nonne blieb seit eh und je
hinter Klostermauern sitzen
mit den Brüstchen weiß wie Schnee
unter schwarzen Schleierspitzen.
Tötest sonst mich schier.*

Im *Libro de buen amor*, diesem Buch des »loco amor«, der
sündhaften Liebe, ist die Eschatologie nicht düster und das

---

1 Diego Sánchez de Badajoz. (*Recopilación en metro,* 1554). *Lírica hispánica de tipo
popular,* Auswahl, Vorwort und Anmerkungen von Margit Frenk Alatorre,
Mexiko 1966.
* Deutsch von Lothar Klünner.

Geschlecht weder blutig noch golden. Es gibt keine übertriebene Sublimierung und auch keinen verbissenen Realismus, was nicht hindert, daß die Leidenschaften heftig sind. Weder Platonismus noch Adelshierarchien: die vornehme Frau ist keine uneinnehmbare Festung, doch »sie kann nicht mit schönem Geld erobert werden«. Ein großes Lob. Tatsächlich gefielen dem Arcipreste die Frauen ungemein; er wußte, daß sie das Haus des Todes sind, aber auch der Tisch, an dem das Fest des Lebens gefeiert wird. Und dieses Wissen rief weder Entsetzen noch Wut in ihm hervor. Bisweilen, wenn ich *Nueva picardía mexicana* (Neue mexikanische Schelmerei) lese, überlaufen mich kalte Schauer, weht mich die kühle Gebirgsluft an, gleichsam ein Nachklang von Juan Ruiz und seiner Welt; dann versöhne ich mich mit dem mexikanischen Volk und allen Menschen spanischer Sprache. Nein, wir stammen nicht allein von Quevedo ab und, was uns Mexikaner betrifft, auch nicht nur von dem asketischen Quetzalcóatl und dem grimmigen Huitzilopochtli. Wir kommen auch her vom Erzpriester Ruiz mit seinen Zofen und Jungfrauen, seinen Jüdinnen und Maurinnen – von ihnen und von den nackten Mädchen des Neolithikums, diesen Maiskolben, die in Tlatilco ausgegraben wurden und, unversehrt, uns noch heute anlächeln.

Quevedo im Garten eines muselmanischen Mausoleums aus dem 15. Jahrhundert zu lesen, mag ungereimt erscheinen; das gilt nicht für den *Libro de buen amor:* sein Verfasser lebte mit Mohammedanern zusammen, und viele von ihnen waren umherziehende Sänger, Tänzer und Musikanten. Es sind die gleichen, die noch heute nach Rajastán oder Uttar Pradesh ziehen und bisweilen, wenn sie durch Delhi kommen, sich im Kreis auf den Rasen vor die Mausoleen setzen, um zu essen, zu singen oder zu schlafen. Freilich bestehen trotz der historischen Nachbarschaft Spaniens und des Islam die offensichtlichen, großen Unterschiede zwischen dem Mausoleum und dem Buch des spanischen Dichters fort. Ich möchte hier nur auf einen aufmerksam machen: Das Mausoleum versöhnt das Leben mit dem Tod, und damit wird letzterer zum Gewinner; das Buch verbindet den Tod mit dem Leben, und hier gewinnt das Leben. In beiden Fällen gibt es zwischen den zwei Prinzipien einen Dialog. Gewiß kann man ein Buch nicht ohne weiteres mit einem Monument vergleichen. Was aber ist das westliche Gegenstück zu diesen Grabmälern? Ich wüßte darauf nicht zu antworten. Auf keinem christlichen Friedhof habe ich diese Leichtigkeit und Heiterkeit gespürt. Sind es die griechischen und römischen Grabstätten? Vielleicht. Nur erscheinen sie mir nicht so luftig und einladend wie diese Mausoleen. Dort ist die Geschichte Last; hier verflüchtigt sie sich, ist Erzählung, Legende. Die Antwort ist außerhalb Europas und des Monotheismus zu suchen – sie findet sich in Indien selbst: es sind die Hindu-Tempel und die buddhistischen *caityas*. Gewiß, dies sind keine Gräber: die Inder verbrennen ihre Toten. Und dennoch: in vielen dieser Sanktuarien werden Gebeine von Heiligen und sogar Zähne und andere Reliquien Buddhas aufbewahrt. In den indischen Tempeln kämpft das Leben nicht mit dem Tod: es nimmt ihn in sich auf. Und das Leben selbst löst sich so auf wie sich ein Tag im Jahr und ein Jahr im Jahrhundert auflöst.

In den indischen Heiligtümern präsentiert sich das Dasein – endlose Vermehrung und Wiederholung – in einer beharrlichen und monotonen Fülle, die an die Persistenz und Regellosigkeit der Vegetation erinnert; in den islamischen Mausoleen wird die Natur einer zugleich unerbittlichen und eleganten Geometrie unterworfen: Kreis, Viereck, Sechseck. Selbst das Wasser verwandelt sich in Geometrie. In Kanäle und Teiche gesperrt, verteilt es sich auf geometrische Flächen: es ist Vision. Als Fontäne eines steinernen Brunnenbeckens oder als Gemurmel eines künstlichen Baches zwischen marmornen Ufern skandiert es die Zeit: es ist Klang. Ein Spiel von Entsprechungen zwischen Zeit und Raum, die einander Antwort geben; das Auge, bezaubert durch die harmonische Einteilung des Raums, betrachtet den im Wasser glänzenden Stein; das Ohr, verzückt durch den immer wiederkehrenden Reim, hört den Klang des über den Stein fließenden Wassers. Der Unterschied zwischen dem indischen Tempel und dem islamischen Mausoleum ist grundsätzlicher Art und hängt wahrscheinlich mit folgendem zusammen: Im einen Fall haben wir es mit einem Monismus zu tun, der den Pluralismus der natürlichen Welt und einen überaus reichen und komplexen Polytheismus in sich schließt; im anderen sehen wir uns einem unerbittlichen Monotheismus gegenüber, der jede natürliche Pluralität und auch den geringsten Hang zum Polytheismus, sei er auch so versteckt wie im Katholizismus, ausschließt. Verherrlichung des Körpers in der indischen Kultur; im Islam löst der Körper sich auf in die Geometrie des Steins und des Gartens.

Wenn man von den Tempeln Indiens spricht, muß man unterscheiden zwischen den eigentlichen Hindu-Heiligtümern und den buddhistischen Sanktuarien. Im Innern Indiens waren Hinduismus und Buddhismus die Protagonisten eines erstaunlichen Dialogs. Dieser Dialog war die indische Kultur. Die Tatsache, daß er aufgehört hat, ist mit eine Erklärung für den Niedergang, den diese Kultur seit acht Jahrhunderten erleidet, für ihr Unvermögen, sich zu erneuern oder zu verändern. Der Dialog degenerierte zum Monolog des Hinduismus. Ein Monolog, der schon bald die Form der Wiederholung und des Manierismus annahm, bis er schließlich ganz erstarrte. Der Islam, der in dem Augenblick in Erscheinung tritt, da der Buddhismus in Indien auf dem Rückzug ist, konnte die Stelle des letzteren nicht einnehmen: der Gegensatz zwischen Hinduismus und Buddhismus ist ein Widerspruch im Innern ein und desselben Systems, während der Gegensatz zwischen Islam und Hinduismus die Konfrontation zweier unterschiedlicher, unvereinbarer Systeme ist. Ähnliches geschah später mit dem Christentum und heute mit den Ideologien, die dieser

Religion verpflichtet sind: Demokratie, Sozialismus ... Der Westen kennt diese Erfahrung nicht: die nicht-christlichen Religionen, mit denen er sich konfrontiert sah, waren Varianten desselben Monotheismus: Judaismus und Islam.

Die Orientalisten und Philosophen, die den Buddhismus als einen Nihilismus beschrieben haben, der das Leben negiert, waren blind: sie haben die Skulpturen von Bharhut, Sanchi, Mathura und vieler anderer Orte nicht gesehen. Wenn der Buddhismus auch pessimistisch ist – und ich sehe nicht, wie ein kritisches Denken dies nicht sein könnte – so ist dieser Pessimismus radikal und schließt die Negation der Negation mit ein: er negiert den Tod mit der gleichen Konsequenz, mit der er das Leben negiert. Diese dialektische Finesse erlaubte es ihm in seinen besten Zeiten, den Körper zu akzeptieren und zu verherrlichen. In den großen Hindu-Tempeln von Khajuraho dagegen – selbst in dem von Konarak, weniger rokokohaft und in seiner schönen Weitläufigkeit wirklich imposant – ist die Erotik am Ende nur noch monoton. Es fehlt etwas: die Heiterkeit oder der Tod, das Feuer echter Leidenschaft, das diese endlos wogenden Girlanden aus Leibern und die in süßlicher Glückseligkeit lächelnden Gesichter mit Leben erfüllen könnte. Serienfabrikation der Ekstase: ein gekünstelter Orgasmus. Diesen Körperspielen fehlt die Natürlichkeit: sie sind eher kompliziert als leidenschaftlich. Der Hinduismus ist exzessiv nicht so sehr wegen der ihm innewohnenden Kräfte, mögen diese auch beachtlich sein, als durch den Umstand, daß er alle seine Heterodoxien und Widersprüche verarbeitet hat; seine maßlose Affirmation entbehrt des Gegengewichts der Negativität, jenes kritschen Elements, das den schöpferischen Kern des Buddhismus ausmacht. Dank der buddhistischen Negation machte das alte Indien eine Wandlung durch: es formte sich um und schuf sich neu. Mit der Tilgung oder Assimilierung seiner Negation wächst Indien nicht mehr: es wuchert. Deshalb ist seine Erotik oberflächlich, epidermisch:

ein Gewebe von Gefühlen und Widersprüchlichkeiten. Die ineinander verschlungenen Körper von Khajuraho gleichen jenen Kommentaren zum Kommentar eines Kommentars der *Brahmasutra:* die Subtilitäten der Argumentation erreichen nicht immer die Tiefe der Wahrheit, die einfach ist. Das Gewimmel von Brüsten, Phalli, Hüften, Schenkeln und exstatisch lächelnden Gesichtern weckt am Ende Überdruß. Nicht in den buddhistischen Monumenten, nicht in Bharhut und vor allem: nicht in Karli. Die großen Reliefs beidseits des Portals von Karli sind nackte, lächelnde Liebespaare: weder Götter noch Dämonen, sondern Wesen wie wir, wenngleich stärker und lebensvoller. Die Gesundheit, die diese Körper ausstrahlen, ist die der Natur: die etwas schwere Kompaktheit der Berge und die träge Anmut der großen Flüsse. Natürliche und zivilisierte Wesen: in ihrer starken Sinnlichkeit liegt eine unendliche Grazie, und ihre Leidenschaft ist friedlich. Sie stehen dort wie Bäume, nur daß sie Bäume sind, die lächeln. Keine Kultur hat Bilder hervorgebracht, die so voll sind von dem, was irdische Lust ist. Zum ersten und zum einzigen Mal konnte eine geschichtliche Hochkultur erfolgreich mit der neolithischen Kultur und ihren Fruchtbarkeitsfigurinen rivalisieren. Sie ist der andere Pol des Islam mit seinen geometrischen Spiegelungen auf dem Grund der Teiche.

Delhi, 1968

Der Anthropologe und Buddha

Lévi-Strauss hat stets erklärt, daß er ein Schüler von Marx sei (ein Schüler, kein Nachbeter). Als Materialist und Verfechter des Determinismus ist er der Auffassung, daß die Institutionen sowie die Ideen, die sich eine Gesellschaft von sich selbst macht, Produkt einer unbewußten, tiefer liegenden Struktur sind. Auch ist er nicht unempfänglich für die marxistische Geschichtsauffassung und glaubt, wenn ich nicht irre, daß der Sozialismus die nächste Etappe in der Geschichte des Westens und vielleicht der ganzen Welt ist (oder hätte sein können?). Wenn er die Gesellschaft als ein System von Kommunikationen begreift, dann ist es nur natürlich, daß ihm das Privateigentum als Hindernis für die Kommunikation erscheint: »In der Sprache«, sagt Jakobson, »gibt es kein Privateigentum: alles ist vergesellschaftet . . .« Wenn dem so ist, dann sehe ich nicht, wie man Lévi-Strauss einen Marxisten nennen kann, ohne die Bedeutung des Wortes zu strapazieren. So bin ich zum Beispiel nicht sicher, daß er jener Theorie anhängt, die in der Kultur eine bloße Widerspiegelung der materiellen Verhältnisse sieht. Zwar sagt er, daß er das Primat der ökonomischen Struktur über die anderen Strukturen durchaus akzeptiert, und in *Das wilde Denken* führt er aus, daß diese letzteren in der Tat Überbauten sind; er fügt sogar hinzu, daß seine Untersuchungen als »allgemeine Theorie des Überbaus« bezeichnet werden könnten. Gleichwohl beschränkt er die Gültigkeit des ökonomischen Determinismus auf die geschichtlichen Gesellschaften; was die nicht-geschichtlichen betrifft, so behauptet er, daß die entscheidende Funktion der Produktionsweise in diesen Gesellschaften von den Verwandtschaftsbeziehungen erfüllt

wird. Er stützt seine Behauptung auf einige Äußerungen Engels' in einem Brief an Marx. Ich maße mir über einen so
schwierigen und überdies marginalen Punkt kein Urteil an,
doch muß ich sagen, daß mir seine Auffassung vom Verhältnis
zwischen »Praxis« und Denken von der marxistischen recht
weit entfernt zu sein scheint.

In *Das wilde Denken* unterscheidet er zwischen »Praktiken«
und Praxis; die Untersuchung der ersteren – Unterscheidungs-
merkmale der Lebensweisen und Gesellschaftsformen – ist der
Bereich der Ethnologie, während die Untersuchung der Praxis
in den Bereich der Geschichte gehört. So gesehen sind die
Praktiken Überbauten. »Zwischen Praxis und Praktiken ist
immer ein Vermittler eingeschaltet, der das Begriffsschema
darstellt, durch dessen Wirken eine Materie und eine Form, die
beide jeder unabhängigen Existenz ermangeln, sich zu Strukturen ausbilden, das heißt zu empirischen und zugleich intelligiblen Wesen.« Meiner Meinung nach hebt diese Auffassung
den Begriff der Praxis auf oder gibt ihm zumindest eine von
der marxistischen unterschiedene Bedeutung. Die unmittelbare, tätige Beziehung des Menschen zu den Dingen und zu den
anderen Menschen ist, Marx zufolge, vom Denken nicht zu
unterscheiden: »Der Streit über die Wirklichkeit oder Nicht-
wirklichkeit des Denkens – das von der *Praxis* isoliert ist – ist
eine rein scholastische Frage.« (2. These über Feuerbach).
Praxis und Denken sind keine voneinander geschiedenen
Wesenheiten, und beide sind nicht zu trennen von den objektiven Gesetzen der gesellschaftlichen Wirklichkeit: der Produktionsweise. Marx, so sagt Kostas Papaioannou, tritt dem
alten Materialismus entgegen, weil dieser die Geschichte nicht
in Betracht zieht. Für Marx ist die Natur geschichtlich; sein
Materialismus ist damit eine *geschichtliche Auffassung der Materie*.
Der alte Materialismus behauptete die Priorität der äußeren
Natur, doch eine objektive, vom Subjekt unabhängige Natur
existiert nicht. Die sinnlich wahrnehmbare Welt ist keine Welt

von Objekten: sie ist die Welt der Praxis, das heißt der vom Menschen geformten und veränderten Materie. Die Funktion der Praxis ist es, die Natur geschichtlich zu verändern.

Ist der Marxismus eine geschichtliche Auffassung der Natur, so ist er auch eine materialistische Auffassung der Geschichte: die Praxis, »der wirkliche Lebensprozeß«, ist das Sein des Menschen, und sein Bewußtsein ist nichts weiter als der Reflex dieser Materie, welche die Praxis in Geschichte verwandelt hat. Bewußtsein und Denken des Menschen sind Produkte nicht der Natur, sondern der geschichtlichen Natur, das heißt der Gesellschaft und ihrer Produktionsweise. Weder die Natur noch das Denken allein definieren den Menschen, sondern die praktische Tätigkeit, die Arbeit: die Geschichte. Lévi-Strauss sagt am Ende von *Das wilde Denken*, daß die Praxis nur unter der Bedingung begriffen werden kann, daß sie *vor* dem Denken, in der »Form einer objektiven Struktur des psychischen Mechanismus und des Gehirns« existiert. Der Geist ist etwas von Anfang an Gegebenes. Er ist eine Wirklichkeit, die dem Einfluß der Geschichte und der Produktionsweisen entzogen ist, da sie physisch-chemischer Natur ist, ein Apparat, der die Fragen und Antworten der Gehirnzellen angesichts der äußeren Reize kombiniert. Das Verfahren des Geistes ist das gleiche, ob es sich nun um die Praxis oder um das Erfinden von Praktiken handelt: er separiert, kombiniert, emaniert. Der Geist verwandelt das Wahrnehmbare in Zeichen. Bei Marx sehe ich das Primat des Geschichtlichen, der gesellschaftlichen Produktionsweise; bei Lévi-Strauss das Primat des Chemisch-Biologischen, der natürlichen Verfahrensweise. Für Marx ändert sich das Bewußtsein mit der Geschichte; für Lévi-Strauss ändert sich der menschliche Geist nicht: sein Reich ist nicht das der Geschichte, sondern das der Natur.

Ricœur hat eine erstaunliche Parallele zwischen dem System von Kant und Lévi-Strauss entdeckt: So wie Kant postuliert letzterer eine von unveränderlichen Gesetzen und Kategorien

regierte universale Erkenntnis.[1] Der Unterschied bestehe
darin, daß die Erkenntnis des französischen Anthropologen
eine Erkenntnis ohne transzendentales Subjekt ist. Lévi-
Strauss hält diesen Vergleich durchaus für berechtigt, zeigt
jedoch auch seine Grenzen auf: der Ethnologe geht nicht von
der Hypothese einer universalen Vernunft aus, sondern von
der Beobachtung partikularer Gesellschaften, wobei er durch
Klassifizierung und Komparation jedes Unterscheidungs-
merkmals schrittweise die Grundzüge einer »allgemeinen ana-
tomischen Struktur« entwirft. Das Ergebnis ist ein Bild der
Form der Vernunft und eine Beschreibung ihrer Funktions-
weise. Über der Ähnlichkeit, auf die Ricœur hinweist, dürfen
wir einen Unterschied nicht vergessen, der nicht minder entscheidend ist: Kant wollte die Grenzen der Erkenntnis entdecken; Lévi-Strauss löst die Erkenntnis in Natur auf. Für
Kant gab es ein Subjekt und ein Objekt; Lévi-Strauss ver-
wischt diese Unterscheidung. Anstelle des Subjekts postuliert
er ein »Wir«, bestehend aus Partikularismen, die Gegensätze
bilden und sich verbinden. Das Subjekt sah sich selbst, und die
Urteile der universalen Erkenntnis waren die seinen. Das
»Wir« kann sich nicht sehen: es hat kein Selbst, sein Inneres ist
äußerlich. Seine Urteile sind nicht die seinen: es ist Träger eines
Urteils. Es ist die Fremdheit in Person. Es kann unter vielen
nicht einmal eine Sache wissen: es ist eine Transparenz, durch
die hindurch ein Ding, der Geist, die anderen Dinge betrachtet
und sich von ihnen betrachten läßt. Indem er das Subjekt
abschafft, zerstört Lévi-Strauss den Dialog des Bewußtseins

1 Ich möchte kurz darauf hinweisen, daß Martin Heidegger in *Sein und Zeit* etwas
Ähnliches beabsichtigte, allerdings nicht im Bereich der Erkenntnis, sondern in
dem der Zeitlichkeit. Er hat sich daher mit Recht dagegen verwahrt, daß sein
Denken mit dem des Existentialismus gleichgesetzt wird. Der Formalismus von
Lévi-Strauss verbietet es mir, seine Auffassungen mit denen Heideggers zu
vergleichen, nicht aber mit dem alten Nominalismus: in diesem System löst sich
das Universum in Zeichen, Nomen auf. Es wäre gewiß lohnend, diese Ähnlichkeiten des näheren zu untersuchen.

mit sich selbst, wie auch den Dialog des Subjekts mit dem Objekt.

Die Geschichte des westlichen Denkens war die der Beziehungen zwischen Sein und Bedeutung, Subjekt und Objekt, Mensch und Natur. Seit Descartes denaturierte der Dialog durch eine Art Überbetonung des Subjekts. Diese Überbetonung kulminierte in Husserls Phänomenologie und in der Logik Wittgensteins. Der Dialog der Philosophie mit der Welt wurde zum endlosen Monolog des Subjekts. Die Welt verstummte. Das Wachsen des Subjekts auf Kosten der Welt beschränkte sich nicht auf die idealistische Strömung: auch Marx' geschichtliche Natur und die »domestizierte« Natur der experimentellen Wissenschaft und der Technologie tragen den Stempel der Subjektivität. Lévi-Strauss bricht radikal mit dieser Situation und verkehrt die Begriffe: jetzt ist es die Natur, die mit sich selbst spricht, durch den Menschen hindurch, ohne daß dieser sich dessen bewußt wäre. Nicht der Mensch, sondern die Welt ist es, die nicht aus sich heraustreten kann. Hieße es nicht der Sprache Gewalt antun, würde ich sagen, daß Lévi-Strauss' universale Erkenntnis ein transzendentes Objekt ist. Der »Mensch an sich« ist nicht nur nicht faßbar: er ist eine Illusion, die momentane Chiffre eines Vorgangs. Ein Tauschzeichen wie die Güter, die Worte und die Frauen.

Mittels sukzessiver, rigoroser Reduktionen geht Lévi-Strauss den Weg der modernen Philosophie, nur tut er dies in umgekehrter Richtung und gelangt zu diametral entgegengesetzten Schlußfolgerungen. Als erstes reduziert er die Pluralität der Gesellschaften und ihrer Geschichte auf eine Dichotomie, die sie umfaßt und auflöst: wildes Denken und domestiziertes Denken. Dann zeigt er auf, daß dieser Gegensatz Teil eines anderen, fundamentalen Gegensatzes ist: Natur und Kultur. Schließlich deckt er die Identität dieser beiden letzteren auf: die Produkte der Kultur – Mythen, Institutionen, Sprache – unterscheiden sich nicht wesentlich von den Produkten der Natur, noch gehorchen sie anderen Gesetzen als jenen, welche ihre Homologe, die Gehirnzellen regieren. Alles ist lebendige Materie, die sich verändert. Die Materie selbst verflüchtigt sich: sie ist Vorgang, Relation. Die Kultur ist eine Metapher des menschlichen Geistes, und dieser ist weiter nichts als eine Metapher der Zellen und ihrer chemischen Reaktionen, die wiederum eine andere Metapher sind. Wir treten aus der Natur heraus und kehren zu ihr zurück. Nur ist sie jetzt ein Wald von Symbolen: die wirklichen Bäume und die wilden Tiere, die Insekten und die Vögel haben sich in Gleichungen verwandelt. Jetzt wird deutlicher, weshalb Lévi-Strauss sich der Dichotomie von Geschichte und Struktur, wildem Denken und domestiziertem Denken widersetzt. Nicht daß sie ihm falsch erschiene, aber er hält sie nicht für wesentlich, so entscheidend sie *für uns* sein mag. Gewiß, das geschichtliche Ereignis ist »wirksam – aber unbeseelt«: sein Reich ist die Kontingenz. Jedes Ereignis ist einzigartig, und in dieser Hinsicht kann nur die Geschichte, nicht aber der Strukturalismus es bis zu einem gewissen Grade erklären. Gleichzeitig sind jedoch alle Ereignisse durch die Struktur bestimmt, das heißt durch eine unbewußte universale Vernunft. Diese ist die gleiche bei den Wilden und bei den Zivilisierten: wir denken verschiedene Dinge auf die gleiche Weise. Die Struktur ist nicht geschichtlich: sie ist natürlich, und ihr wohnt die wahre menschliche *Natur* inne. Dies ist ein Rückgriff auf Rousseau, doch auf einen Rousseau, der durch die Akademie Platons gegangen wäre. Für Rousseau war der natürliche Mensch der leidenschaftliche Mensch; für Lévi-Strauss sind die Leidenschaften und das Empfindungsvermögen ebenfalls Relationen und entgehen nicht der Ratio und der Zahl, der Mathematik. Da die menschliche Natur weder Essenz noch *Idee* ist, ist sie ein Konzert, eine Harmonie, eine *Proportion*.

Was symbolisieren die Symbole in einer Welt von Symbolen? Nicht den Menschen, denn wenn es kein Subjekt gibt, ist der Mensch weder das bedeutete noch das bedeutende Wesen. Der Mensch ist gerade nur ein Moment in der Botschaft, welche die Natur sendet und empfängt. Die Natur ihrerseits ist weder Substanz noch Ding: sie ist Botschaft. Was sagt diese Botschaft? Die Frage, die ich mir am Anfang stellte und die auf diesen Seiten mehrmals aufgetaucht ist, kehrt hier wieder und wird zur abschließenden Frage: Was sagt das Denken, was ist der Sinn der Bedeutung? Die Natur ist Struktur, und die Struktur sendet Bedeutungen aus; deshalb ist es unmöglich, nicht auch die Frage nach dem Bedeuteten zu stellen. Unter der Maske der Semantik nimmt die Philosophie an einem Gespräch teil, wozu niemand sie aufgefordert hat, das jedoch ohne sie des *Sinns* entbehren würde. Damit eine Botschaft verstanden werden kann, ist es unerläßlich, daß der Empfänger den vom Sender benutzten Code kennt. Die Menschen bildeten sich ein, in der doppelten Bedeutung dieses Wortes, diesen Code zu kennen, und sei es auch nur zur Hälfte. Andere waren der Meinung, daß es einen solchen Code nicht gibt. Grundlage für die Behauptung ersterer war der Glaube, daß der Mensch der *Empfänger* der Botschaften sei, welche Gott, der Kosmos, die Natur oder die Idee an ihn richteten. Die anderen behaupteten, der Mensch sei der *Sender*. Kant entkräftete den Glauben der ersteren und zeigte auf, daß ein Bereich der Wirklichkeit nicht erfaßbar ist. Seine Kritik unterminierte die traditionellen metaphysischen Systeme und stärkte die Position der Verfechter der zweiten Hypothese. Hegel verwandelte, mit Hilfe des Verfahrens der Dialektik, das nicht faßbare »Ding an sich« in Begriff; Marx tat den zweiten Schritt und verwandelte den »Begriff« in »geschichtliche Natur«; Engels kam zu der Auffassung, daß die Praxis, insbesondere die empirische Forschung und die Industrie, für immer mit dem »Ding an sich«, das er eine »philosophische Extravaganz« nannte, aufgeräumt habe. Das Ende des »Dings an sich«, das von Hegel und seinen materialistischen Schülern proklamiert wurde, war eine Subversion der Standorte in dem alten Dialog, den der Mensch und der Kosmos führen: jetzt sei jener der Sender, und die Natur höre ihm zu. Das Nicht-Intelligible der Natur verwandelte sich durch die schöpferische Negation des Begriffs und der Praxis in geschichtliche Bedeutung. Der Mensch vermenschlicht den Kosmos, das heißt er gibt ihm Sinn: er verwandelt ihn in Sprache. Die Frage nach dem Sinn des Sinns beantwortet der Marxismus wie folgt: Jeder Sinn ist geschichtlich. *Die Geschichte löst das Sein in Sinn auf.* Lévi-Strauss' Entgegnung auf diese Behauptung könnte überschrieben werden: Meditationen in den Ruinen von Taxila oder Der vom Buddhismus korrigierte Marxismus.

Vielleicht ist das schönste Kapitel dieses schönen Buches *Traurige Tropen* das letzte. Auf diesen wenigen Seiten erreicht das Denken eine Dichte und Transparenz, bei der man an einen Bergkristall denken könnte, wenn es nicht von einem Herzschlag beseelt wäre, der nicht so sehr an die Reglosigkeit des Minerals erinnert als an das in ihm vibrierende Licht. Eine funkelnde Geometrie, welche die faszinierende Form der Spirale annimmt. Es ist die Meerschnecke, Symbol des Windes und des Wortes, bei den alten Mexikanern das Zeichen der Bewegung. Jeder Schritt ist eine Rückkehr zum Ausgangspunkt und zugleich ein Schritt auf das Unbekannte zu. Was wir am Anfang verlassen, das erwartet uns, verwandelt, am Ende. Verwandlung und Identität sind Metaphern des *Gleichen*: es wiederholt sich und ist nie dasselbe. Der Ethnograph kehrt aus der Neuen in die Alte Welt zurück, und auf der alten Erde von Gándara verbindet er die beiden Extreme seiner Erkundung: Im brasilianischen Urwald hat er gesehen, wie eine Gesellschaft entsteht; in Taxila betrachtet er die Überreste einer Zivilisation, die sich selbst als einen Sinn begriff, der zunichte wird. Im ersteren Fall war er Zeuge beim Entstehen von Sinn; im letzteren bei dessen Negation. Eine doppelte Rückkehr: Der Ethnologe kehrt von den geschichtslosen Gesellschaften zur gegenwärtigen Geschichte zurück; der europäische Intellektuelle kehrt zu einem Denken zurück, das vor 2500 Jahren entstand, und entdeckt, daß in diesem Anfang schon das Ende beschlossen war. Auch die Zeit ist eine Metapher, und ihr Ablauf ist ebenso illusorisch wie unser Bemühen, sie festzuhalten: weder läuft sie ab noch hält sie inne. Selbst unsere Sterblichkeit ist illusorisch: jeder Mensch, der stirbt, sichert das Überleben der Art; jede Art, die ausstirbt, bestätigt die Fortdauer einer Bewegung, die unaufhaltsam einer Unbeweglichkeit entgegeneilt, die stets imminent und immer unerreichbar ist.

Taxila ist nicht nur eine Versammlung von Kulturen, sondern auch von Göttern: die alten Fruchtbarkeitskulte und Zarathustra, Apollo und die Große Göttin, Schiwa und der gesichtslose Gott des Islam. Unter all diesen Gottheiten ragt die Gestalt Buddhas heraus, dieses Menschen, der sowohl darauf verzichtete, Gott zu sein, als auch darauf, Mensch zu sein. So widerstand er zugleich der Verlockung der Ewigkeit und der nicht weniger verfänglichen der Geschichte. Lévi-Strauss weist auf das Fehlen christlicher Baudenkmäler in Taxila hin. Ich weiß nicht, ob er mit seiner Behauptung recht hat, daß der Islam die Begegnung zwischen dem Buddhismus und dem Christentum verhinderte, aber er irrt sich nicht, wenn er sagt, daß eine solche Begegnung den schrecklichen Zauber, der den Westen betört hat, zerstört hätte: seine Sucht nach Macht und Selbstzerstörung. Der Buddhismus ist das Glied, das in der Kette unserer Geschichte fehlt. Er ist das erste und das letzte Bindeglied, das, wenn es sich löst, die Kette auflöst. Die Bejahung des Sinns der Geschichte kulminiert zwangsläufig in der Verneinung des Sinns: »Zwischen der marxistischen Kritik, die den Menschen von seinen ursprünglichen Ketten befreit (. . .), und der buddhistischen Kritik, welche die Befreiung vollendet, besteht weder ein Gegensatz noch ein Widerspruch.« Eine zweifache Bewegung, die Anfang und Ende verbindet: Was Buddha uns zu Beginn unserer Geschichte anbot, ist vielleicht nur am Ende zu verwirklichen. Allein der von der Bürde der geschichtlichen Notwendigkeit und der Tyrannei der Autorität befreite Mensch wird furchtlos seine eigene Nichtigkeit betrachten können. Die Geschichte des westlichen Denkens und der westlichen Wissenschaft war nur eine Abfolge »zusätzliche(r) Bekräftigungen jener Schlußfolgerung, der sie (die Menschen) so gerne ausgewichen wären«: der Unterschied zwischen dem Sinn und dem Fehlen von Sinn ist illusorisch.

Ich sagte am Anfang, daß die Antwort von Peirce auf die Frage nach dem Sinn zirkular sei: das Bedeutete der Bedeutung ist es, zu bedeuten. Wie im Fall des Marxismus negiert Lévi-Strauss die Antwort von Peirce nicht, noch widerspricht er ihr; er greift sie auf und konfrontiert sie in einer spiralförmigen Bewegung mit sich selbst: Sinn und Nicht-Sinn sind dasselbe. Hier kehrt das alte Wort des Erleuchteten wieder und ist zugleich ein anderes Wort, das nur ein Mensch des 20. Jahrhunderts sagen könnte. Es ist die Wahrheit des Anfangs, durch unsere Geschichte transfiguriert, eine Wahrheit, die sich allein uns gegenüber enthüllt: der Sinn ist ein Vorgang, eine Relation. Als Verbindung psycho-chemischer Fragen und Antworten oder nicht-permanenter und nicht-substantieller Dharmas existiert das *Ich* nicht. Es existiert ein Wir, und dieses währt kaum einen Lidschlag, es ist eine Verbindung von Elementen, die ebenfalls keine eigene Existenz besitzen. Jeder Mensch und jede Gesellschaft sollten danach streben, »den Impuls zu zügeln, der sie zwingt, eine nach der anderen die offenen Spalten in der Mauer der Notwendigkeit zuzustopfen« und die schwere Aufgabe der Geschichte zu erfüllen, wohl wissend, daß jeder Schritt der Befreiung sie noch mehr in ihr Gefängnis einschließt. Gibt es keinen Ausweg, gibt es kein *anderes Ufer*? »Das goldene Zeitalter (. . .) ist *in uns*«, und es ist momentan: dieser inkommensurable Augenblick, in dem wir, unabhängig von unseren Glaubensanschauungen, unserer Zivilisation und der Epoche, in der wir leben, uns weder als ein isoliertes Ich fühlen noch als ein Wir, das sich im Labyrinth der Zeiten verirrt hätte, sondern als ein Teil des Ganzen, als ein Atemzug in der Atmung der Welt – außerhalb der Zeit, außerhalb der Geschichte, ins reglose Licht eines Minerals getaucht, im weißen Duft einer Magnolie, in der fleischroten, fast schwarzen Tiefe einer Klatschmohnblüte, in dem »Blick, schwer von Geduld, Heiterkeit und gegenseitigem Verzeihen, den wir dank einem unwillkürlichen Einverständnis zuweilen mit einer Katze austauschen«.

Lévi-Strauss nennt diese Augenblicke *Gnade*. Ich würde hinzufügen, daß sie auch ein *Nicht-Wissen* sind: Auflösung des Sinns im Sein, auch wenn wir wissen, daß das Sein mit dem Nichts identisch ist.

Der Westen lehrt uns, daß sich das Sein in den Sinn auflöst, und der Osten, daß der Sinn sich in etwas auflöst, das weder Sein noch Nicht-Sein ist: in ein *das Gleiche*, das keine Sprache bezeichnet außer der des Schweigens. Denn wir Menschen sind so beschaffen, daß auch das Schweigen für uns Sprache ist. Das Wort Buddhas besitzt Sinn, auch wenn er behauptet, daß nichts Sinn besitzt, da es auf das Schweigen abzielt: wenn wir wissen wollen, was es wirklich sagte, müssen wir sein Schweigen befragen. Nun aber ist die Interpretation dessen, was Buddha *nicht sagte*, die Achse der großen Kontroverse, die den Buddhismus von Anfang an in mehrere Schulen teilte. Die Tradition berichtet, daß der Erleuchtete auf zehn Fragen nicht antwortete: Ist die Welt ewig oder nicht? Ist die Welt unendlich oder nicht? Sind Körper und Seele dasselbe oder sind sie voneinander verschieden? Wird Tathagata nach seinem Tode weiterleben oder nicht oder beides oder keines von beiden? Einige meinten, daß es auf diese Fragen keine Antwort gab; andere, daß Gautama nicht wußte, wie sie beantworten; und wieder andere, daß er es vorzog zu schweigen. K. N. Jayatilleke übersetzt die Interpretationen der Schulen in moderne Begriffe.[1] Wenn Buddha die Antwort nicht kannte, so weil er ein Skeptiker oder ein naiver Agnostiker war; wenn er es vorzog zu schweigen, weil die Beantwortung die Zuhörer vom wahren Weg abbringen konnte, so weil er ein pragmatischer Reformator war; wenn er schwieg, weil keine Antwort möglich war, so weil er ein agnostischer Rationalist (die Fragen liegen jenseits der Grenzen der Vernunft) oder ein logischer Positivist war (die Fragen entbehren des Sinns und damit der Antwort). Der junge singhalesische Professor neigt zur letzteren Annahme. Obwohl die geschichtliche Tradition ihn zu widerlegen scheint, halte ich seine Hypothese für plausibel, wenn man an den extrem intellektualistischen Charakter des Buddhismus denkt, der sich auf eine Theorie gründet, die Welt und Ego miteinander verbindet und die zeitgenössische Logik vorwegnimmt. Doch vergißt diese Interpretation, die von Lévi-Strauss' Position nicht weit entfernt ist, eine andere Möglichkeit: das Schweigen an sich ist eine Antwort. Eben dies war die Interpretation der Madhyamika-Richtung sowie Nagardschunas und seiner Schüler. Es gibt zweierlei Schweigen: eines *vor* dem Wort, das ein Sagenwollen ist; ein anderes, *nach* dem Wort, das ein Wissen ist, das sich nicht sagen läßt, das einzige, das zu sagen sich lohnte. Buddha sagt alles, was man mit Worten sagen kann: die falschen und die richtigen Urteile der Vernunft, die Wahrheit und den Trug der Sinne, das Aufblitzen und die Leere des Augenblicks, die Freiheit und die Sklaverei des Nihilismus. Ein Wort, strotzend von Vernunftsgründen, welche einander aufheben und sich gegenseitig verschlingen. Aber sein Schweigen sagt anderes.

Die Essenz des Wortes ist die Relation, und daher ist es Chiffre, momentane Verkörperung alles dessen, was relativ ist. Jedes Wort erzeugt ein Wort, das ihm widerspricht, jedes Wort ist Relation zwischen einer Verneinung und einer Bejahung.

1 *Early Buddhist Theory of Knowledge*, London 1963.

Relation heißt Andersheiten fixieren, nicht Auflösung von Widersprüchen. Daher ist die Sprache das Reich der Dialektik, die sich unaufhaltsam zerstört und nur wiederersteht, um zu vergehen. Sprache ist Dialektik, Vorgang, Kommunikation. Wäre das Schweigen Buddhas Ausdruck dieses Relativismus, dann wäre es kein Schweigen, sondern Wort. Dem ist nicht so: mit seinem Schweigen enden Bewegung, Vorgang, Dialektik, Wort. Gleichzeitig ist es weder die Negation der Dialektik noch der Bewegung: das Schweigen Buddhas ist die *Auflösung* der Sprache. Wir treten aus dem Schweigen heraus und kehren zu ihm zurück: zum Wort, das nicht länger Wort ist. Buddhas Schweigen ist weder Negation noch Affirmation. Es sagt etwas anderes, spielt auf ein Jenseitiges an, das hier ist. *Sunyata* sagt: Alles ist leer, weil alles voll ist; das Wort spricht nicht, weil allein das Schweigen spricht. Es handelt sich nicht um einen Nihilismus, sondern um einen Relativismus, der sich zerstört und sich selbst überschreitet. Die Bewegung löst sich nicht in Bewegungslosigkeit auf: sie ist Bewegungslosigkeit, und die Bewegungslosigkeit ist Bewegung. Die Negation der Welt impliziert eine Rückkehr in die Welt, die Askese ist eine Rückkehr zu den Sinnen, Samsara ist Nirwana, die Wirklichkeit ist die herrliche und schreckliche Chiffre der Unwirklichkeit, der Augenblick ist nicht die Widerlegung der Ewigkeit, sondern ihre Verkörperung, der Körper ist nicht ein Fenster, das auf das Unendliche hinaus geht, er ist das Unendliche selbst. Ist uns bewußt, daß die Sinne sowohl Sender als auch Empfänger allen Sinnes sind? Die Welt auf die Bedeutung zu reduzieren ist ebenso absurd, wie sie auf die Sinne zu reduzieren. In der Fülle der Sinne verflüchtigt sich der Sinn, um einen Augenblick später zu sehen, wie das Gefühl sich auflöst. Schwingung, Wellen, Fragen und Antworten: Schweigen. Nicht das Wissen um die Leere: ein *leeres Wissen*. Das Schweigen Buddhas ist kein Wissen, sondern das, was nach dem Wissen kommt: eine Weisheit. Ein Nicht-Wissen. Ein Losgelöstsein und damit ein Gelöstsein. Die Ruhe ist Tanz, und die Einsamkeit des Asketen ist, im Zentrum der reglosen Spirale, gleich der Umarmung der Liebespaare am Heiligtum von Karli. Ein Wissen, das *nichts weiß* und das in einer Poetik und in einer Erotik kulminiert. Augenblicksakt, Form, die sich auflöst, Wort, das sich verflüchtigt: die Kunst, über dem Abgrund zu tanzen.

Delhi, 17. Dezember 1966.

Die neue Analogie
(Fragment)

Die Allegorie war die Form, in die sich die poetische Kommunikation während der Blütezeit des Christentums kleidete. Der Roman war die bevorzugte Form der Neuzeit. Die Allegorie ist eine der Ausdrucksformen des analogen Denkens, man könnte sogar noch weitergehen und sagen, daß sie die didaktische Formulierung der Analogie ist. Diese beruht auf dem Prinzip: dieses ist wie jenes, und aufgrund dieser Ähnlichkeit folgert oder entdeckt sie die anderen und verwandelt schließlich das Universum in ein Geflecht von Beziehungen. Die Allegorie ist, wie ihr Name schon sagt, ein Diskurs, bei dem von dem einen sprechen heißt, zugleich von dem anderen zu sprechen. Dieser Bezug wäre nicht möglich, wenn nicht zwischen dem einen und dem anderen ein Zusammenhang bestünde. Dieser Zusammenhang ist die Analogie. Der Kritiker Charles A. Singleton hat aufgezeigt, daß Dantes *Commedia* eine Allegorie von Allegorien ist: Der Prolog der Dichtung ist eine Allegorie der Reise des Dichters durch die drei Welten, welche ihrerseits die Allegorie der Wanderungen der gefallenen Seele und ihrer letzten Wandlung ist. Die Chiffre oder der Code, auf den sich diese zirkulären Allegorien beziehen, ist das 2. Buch Moses. Dante selbst erklärt dies in einem Brief an Can Grande: Halten wir uns an den Buchstaben, so ist die Bedeutung der Auszug der Kinder Israels aus Ägypten zu Moses' Zeiten; die allegorische Bedeutung aber ist die Erlösung Christi; die moralische die Wandlung der Seele . . .

Das heilige Wort ist die Brücke zwischen zwei Wirklichkeiten: der Reise des Dichters in die andere Welt und den Prüfungen, denen die Seele unterworfen ist, bevor sie Gott schauen kann. Das 2. Buch Moses gehört jedoch zum Alten Testament, und daher schließt die Allegorie noch andere mit ein: die Evangelien. Das Leiden Christi verknüpft das alte Wort mit dem neuen, ist das Bindeglied, das den Kreis schließt. Die Geschichte der Menschheit konzentriert sich in der Geschichte Israels, welche die Allegorie einer anderen ist, die alle umfaßt: die Erlösung. Die Übereinstimmung zwischen diesen Wirklichkeiten ist sprachlicher Natur: die Botschaft des Dichters, die *Commedia*, entziffert sich als eine andere Botschaft, das 2. Buch Moses, und dieses wiederum drückt sich in einer anderen aus: dem Wort Christi. Dieser Kreis ist eine Replik der Informationstheorie. Sind die Werte und Bedeutungen auch andere, so gilt dies nicht für das System der symbolischen Verwandlung und der Kommunikation der Symbole. Ein Gegenstück innerhalb der zeitgenössischen Wissenschaft wäre das folgende: Die linguistische Struktur ist eine Allegorie der subatomaren Struktur, und beide spiegeln sich wider im genetischen Code. Der Code oder die Chiffre ist die Achse der Übereinstimmung, und durch diese können wir die Entsprechungen der Symbole und deren Übersetzung in Symbole anderer Systeme finden. Im Fall der *Commedia* gibt es zwei Ebenen: eine sprachliche und eine nicht-sprachliche. Erstere besteht aus der *Commedia* selbst, dem Exodus und dem Wort Christi; letztere aus den wechselvollen Erlebnissen der irrenden Seele, dem Auszug aus Ägypten und der Menschheitsgeschichte seit dem Fall Adams. Beide Ebenen spiegeln einander wider, und die Übereinstimmung zwischen Wort und nicht-sprachlicher Wirklichkeit ist vollkommen.

Mit der *Commedia* schenkt uns die christliche Gesellschaft ihr vollkommenstes und reichhaltigstes Werk. Mit Don Quijote erscheint das erste große Werk der modernen Welt. Das Thema in Cervantes' Roman ist ebenfalls die menschliche Seele, doch ist es nicht die gefallene, sondern die dem Wahn verfallene Seele. Der Held ist ein Narr, kein Sünder. Er steht außerhalb des allgemeinen menschlichen Schicksals, denn er hat seinen freien Willen verloren. Don Quijote verkörpert nicht die menschliche Geschichte: er ist ihre Ausnahme. Er ist beispielhaft auf ironische Weise, durch Negation: er ist nicht wie die anderen Menschen. Die Übereinstimmung ist unterbrochen oder, genauer gesagt, sie kleidet sich in die Form der Unterbrechung. Die ›Ausfahrten‹ des Ritters aus der Mancha sind keine Allegorie der Wanderungen des auserwählten Volkes, sondern eines verirrten und einsamen Menschen. Vergil und Beatrice führen Dante; niemand führt Don Quijote, und sein Reise- und Schicksalsgefährte ist kein Seher, sondern der kurzsichtige gesunde Menschenverstand. Der konzentrische Kreis ist das Modell der Reise des Dichters; das Hin und Her des Narren gehorcht keiner Geometrie, nicht einmal der Geographie: ein Kommen und Gehen auf Abwegen, in deren Verlauf sich die Schenken in Ritterburgen und die Gärten in Ställe verwandeln. Die Wanderung des Florentiners ist Abstieg und Aufstieg; die des Spaniers eine Folge von Hindernissen und Mißgeschicken. Dantes letzte Vision ist die der Göttlichkeit; die Don Quijotes ist ein Rückzug in sich selbst, in die jeder Größe entbehrende Wirklichkeit des armen Ritters. Im einen Fall Erschauen der höchsten Wirklichkeit und Wandlung; im anderen Erkennen unserer Bedeutungslosigkeit und Ergebung in das, was wir sind. Dante sieht die Wahrheit und das Leben; Don Quijote erlangt den Verstand wieder und begegnet dem Tod.

Die Analogie ist Ausdruck der Übereinstimmung zwischen der himmlischen und der irdischen Welt: ist die Wirklichkeit der zweiten auch subsidiär und Spiegelung jener ersten, so ist sie doch Wirklichkeit. Die Ironie verfährt umgekehrt: sie betont den Abgrund zwischen dem Wirklichen und dem Imaginären. Nicht zufrieden damit, den Bruch zwischen Wort und Wirklichkeit aufzudecken, senkt sie auch noch den Samen des

Zweifels in den Geist: wir wissen nicht, was das Wirkliche wirklich ist, ob das, was unsere Augen sehen oder das, was unsere Vorstellung projiziert. Das *Paradies* und die *Hölle* sind wirklich, ebenso wirklich wie Florenz und Rom; die grausame, kahle Wirklichkeit Kastiliens ist eine trügerische Spiegelung, ein Hexenzauber. Es gibt ein fortwährendes Schwanken zwischen dem Wirklichen und dem Unwirklichen: die Mühlen sind Riesen und einen Augenblick später wieder Mühlen. Diese Schwankung führt aber zu keinerlei Wandlung: die Personen sind dazu verurteilt, das zu sein, was sie sind. Daher sind sie ihren Vorbildern untreu: Aldonza ist nicht Dulcinea, noch ist Don Quijote Amadis. Gleichwohl ist der Ritter Quijano auch nicht nur Quijano der Gute; er ist Don Quijote – und er ist es nicht. Die Menschen sind nicht weniger problematisch als die Dinge. Das nämliche gilt für die Sprache: die Sprache Dantes ist die Sprache der Dichtung; die Sprache Cervantes' schwankt zwischen Dichtung und Prosa. Diese Zweideutigkeit kennzeichnet den gesamten modernen Roman: er ist Dichtung und Kritik der Dichtung, er ist episch und verspottet das Epos. Problematische Wirklichkeit, problematische Helden, problematische Sprache: der Mythos der Kritik beginnt sich herauszubilden. Die Übereinstimmung ist zerbrochen, und die Ironie tritt an die Stelle der Analogie. Der Schlüssel zur *Commedia* ist das 2. Buch Moses; der zu Cervantes' Roman die Ritterromane. Ersteres ist das heilige Wort, das universelle und ewige Vorbild; letztere sind Werke der Zerstreuung und des Zeitvertreibs, nicht eine Allegorie der Geschichte des Menschen, sondern Schilderung seines wahnwitzigen Abenteuers. Die Sprache ist nicht mehr Schlüssel zur Welt: sie ist ein leeres, ein verrücktes Wort. Oder verhält es sich umgekehrt? Ist die Verrücktheit die der Welt, und ist Don Quijote das vernünftige Wort, das unter der Maske der Verrücktheit daherkommt? Cervantes lächelt und schweigt: Ironie und Ent-Täuschung.

Der Bruch der Analogie ist der Beginn der Subjektivität.

Der Mensch betritt die Bühne, er verdrängt Gott und steht der Bedeutungslosigkeit der Welt gegenüber. Zweifache Unvollkommenheit: die Worte haben aufgehört, die wahre Wirklichkeit der Dinge darzustellen, und die Dinge sind opak geworden, stumm. Der Mensch muß einer Wirklichkeit gegenübertreten, die in sich selbst verschlossen ist, die sich nicht mitteilt und nicht mitteilbar ist. Die Negation der Bedeutungslosigkeit der Welt, ihre Verwandlung in Sinn, ist die Geschichte der Neuzeit. Diese Geschichte könnte ebenfalls wie ein Ritterroman überschrieben sein: *Die Ruhmestaten der Subjektivität* oder *Die Eroberung der Welt durch die Negation der Welt*. Um die Einheit zwischen den Dingen und dem Wort wiederherzustellen, gab es nur die Möglichkeit, einen der Begriffe zu eliminieren. Die Alternative stellte sich folgendermaßen dar: Don Quijote ist nicht verrückt, und die Welt ist verrückt – Verurteilung der Dinge; oder aber die Sprache des Ritters ist Wahn, und die Welt ist wirklich – Vertreibung Don Quijotes. Die erste Lösung implizierte den Verzicht auf die Welt, aber im Namen welchen Prinzips oder welcher natürlichen oder übernatürlichen Wirklichkeit? Don Quijotes heilige Bücher waren nicht die Bibel, sondern Geschichten, in denen die Phantasie als Unvernunft erscheint. Die Neuzeit entschied sich für die zweite Lösung, und so stirbt Don Quijote in seinem Bett, von seinen Wahnvorstellungen geheilt und zurückgekehrt in die Wirklichkeit des Alonso Quijano. Durch die Vertreibung Don Quijotes, Paradigma der Sprache als Unwirklichkeit, wurde das verbannt, was wir Imagination, Poesie, heiliges Wort, Stimme einer anderen Welt nennen. Diese Namen haben eine Kehrseite: Inkohärenz, Entfremdung, Wahnsinn. Die Poesie erlitt das Urteil der Verbannung; der Wahnsinn das der Einsperrung. Da die Grenzen zwischen der einen und dem anderen schwer zu erkennen sind, wurden zuweilen auch die Dichter eingesperrt und andere wie harmlose Narren behandelt.

Der Spaltung des Wortes – in eine rationale Hälfte und eine

irrationale – entsprach die Spaltung der nicht-sprachlichen Wirklichkeit. Die Subjektivität nahm die Stelle des christlichen Gottes ein, doch die Menschen sind körperliche Geschöpfe, nicht Geist. Durch das gleiche Verfahren partieller Negation verdrängte die Subjektivität jene Hälfte, die bezeichnenderweise mit dem Ausdruck »Unterleib« benannt wird: die Geschlechtsteile. Die Kastration war eine symbolische, und der Okzident verwandelte sich in eine Welt, in der die Liebe kaum eine Beziehung zur sexuellen Wirklichkeit hatte. Die Verstümmelung der Wirklichkeit war auch eine sprachliche, denn es ist unmöglich, die Liebe auf die Sexualität zu reduzieren. Die Erotik ist ein Spiel, eine Darstellung, bei der Phantasie und Sprache eine nicht weniger wichtige Rolle spielen als die Gefühle. Sie ist kein tierischer Akt: sie ist die Zeremonie eines tierischen Aktes, seine Transfiguration. Die Erotik betrachtet sich in der Sexualität, aber diese kann sich nicht in der Erotik betrachten. Täte sie es, sie würde sich nicht wiedererkennen . . . Jede Negation der Subjektivität bedeutete die Eliminierung einer für irrational gehaltenen Wirklichkeit, die damit zur Unwirklichkeit verurteilt wurde. Die Irrationalität konnte absolut oder partiell sein, konstitutionell oder vorübergehend. Auf diese Weise entstanden Dämmerzonen, bevölkert von Halbwirklichkeiten, die da heißen: Poesie, Frau, Erotik, Proletarier, Kolonialvölker, farbige Rassen. All diese Purgatorien und Infernos brodelten im Verborgenen, ständig in Eruption begriffen. Eines Tages, im 20. Jahrhundert, barst die unterirdische Welt. Dieser Ausbruch dauert noch an, und sein Widerschein erhellt die Agonie der Neuzeit.

Die sukzessiven Negationen der Subjektivität waren zugleich Versuche, den Riß zwischen dem Wort und der Welt zu beheben, das heißt, sie waren die Suche nach einem hinreichenden, universellen, gegen Kritik gefeiten Prinzip. Dieses Prinzip war die Kritik selbst: Substanz und Fundament der Welt ist der Wandel, und die vollkommenste Form des Wandels ist die

Kritik. Die Negation wurde schöpferisch: der Sinn liegt in der Subjektivität. Ich will nicht an sämtliche Kapitel dieser Geschichte erinnern, sondern nur einige anführen, die mir von Bedeutung zu sein scheinen.

Das erste Kapitel ist Kant. Der Philosoph stellte sich einem Problem, das sich von dem Cervantes' nicht wesentlich unterschied: zwischen den Namen und der Wirklichkeit klafft ein tiefer Abgrund, und wer ihn überwinden will, stürzt ins Leere, verfällt dem Wahnsinn. Das Mittel gegen die Faszination des Abgrunds heißt, in ästhetischen Begriffen, Ironie; in rationalen Begriffen, Philosophie. Beide sind eine heldenmütige »sagesse«, ein Seiltanz über der Leere. Im Werk Kants ist die noumenologische Wirklichkeit, die wirkliche Wirklichkeit, das Äquivalent zu Don Quijotes Ritterburgen. Eine Region, die der Vernunft nicht zugänglich ist: das »Ding an sich« wird von vier Zauberern, vier Antinomien, bewacht, welche die Philosophen der Vernunft berauben, wie der Zauberer Merlin es mit dem unglücklichen Durandarte tat. Für Kant ist die Dialektik die Logik der Illusionen und manifestiert sich, wenn die Vernunft dem Unendlichen gegenübertritt, der unendlichen Teilbarkeit, der Freiheit, dem notwendigen Sein.

Resignation ist nicht die Tugend der Philosophen, und so verwandelte Hegel die Logik der Illusionen in eine Methode, die die Antinomien zerstört und Wahrheiten erzeugt. Jeder Begriff, so sagt er, ist eine Antinomie, weil er einen Widerspruch in sich schließt, jedoch ist diese Negativität positiv, da sie ihre eigene Negation enthält. Durch die Dialektik, sagt Hegel, betrachtet sich das Sein im anderen, das es negiert. In dieser Negation bestätigt es sich und erkennt sich als Sein: es ist das, was das andere nicht ist. Durch die Negation eignet sich der Mensch das »Ding an sich« an und macht aus ihm Idee, Werkzeug, Schöpfung, Geschichte: er gibt ihm Sinn. Die Geschichte ist ein Moment des Geistes, und der Mensch ist der Übermittler des Sinns. Marx geht einen Schritt weiter. Hegel begriff die Werkzeuge und die Arbeit als verkörperte Begriffe, als in Taten verwandelte Negationen. Marx erklärt, daß der Begriff abstrahierte Arbeit ist: die Geschichte ist nicht die Projektion des Begriffs, sondern der gesellschaftlichen Arbeit. Die Aufgabe, dem »Ding an sich« ein Ende zu machen und es in Sinn zu verwandeln, fällt nicht dem Begriff zu, sondern der Industrie: der Arbeit und den Arbeitern. Noch einmal: der Mensch ist der Sinngeber, und er ist es in dem Maße, wie er Geschichte ist. Ich komme zum Schluß: Für das Denken der Neuzeit, gleich ob idealistisch oder materialistisch, liegt der Sinn im Menschen und dessen Sinn in der Geschichte. Die magische Brücke zwischen dem Wort und den Dingen, das Prinzip, das an die Stelle der alten Analogie trat, war die Geschichte. Hegel sagte es mit erstaunlicher Klarheit: Die Dialektik ist die Heilung des Risses. Die Negation, die Affirmation ist, läßt die alte Wunde vernarben.

Die anderen Philosophien des 19. Jahrhunderts kommen, auf unterschiedlichen Wegen, zu ähnlichen Aussagen: Sinn der Evolution ist der Mensch oder, um es dem Darwin'schen Denken gemäß auszudrücken: der Mensch ist jener Moment in der Evolution, in dem diese schließlich zum Bewußtsein ihrer selbst gelangt. Entwicklung heißt Fortschritt, und dieser bemißt sich nach der Entfernung, die den Menschen vom Tier und den Zivilisierten vom Wilden trennt. Nietzsche war die abweichende Stimme: angesichts der Vorstellung von Zeit und Geschichte als endlosem Fortschreiten proklamierte er die ewige Wiederkehr; indem er den Tod Gottes verkündete, enthüllte er die Sinnlosigkeit des Universums und seines vorgeblichen Königs, des Menschen. Da der Dichter Nietzsche auch ein Philosoph war, widerstand er nicht der zweifachen – poetischen und philosophischen – Versuchung der Prophetie und sagte das Erscheinen des »vollkommenen Nihilisten« voraus, eine Gestalt, in der das sinnlose Sein und der von Sein entleerte Sinn am Ende ihren Gegensatz auflösen würden: der

Übermensch. Evolution, Revolution, Subversion: in diesen drei Worten verdichtete sich die neue Weisheit. Die Herrschaft der Subjektivität hatte als Kritik der Propheten begonnen; auf ihrem Höhepunkt verwandelte sie sich in Prophetie und kündigte das Eintreten dreier verschiedener, wenn auch an Bedeutung ähnlicher Ereignisse an: die Republik der Gleichen, den unendlichen Fortschritt und die Herrschaft des Übermenschen. All diese Prophetien sind kritisch, das heißt sie sind Projektionen des kritischen Geistes und, mehr noch, ihre Verwirklichung erfordert die aktive Beteiligung der Kritik. Tatsächlich sind die proletarische Revolution, die Selektion der Arten und die Umwertung der Werte Verfahren kritischer Art: sie negieren dieses, um jenes zu affirmieren. Der Unterschied zur alten Zeit ist beeindruckend: die Analogie fußt auf der Einheit oder Übereinstimmung der Gegensätze; die Kritik auf der Eliminierung eines der Begriffe. Das jedoch, was wir durch Vernunft oder Macht gewaltsam eliminieren, erscheint unweigerlich wieder in Form der Kritik der Kritik. Die Epoche, die jetzt beginnt, ist die Epoche der Rückkehr der verdrängten Wirklichkeiten. Wir erleben eine Zeitenwende.

Die neue Analogie ist widersprüchlich: ein Paradox begründet die beginnende Zeit, so wie ein anderes Paradox, das des Wandels und der Kritik, die Neuzeit begründete. Jede Epoche und jede Zivilisation nährt sich von einer Sicht der Zeit, die einen Widerspruch einschließt: Freiheit und Fatum für den Griechen, Monismus und Pluralismus für den Hindu, *dharmas* und Leere für den Buddhisten, Gnade und freier Wille für den Christen. Daher ist jede Zivilisation eine Metapher: ein Versuch, die Gegensätze zu versöhnen. Die Metapher, die sich herauszubilden beginnt, ist nicht schmeichelhaft für den Stolz des Menschen, mag sie auch seiner moralischen Gesundheit zuträglich sein: das Wissen um seine Bedeutungslosigkeit wird vielleicht die machtvollen Kräfte der *Hybris* bannen, die in der Welt walten. Montaigne sah den Menschen als ein Paradoxon;

heute wird uns bewußt, daß wir nur ein Teil des Paradoxons sind, nicht sein Kern. Nicht wir sind es, die die Welt mit der Sprache sagen: die Sprache sagt uns, die Welt sagt sich selbst in der Sprache. Wie es die modernen Dichter als erste sahen, namentlich die Surrealisten: die Sprache gehört uns nicht, wir gehören ihr. Es ist das Ende des Ich und des Menschen als Geschichte: eine andere Geschichte bricht an.

In Dantes Dichtung geht der Abstieg in die unterirdische Welt dem Aufstieg ins Paradies vorauf. Wir wissen, daß uns kein Paradies erwartet, weder das der Geschichte noch das überweltliche. Dennoch ist der Abstieg, den wir beginnen, ein Aufsteigen: indem wir unsere Bedeutungslosigkeit entdecken, entdecken wir auch die Bedeutung. Sie wohnt uns nicht inne: sie befindet sich außerhalb. Sie ist eine universelle Schrift, und in ihr können wir unseren wahren Namen lesen. Diese Entdeckung ist eine Rückeroberung: wir kehren zur Totalität zurück. Nur erleben wir mit dieser Rückkehr auch eine Zeit, die sich von allen anderen unterscheidet. Für Dante war die Welt eine Allegorie der christlichen Schriften; jetzt ist die Sprache der Menschen eine Allegorie der Welt. Die Beziehung hat sich verkehrt: das Universum liest sich in uns, doch wir können es noch nicht lesen, und ebensowenig können wir jenen Text, jenes Fragment lesen, das wir selber sind. Der Mensch weiß immer noch nicht zu sprechen, noch immer nicht wissen wir, was und wer spricht, wenn wir sprechen. Unsere Sprache mündet in eine andere Sprache. Wir verstehen nicht, was diese Sprache sagt, nur, daß wir ihre Wörter sind. Es ist eine Sprache, in der vielleicht am Ende Kohärenz und Inkohärenz sich in einem einzigen Wort auflösen, das identisch ist mit dem Schweigen.

Der Mensch ist nicht das Ausnahmewesen: er ist ein Moment des Dialogs der Universien, ein Wort, das die Natur ausspricht, ein Symbol, das Symbole emaniert. Unter all diesen gibt es zwei, beide Symbole von Symbolen, die der Anfang vom Ende der menschlichen Sprache und die Präfiguration der anderen Sprache sind: die Umarmung der Körper und die poetische Metapher. Im ersten: Einheit von Gefühl und Idee, das als Chiffre der Totalität wahrgenommene Fragment und die Totalität, verteilt auf die Liebkosungen, welche die Körper in einen Springquell augenblicklicher Übereinstimmung verwandeln. Im zweiten: Verschmelzung von Klang und Bedeutung, Vermählung des Intelligiblen und des Sinnlichen. Die Metapher und die erotische Umarmung sind Urbild jenes Augenblicks beinahe vollkommener Übereinstimmung zwischen einem Symbol und einem anderen, den wir Analogie nennen und dessen wahrer Name Glück ist. Dieser Moment ist kaum mehr als eine Verheißung, eine Ahnung von anderen Augenblicken, die seltener und totaler sind: Kontemplation, Befreiung, Fülle, Leere ... All diese Zustände, von den erreichbaren und (relativ) häufigen angefangen bis hin zu den komplexesten und vollkommensten, haben gemeinsam die Hingabe, die Fähigkeit, sich dem Strom zu überlassen: das Geschenk des Ich und, in extremen Fällen, seine Auslöschung. Gleich, ob er ein Jahrhundert dauert oder einen Lidschlag lang – dieser Augenblick ist inkommensurabel. Er ist das einzige Paradies, das allen Menschen zugänglich ist, unter der Bedingung, daß sie sich selbst vergessen. Er ist der Augenblick der großen Abstraktion und der großen Distraktion: wir sind das Funkeln eines zersprungenen Glases im Licht des Mittags, das Zittern eines dunklen Blattes, das über die Felder weht, das Knarren des Holzes in einer kalten Nacht – wir sind sehr wenig, und doch wiegt uns die Totalität, wir sind ein Zeichen, das jemand jemandem macht, wir sind der Verbindungskanal: durch uns fließen die Sprachen, und unser Körper übersetzt sie in andere Sprachen. Die Türen öffnen sich sperrangelweit: der Mensch kehrt zurück. Das Universum der Symbole ist auch ein Universum der Sinne. Der Wald der Bedeutungen ist der Ort der Aussöhnung.

Delhi, 8. Mai 1967

Außerirdische Intelligenzen und Demiurgen, Bakterien und Dinosaurier

Francis Crick, gemeinsam mit James Watson und Maurice Wilkins 1962 Nobelpreisträger für Biologie aufgrund ihrer Entdeckung der molekularen DNA-Struktur und gegenwärtig Forscher am Salk-Institut in San Diego, Kalifornien, hat kürzlich ein Buch veröffentlicht, das zahlreiche Kommentare in der Weltpresse hervorgerufen hat: *Life itself, its Origin and Nature* (New York, 1981). Es ist ein klares und knappes Werk. Seine Klarheit schließt indes weder Reichtum an Informationen aus, die Crick der Physik, der Nuklearbiologie, der Evolutionstheorie entnimmt, noch Komplexität der Tatsachen und Begründungen, auf die er seine gewagte Hypothese stützt; seine Kürze kann man auch als rigorose Verdichtung eines umfassenden Wissens bezeichnen. So ist das Buch nicht nur klar und kurz, es ist ebenfalls dicht, komplex und kühn. Es ist ein wissenschaftliches Werk und gleichzeitig ein faszinierendes Exerzitium historisch-wissenschaftlicher Vorstellungskraft. Letzteres ist der Grund, weshalb ich wage, es zu kommentieren.

Ich war erstaunt, als ich schon auf den ersten Seiten auf die Formulierung *glücklicher Zufall* (happy accident) stieß. Sie taucht wiederholt an den entscheidenden Punkten der Beweisführung auf, wenn die Rede ist vom Ursprung des Lebens auf unserem Planeten oder vom Ursprung unseres Sonnensystems – die meisten anderen Systeme haben den Nachteil, zwei Sonnen anstatt, wie das unsere, nur eine zu besitzen – oder vom Ursprung des Universums überhaupt. Wenn man bei einem der großen zeitgenössischen Wissenschaftler so oft dem Begriff *Zufall* begegnet, so ist das ein Zeichen der Zeit. Darin offenbart sich ein Wandel in der Haltung der Wissenschaftler: das Erscheinen der historischen Perspektive bei der Behandlung der natürlichen Phänomene, gleich ob es sich um die organische oder die anorganische Materie handelt. Das Wort *Zufall* bezeichnet freilich nicht ein Phänomen ohne Ursache, sondern eine außergewöhnliche Tatsache, die Ergebnis des seltenen oder unwahrscheinlichen Zusammentreffens bestimmter Umstände ist. Der Zufall ist nicht etwas Unbestimmtes, sondern vielmehr etwas schwer Voraussehbares. Auf den zeitlosen Determinismus der Wissenschaft des 19. Jahrhunderts folgt die Vorstellung *eines* Prozesses unter verschiedenen *möglichen* Prozessen.

Die zeitgenössische Wissenschaft beschäftigt sich, nach Art der Geschichtswissenschaft, mit den besonderen Phänomenen, in dem Bestreben, sie in ihrer zeitlichen Entwicklung und als das zu begreifen, was sie tatsächlich sind: Ausnahmen. Es entbehrt nicht einer gewissen Ironie, daß in dem Augenblick, da die Sozialwissenschaften vergeblich versuchen, den Formalismus der reinen Wissenschaften nachzuahmen, sich diese den historischen Gesichtspunkt zu eigen machen (ohne indes auf Regelmäßigkeit zu verzichten, vielmehr innerhalb dieser). Das Reich der Mathematik liegt außerhalb der Zeit, und der Lehrsatz von Pythagoras ist heute ebenso gültig wie an dem Tag, da er formuliert wurde. Kaum versuchen wir jedoch, die Mathematik und ihre Kombinationen auf die Materie anzuwenden, müssen wir den Faktor Zeit berücksichtigen. Und Zeit heißt Wandel: Besonderheit, Geschichte. Kürzlich wies der Physiker Victor F. Weisskopf vom Massachusetts Institute for Technology (MIT) in einem Vortrag vor der Akademie der Wissenschaften und der Künste in Boston darauf hin, daß das Universum mit seinen Galaxien, seinen Sonnensystemen, seinen Molekülen, seinen Atomen und seinen Partikeln eine Geschichte habe, welche die Physik berücksichtigen müsse. Cricks Buch zeigt, daß die organische Materie mit ihren Molekülen, ihren Säuren, ihren Mechanismen der Zellreproduktion, Mutation und natürlicher Selektion ebenfalls eine Geschichte hat.

Crick stellt alles in den Dienst seiner Forschung, was wir im Bereich der Astronomie, der Nuklearphysik und der Molekularbiologie wissen. Seine Methode erinnert an die der Historiker und Archäologen: die wissenschaftlichen Daten dienen ihm, wie die Steine dem Archäologen und die Dokumente dem Historiker, dazu, die Vergangenheit der lebendigen Materie zu rekonstruieren. Nur daß in seinem Fall diese Vergangenheit sich nicht nach Tausenden von Jahren bemißt, sondern nach Billionen von Jahrhunderten. Die Methode erinnert auch an die Kriminologie. Eine erstaunliche Mischung – wie im Falle Sherlock Holmes' – von solidem Empirismus, gewagten Induktionen und kategorischen Deduktionen. Die Methode läßt jedoch nicht nur an die Verfahren und Hypothesen von Historikern und Detektiven denken: das Adjektiv *glücklich* in Verbindung mit dem Substantiv *Zufall* erinnert noch an eine andere Tradition: die Tradition der biblischen Geschichte. Das Erscheinen des Lebens auf der Erde als glücklichen Zufall zu bezeichnen, muß bei mehr als einem Buddhisten Stirnrunzeln verursachen: sie alle lassen sich nicht davon abbringen, dem Reigen der Seelenwanderungen zu entfliehen; hingegen ruft es bei einem Christen stille Freude hervor: der heilige Augustinus nannte die Schuld Adams und Evas eine *felix culpa*, da, ohne ihre Sünde, Christus nicht Mensch geworden noch für uns den Kreuzestod gestorben wäre. Je mehr ich in der Lektüre von Cricks Buch voranschritt, um so deutlicher zeichnete sich ab, was mir anfänglich als ein willkürlicher Überraschungscoup erschienen war: ich las eine Art moderne, laizistische, materialistische und atheistische Transposition oder Allegorie der alten jüdisch-christlichen Schöpfungsgeschichte.

Rätsel der Genesis

Ein Geheimnis umgibt den Ursprung des Lebens, unseres Sonnensystems und des Universums. Alles nahm seinen Anfang mit dem *Big Bang*, dem Urknall. Steve Weinberg legt in seinem berühmten Buch dar, daß in den ersten drei Minuten, die auf den Urknall folgten, die Elemente der ursprünglichen, eher kleinen Feuerkugel entstanden, die, sich ausweitend und rotierend, das jetzige Universum mit seinen unzähligen Sternen bilden sollte.[1] Was aber geschah in den ersten drei Sekunden und, vor allem, was geschah *vorher*? Weinberg gesteht, daß wir es nicht wissen. Trotz ihrer gewaltigen Fortschritte vermag die Physik die grundlegende Frage nicht zu beantworten: unsere Unkenntnis über den Ursprung des Universums unterscheidet sich nicht von der der ionischen Philosophen vor mehr als zweitausendfünfhundert Jahren. Bei einem Gespräch, das ich einmal in Harvard mit dem Physiker Gerald Holton über die verschiedenen Vorstellungen der Zeit führte, welche die einzelnen Zivilisationen und Philosophien hervorgebracht haben, sagte mir dieser, daß für einige Wissenschaftler der Urknall ein wiederkehrendes Phänomen sei: das Universum beginne mit der Explosion einer Kugel aus verdichteter Materie, die sich mehr und mehr ausdehne, bis sie abzukühlen beginne, in sich selbst zusammenfalle, sich zusammenziehe und dann: wieder der Urknall! Mir war, als hörte ich eine modernisierte Version der »ewigen Wiederkehr« der Stoiker mit ihrer Vorstellung vom zyklischen Weltenbrand (*ekpyrosis*) und dem unvermeidlichen Wiederbeginn. Nur daß die Stoiker die Zwangsläufigkeit des Phänomens übertrieben; die Modernen sind, vielleicht als Reaktion auf den starren Determinismus des 19. Jahrhunderts, vorsichtiger. Der Determinismus

1 Steve Weinberg, *The First Three Minutes*, New York 1977.

schwächt sich ab, und es tauchen wieder verschiedene Möglichkeiten auf.

In einem kürzlich erschienenen Buch sagt der Biologe François Jakob: »Es ist sehr schwer, in den Strukturen und im Prozeß der Natur nicht auf willkürliche und sogar phantastische Elemente zu stoßen ... Es ist unmöglich, sich eine Welt vorzustellen, in der eins und eins nicht zwei wäre. Es gibt etwas Unausweichliches in dieser Relation ... Hingegen können wir uns sehr wohl eine Welt vorstellen, in der die physikalischen Gesetze andere als die unsrigen sind; eine Welt, in der zum Beispiel das Eis auf den Grund des Wassers sinkt, anstatt an der Oberfläche zu bleiben oder der Apfel sich beim Loslösen vom Zweig nach oben davonmacht und im Himmel verschwindet ... Die Kontingenz zeigt sich deutlicher in der Welt des Lebens.«[1] Nach alldem kann es uns nicht mehr verwundern, wenn Crick das Wort *Zufall* benutzt, um das Erscheinen der lebendigen Materie zu bezeichnen. In Wirklichkeit war es etwas mehr als ein Zufall: ein Wunder. Ich werde hier nicht die genaue und erschöpfende Untersuchung der verschiedenen Möglichkeiten ihres Zutagetretens wiederholen. Die Schlußfolgerung ist entmutigend: mit Sicherheit läßt sich nur folgendes behaupten: »Ein ehrlicher Mensch, der im Besitz sämtlicher heute verfügbarer Kenntnisse wäre, könnte nicht mehr sagen, als daß der Ursprung des Lebens in gewisser Weise einem Wunder gleichkommt, so zahlreich waren die Voraussetzungen, die erfüllt sein mußten, damit es entstehen konnte.« Das Ergebnis seiner Forschung entmutigte Crick nicht: »Mag es seinen Ursprung hier auf der Erde oder an irgendeinem anderen Ort gehabt haben, das Leben hat begonnen: das ist eine historische Tatsache, die wir nicht als unbedeutend außer acht lassen können.« Mir gefällt diese Annahme: das Problem ist wissenschaftlich und historisch. Seine Lösung erfordert Wissen und Phantasie.

1 François Jakob, *Le jeu des possibles. Essai sur la diversité du vivant*, Paris 1981.

Angesichts des Rätsels, sagt Crick, gibt es zwei – und nur zwei – gültige Theorien. Eine, die orthodoxe, »behauptet, daß das Leben hier aus sich selbst entstanden ist, mit geringer oder keiner Hilfe von außerhalb unseres Sonnensystems«. Diese Theorie ist nicht falsch, aber recht unwahrscheinlich und überdies unbeweisbar. Die andere, die Theorie Cricks, geht davon aus, daß »es vielleicht an anderen Orten des Universums entstanden sein könnte, wo aus diesem oder jenem Grund die Bedingungen günstiger waren«. Daran schließt sich eine Untersuchung des englischen Wissenschaftlers an, die, nicht weniger genau und umfassend als die vorhergehenden, mit begründeter Wahrscheinlichkeit die Anzahl der Planeten in der Galaxie zu bestimmen unternimmt, in der das Leben begonnen haben könnte. Die Zahlen sind berauschend: zwischen einer Million und mindestens zehntausend Planeten. Die zweite Theorie postuliert, »daß die Ursprünge unseres Lebens an einem anderen Ort des Universums erschienen sind, und zwar so gut wie sicher auf einem anderen Planeten, auf dem das Leben eine sehr viel fortgeschrittenere Form erlangt hatte, als hier noch gar nichts begonnen hatte; und daß dieses Leben durch Mikroorganismen ausgesät (*seeded*) wurde, die in einer Art Raumschiff von einer hochentwickelten außerirdischen Zivilisation ausgesandt wurden.« Crick nennt dieses Verfahren kosmischer Aussaat *gesteuerte Panspermie*.[1]

Einer der Gründe, auf die Crick sich stützt, ist beunruhigend: der genetische Code aller Lebewesen, einschließlich der im Verlauf der Evolution verschwundenen Arten, ist der gleiche. Weshalb aber haben die außerirdischen Intelligenzen nicht sich selbst mit ihren Raumschiffen befördert und es vorgezogen, eine Ladung Bakterien zu schicken? Crick legt ausführ-

---

1 Der Terminus *Panspermie* geht auf den schwedischen Wissenschaftler S. A. Arrhenius (1859-1927) zurück, der 1903 den Nobelpreis für Physik und Chemie erhielt. Er führte den Ursprung des Lebens auf einen Regen von Bakteriensporen aus dem Weltraum zurück.

lich dar, daß aufgrund der unermeßlichen Entfernungen und anderer, nicht weniger ungünstiger Umstände, es für die Außerirdischen unmöglich war, die Reise durch die Galaxie zu unternehmen. Wie es scheint, ist jede Zivilisation – auch die unsere – dazu verurteilt, auf eben dem Planeten zugrundezugehen, auf dem sie entstanden und gewachsen ist: eine düstere Vision der Geschichte der Sonnensysteme des Universums. Gefangen auf ihrem Planeten, hatten die außerirdischen Intelligenzen keine andere Möglichkeit, als in einem Raumschiff die Bakterien auszusenden, die als einzige lebende Organismen fähig waren, der Dauer und Mühsal einer Durchquerung des Raums standzuhalten. Die Bakterien fielen in die Nährflüssigkeit, aus der damals die Erdoberfläche bestand, gediehen, entwickelten sich, und so begann die Geschichte der Evolution, die bis zur menschlichen Gattung führte . . . Obwohl die Kritik an Crick oft eher oberflächlich als differenziert war, ist es nicht einfach, seine Hypothese zu kritisieren. Dem Laien, der ich bin, erscheinen seine Argumente überzeugend. Ich habe einen Zweifel, den er teilt: vielleicht ist seine Hypothese »etwas verfrüht«. Doch meine Kritik – oder vielmehr mein Kommentar – bezieht sich auf einen anderen Aspekt seiner Theorie.

Außerirdische Intelligenzen und Demiurgen

Es ist klar, daß die Hypothese der gesteuerten Panspermie nicht die Frage nach dem Ursprung des Lebens beantwortet: sie verlagert nur den Ort seines Entstehens. Wir werden auch weiterhin nicht wissen, auf welche Weise das Leben auf unserem Planeten entstanden ist. Und auch nicht, wie auf dem anderen; in Wirklichkeit wissen wir nichts von diesem Planeten und seinen vernunftbegabten Bewohnern. Wie soll einer wissen, ob auf diesem Planeten, der uns vor Tausenden von

Millionen Jahren seine Bakterien schickte, günstige Bedingungen herrschten, die den Beginn des Lebens ermöglichten? Es ist durchaus möglich, daß eine andere Zivilisation ihnen von einem anderen Planeten auf eine ähnliche Weise eine Ladung Mikroorganismen gesandt hatte. Die Hypothese der gesteuerten Panspermie läßt sich endlos anwenden – eine Regression, welche die Logiker empören würde – bis hin zu dem Planeten, auf dem die »Ursuppe« existiert haben mag, sowie die anderen Bedingungen, die für das Entstehen von Leben günstig waren. Dieser Planet ist nicht lokalisierbar – weder vom Standpunkt der Logik aus noch von dem seines empirischen Nachweises. Ich sage nicht, daß er nicht existieren konnte: ich sage nur, daß man ihn *niemals* wird finden können. Es ist ein Planet, der, wie das Glück in Baudelaires Gedicht, »anywhere out of this world« ist. Crick gibt keine Antwort auf diese Fragen. Besser gesagt: er stellt sie sich nicht einmal; er beschränkt sich auf die Aussage, daß diese Bakterien von hochintelligenten außerirdischen Wesen hergestellt wurden – oder ausgewählt, hier äußert er sich nicht eindeutig – und auf die Erde gesandt wurden. Diese Behauptung kann man als eine implizite Antwort betrachten. Es ist gut, sie mit den Antworten zu vergleichen, die die Tradition auf diese Frage gegeben hat.

Angesichts des Rätsels des Ursprungs – des Universums, des Lebens und des Menschen – gab es für die Alten zwei Antworten: die einen, wie die Juden und Christen, glaubten, daß ein allmächtiger Gott die Welt, die Pflanzen, die Tiere und den Menschen erschaffen habe; die anderen behaupteten, das Universum existiere durch sich selbst und sei ewig oder aber zyklischen Zerstörungen und Wiedererstehungen unterworfen. Aristoteles zum Beispiel glaubte, daß das Universum keinen Anfang gehabt habe und kein Ende haben werde und daß es, ein zusätzlicher Vorzug, begrenzt sei. Der Urknall steht Aristoteles und seinem sich selbst genügenden Universum entgegen: die Welt hatte einen Anfang, und daraus ergibt sich notwendig, daß auch unser Sonnensystem und das irdische Leben einen Anfang hatten. Wir wissen nicht mit Sicherheit, ob der Urknall ein wiederkehrendes oder aber ein einmaliges Phänomen ist. Die Vorstellung eines allmächtigen, schöpferischen Gottes ist vielen modernen Geistern zuwider; sie entsprach auch nicht dem Geschmack der Mehrzahl der Philosophen der Antike, wenngleich aus Gründen, die den unseren entgegengesetzt sind: es war Gottes nicht würdig, eine Welt wie die unsere zu erschaffen, die von der Kontingenz beherrscht wird. Im *Timaios* spricht Platon von einem Demiurgen, der das Universum mit seinen Sternen-Göttern und seinen Menschen nach dem Vorbild der ewigen Formen erschafft. Der Demiurg ist göttlich, doch ist er kein Gott im jüdisch-christlichen Sinne. Der Begriff des Demiurgen wurde später von anderen Schulen und Sekten übernommen, darunter von den Gnostikern, die in ihm eine unheilbringende Gottheit sahen, den Ursprung der Materie, der Sünde und der Zeit. So enthüllten sie ein Geheimnis, das die Menschen stets beunruhigt hat: Wie konnte ein vollkommener, allmächtiger und guter Gott eine Welt erschaffen, die der Veränderung und dem Irrtum, dem Bösen, der Krankheit, dem Zufall und dem Tod unterworfen ist?

Cricks hochentwickelte außerirdische Zivilisation ist das moderne Gegenstück nicht so sehr des allmächtigen Gottes der jüdisch-christlichen Tradition, als des Demiurgen der Platoniker und der Gnostiker. Ein Demiurg, der Platon gleicht: gut und intelligent. Die Ähnlichkeit mit dem *Timaios* ist beeindruckend: er verbindet, wenn auch nicht die Seelen und ihre Eigenschaften, so die Moleküle und die Säuren, um das Leben zu reproduzieren (zu imitieren) und es auf diesen Planeten zu senden. Der Demiurg der Modernen ist kein Individuum, sondern ein Kollektiv und nennt sich Zivilisation. Ihre Verfahrensweise ist nicht die Kontemplation der Wesenheiten, sondern das geschichtliche Handeln. Der Begriff des Demiurgen ist philosophisch und theologisch; der Begriff der Zivilisation sozial und historisch. Gleichwohl sind ihre Funktionen ähnlich. Im 20. Jahrhundert ist die Geschichte auf mancherlei Art vergöttlicht worden, doch diese Vergöttlichung war, bislang, nicht das Werk von Wissenschaftlern, sondern von Philosophen und Ideologen. In diesem Sinne ist die Hypothese von der gesteuerten Panspermie ungewöhnlich: Crick ist ein berühmter Wissenschaftler. Zum Glück enthält seine Idee keine schädlichen Keime, welche religiöse oder politische Leidenschaften schüren und die Gemüter erhitzen könnten; niemand wird für eine außerirdische Zivilisation töten oder sterben, die einst vor Abermillionen Jahren auf einem unbekannten Planeten gedieh.

Die Parallele erschöpft sich nicht in der Analogie zwischen den außerirdischen Intelligenzen und dem Demiurgen der Antike. In Cricks Hypothese gibt es ein weiteres Element – unbewußt, wie das des Demiurgen –, das nicht zur profanen, sondern zur sakralen Geschichte gehört. In der christlichen Tradition ist Gott nicht nur der Schöpfer, sondern auch der Erlöser der Welt. Daher ist Evas Schuld eine *glückliche*: dank dem Sündenfall im Garten Eden stieg Gott auf die Erde herab, wurde Mensch, litt mit uns und starb, um uns das wahre Leben zu geben. Cricks hochentwickelte außerirdische Zivilisation steigt ebenfalls auf die Erde herab, in der niederen Form einiger Bakterien, und gibt uns das Leben. Weshalb? Nach Cricks Auffassung, weil diese Zivilisation höherer Intelligenzen in einem bestimmten Augenblick ihrer historischen und geistigen Entwicklung das klare Bewußtsein ihres Todes und der Unmöglichkeit, ihm zu entfliehen, erlangte. Bevor sie starb, schenkte die außerirdische Zivilisation, wie Christus, uns das Leben. Es war ein Akt kosmischer Menschenliebe. Dennoch frage ich mich, wie ein wirklich religiöser Geist angesichts einer Theorie wie der der gesteuerten Panspermie reagieren würde. Ein Bernardino de Sahagún beispielsweise,

der ebenfalls die Erfahrung einer anderen Zivilisation machte:
der der alten Mexikaner. Ich stelle mir vor, daß seine Reaktion
die gleiche gewesen wäre wie angesichts der Menschenopfer
der Azteken. Sie erschienen ihm als eine düstere Karikatur der
Geschichte der Erlösung.

Die Episode der Dinosaurier

Die Idee der außerirdischen Zivilisation als Metapher oder
unbewußte Allegorie des alten Demiurgen gewinnt eine zugleich komische und schaurige Tönung, wenn wir uns eine der
seltsamsten Episoden der Entwicklungsgeschichte vergegen-
wärtigen. In der Kreidezeit wurde die Erde von gewaltigen
Wirbeltieren beherrscht: den Dinosauriern. Ihr plötzliches
Verschwinden vor fünfundsechzig Millionen Jahren, auf dem
Höhepunkt ihrer Entwicklung, ist niemals vollständig geklärt
worden. Crick stimmt der These von Álvarez (Vater und Sohn)
zu. Diese beiden angesehenen Wissenschaftler (der Vater, Luis
W. Álvarez, ist Nobelpreisträger für Physik) geben eine ein-
fallsreiche Erklärung für die Katastrophe, die den Lauf der
Evolution veränderte: ein Asteroid von etwa sechs Meilen
Durchmesser fiel auf die Erde, verursachte ein Erdbeben, bei
dem ein gewaltiger Krater entstand, und bedeckte unseren
Planeten dazu noch mit feinem Staub, der mehrere Jahre lang
kein Sonnenlicht durchließ. Die Vegetation ging zugrunde,
erstickt durch die Dunkelheit und den Staub. Und mit ihr die
Dinosaurier, die in ihrer großen Mehrzahl Vegetarier waren.
Das Mißgeschick der großen Reptilien begünstigte die Säugetiere, einige kleine, insektenfressende Nachttiere, die besser als
die anderen Arten die Jahre der Dunkelheit und des Mangels
ertrugen. Bis dahin hatten die Säugetiere unter der Herrschaft
der riesigen Saurier gelebt: der Asteroid befreite sie von ihren
Unterdrückern. Die Säugetiere entwickelten sich, bevölkerten

die Erde, veränderten sich und brachten, an einem bestimmten Punkt ihrer Entwicklung, den Menschen hervor. Die Auslöschung der Dinosaurier war ein wahrhaft *glücklicher Zufall*. Diese gewaltigen Tiere, sagt Crick, wären schwerlich imstande gewesen, Intelligenzen hervorzubringen, die fähig gewesen wären, eine Wissenschaft und eine Technologie zu entwickeln. »Die Dinosaurier hatten sich in eine falsche Richtung spezialisiert.«

Ich fürchte, daß Crick nicht die Folgen beachtet hat, die die Episode der Dinosaurier für seine Theorie besitzt. Als die außerirdischen Intelligenzen vor Tausenden von Millionen Jahren beschlossen, ihre Bakterien auf die Erde zu senden, konnten sie nicht vorhersehen, daß ein Asteroid mit unserem Planeten zusammenprallen und so das Verschwinden der Dinosaurier herbeiführen würde. Diese Tatsache ist nicht weniger historisch als die des Ursprungs des Lebens und stellt uns vor eine Frage, auf die es gleichfalls zwei – und nur zwei – Antworten gibt.

Die erste: Die außerirdischen Intelligenzen schufen das Leben nach ihrem Bilde, sich selber gleich. Wäre dem so, dann befänden sie sich in Übereinstimmung mit unserer religiösen Tradition: Gott schuf den Menschen nach seinem Bilde. Die Folge: Die Dinosaurier mußten eine mehr oder weniger treue Kopie der außerirdischen Intelligenzen sein, und ihre Dummheit stellt uns vor ein Rätsel: weshalb gelang es ihnen, im Unterschied zu ihren weit entfernten Erzeugern, den klugen außerirdischen Reptilien, nicht, auf der Skala der Evolution bis zur Stufe der Intelligenz hinaufzuklettern? Sie hatten genügend Zeit dafür; man schätzt, daß sie länger als hundertfünfzig Millionen Jahre lebten, wohingegen die Entwicklung der menschlichen Gattung sich in kaum dreieinhalb Millionen Jahren vollzog. Wieviel Zeit hätten die Reptilien benötigt, um eine Intelligenz zu entwickeln, vergleichbar der der ersten Hominiden? Die Gelehrten der außerirdischen Zivilisation irrten: die Geschöpfe nach ihrem Bilde, die riesigen Reptilien, erlitten ein Fiasko und wurden von winzigkleinen Säugetieren verdrängt.

Die zweite Hypothese ist nicht minder beunruhigend und hat ebenfalls eine Vorläuferin in der Antike: ich meine den Pessimismus der Gnostiker. Die außerirdischen Intelligenzen schufen die Bakterien nicht nach ihrem Bilde, sondern mit einem anderen genetischen Code: dem unseren und dem aller irdischen Lebewesen, einschließlich der Dinosaurier. Wenn dem so war, dann offenbarten diese Intelligenzen eine ebenso unergründliche wie grundlose Ruchlosigkeit: sie faßten den Beschluß, daß die Erde von riesengroßen, dummen Reptilien bevölkert und beherrscht sein sollte (den Absturz des Asteroiden sahen sie ja nicht voraus). Die erste Hypothese verweist darauf, daß die außerirdischen Intelligenzen einem schweren Irrtum erlagen, der ihres hochentwickelten Wissensstandes nicht würdig war; die zweite läßt eine unerklärliche Bosheit erkennen. Cricks hochentwickelte Zivilisation ist also das Gegenstück eines dummen Demiurgen oder eines ruchlosen Demiurgen.

Vagabundierende Keime

Wir leben in einem unsichtbaren Netz von Fragen und Antworten. Zuweilen erkennen wir diese Signale und bezeichnen sie, in Ermangelung eines besseren Wortes, als *Koinzidenzen*. Vor einigen Tagen, kurz nachdem ich diesen Kommentar zu Francis Cricks Buch über den Ursprung des Lebens geschrieben hatte und meinen Blick zerstreut über ein Bücherregal gleiten ließ, in dem ich Werke französischer Dichter aufbewahre, blieb er plötzlich ohne jeden Grund an einem Band von Jules Supervielle hängen: *Gravitations*. Einem undefinierbaren Impuls folgend, nahm ich es aus dem Regal und begann sogleich, darin herumzublättern. Dabei stieß ich in einem Abschnitt, *Le cœur astrologique* – ein Titel, der, wie der des Buches, keines Kommentars bedarf –, auf ein seltsames Gedicht: *Les Germes* (Die Keime). Ich gestehe, daß ich es kaum bemerkt hätte, wäre da nicht das Epigraph gewesen, ein Satz von Svante August Arrhenius, dem schwedischen Physiker, der zu Beginn dieses Jahrhunderts zum ersten Mal die Hypothese vom außerirdischen Ursprung des Lebens vertreten hatte. Arrhenius zufolge begann das Leben durch einen Regen vagabundierender, sanft vom Licht bewegter Sporen aus dem Weltenraum. Die Gedichte aus *Gravitations* (NRF, 1925) wurden zwischen 1922 und 1925 geschrieben; so beschäftigte also schon in jenen Jahren die Panspermie, wie Arrhenius seine Hypothese genannt hatte, die neugierigen Gemüter und erregte die Phantasie der Dichter.

Nachdem ich das Gedicht gelesen hatte, tauschte ich einen flüchtigen, imaginären Blick des Einverständnisses mit Supervielles Schattengestalt. Ich spürte, daß er – hoch, schlank und mit jener Grazie einer Pappel, die nur in der Nacht spricht – in seiner jenseitigen Welt lächelte. Mir schien sogar, als würden mir seine unsichtbaren Lippen in einer Sprache, die Schweigen war, folgendes sagen: »Erschreckt Sie die Koinzidenz? Ja, in jenen Jahren versetzte mich die Idee der spontanen Panspermie in Verwunderung und Schrecken. Aber erscheint Ihnen die Annahme, die Sie heute nicht schlafen läßt, nicht noch viel schauerlicher? Die gesteuerte Panspermie: außerirdische Intelligenzen sandten vor Tausenden von Millionen Jahren mit Bakterien beladene Raumschiffe von einem anderen Sonnensystem auf die Planeten! Können Sie sich die Verzweiflung jener außerirdischen Intelligenzen vorstellen, die, im Begriff zugrundezugehen, den Entschluß faßten, den wellenlosen Ozeanen der Galaxie jene Lebenskeime anzuvertrauen? Wenn das Ende naht, kehren wir zum Ursprung zurück . . .« Seltsame Worte aus dem Munde einer Schattengestalt. Mich erstaunte überdies der pathetische, vielsagende Tonfall. Der Tod hat den Dichter wohl einer seiner liebenswerten Seiten beraubt, die er im Gespräch zeigte: die Ausflüchte, das Zaudern, die Pausen auf der Suche nach dem nicht allzu genauen Wort. Ich dachte an den Menschen, den ich gekannt hatte: Supervielle oder die Poesie der Ungewißheit. Eine Kunst, die wir vergessen haben . . . Der Geist verflüchtigte sich, und ich war wieder allein. Nach Art einer Opfergabe lege ich ihm die Übersetzung seines Gedichts in die Hände.

DIE KEIME

> *Überall schwärmten sie umher und das Weltall*
> *war von ihnen geradezu übersät*
>
> Arrhenius

O blinde Nacht,
O du auf der Suche, selbst den Tag hindurch, nach den Menschen,
tastend mit deinen alten, von Wundern durchbohrten Händen:
Hier sind sie, die schwärmenden Keime, der nebelhafte Pollen der Welten
hier sind sie, die nach ihrer langen Reise durch den Himmelsraum
nun sanft aufs Gras sich legen,
so leis
wie der Schatten einer Laune durch den Sinn uns streicht.

Sie entschwärmen dem tiefen Raunen der Welten,
zu dem das Gemurmel unserer fernsten Gedanken aufsteigt,
Träume des Menschen unter den lauschenden Sternen,
Träume, die im Himmel einen Dornbusch strotzen lassen
und ein Zicklein gebären, das Sprung um Sprung um sich selbst herum
sich selber zum Stern wird.

Sie sagen dem Schiffer, er werde den Sturm vertreiben,
wenn er rasch seine Seele
zwischen zwei Wogenwänden
dem letzten erhaschbaren Stern anvertraut;
seinem Blick, in Meer und Tod ertränkt, erwüchsen
Millionen Lichtjahre, fabelhaft.
Die grünen Fensterläden seiner Wohnung würden scheu sich
öffnen,
als stieße von innen eine Frauenhand sie auf.
Doch keiner weiß, daß die Keime hier sich niederließen,
während die Nacht noch die Löcher des Tages stopfte.

José Ortega y Gasset
Das Wie? und das Wozu?

Ich schreibe diese Zeilen mit Begeisterung, wenngleich nicht ohne Bedenken. Mit Begeisterung, weil ich José Ortega y Gasset immer bewundert habe; nicht ohne Bedenken, weil ich – abgesehen von meinen persönlichen Unzulänglichkeiten – nicht glaube, daß man ein so umfangreiches und vielfältiges philosophisches und literarisches Werk wie das seine in einem Artikel resümieren oder beurteilen kann. Eine Philosophie, die sich in einem Satz zusammenfassen läßt, ist keine Philosophie, sondern Religion. Oder deren Imitation: Ideologie. Keine Religion ist so verstandesmäßig und diskursiv wie der Buddhismus; trotzdem drückt ein Sutra die ganze Lehre in dem Einsilber *a*, dem Partikel der universalen Negation aus. Auch das Christentum kann in ein oder zwei Sätzen resümiert werden, wie »Liebe deinen Nächsten wie dich selbst« oder »Mein Reich ist nicht von dieser Welt«. Das gilt auch, auf einem niederen Niveau, für die Ideologien. Zum Beispiel: »Die Weltgeschichte ist die Geschichte des Klassenkampfes« oder, im liberalen Bereich, »Der Fortschritt ist das Gesetz jeder Gesellschaft«. Der Unterschied besteht darin, daß die Ideologien behaupten, im Namen der Wissenschaft zu sprechen. Wie Alain Besançon sagt: Der religiöse Mensch *weiß, daß er glaubt*, während der Ideologe *glaubt, daß er weiß* (Tertullian und Lenin). Die Maximen, Sentenzen und Glaubenssätze schmälern die Religion nicht: Sie sind Saatkörner, die im Herzen der Gläubigen aufgehen, wachsen und Früchte tragen. Dagegen ist die Philosophie keine Philosophie, wenn sie nicht Entwicklung, Darlegung und Rechtfertigung eines Gedankens oder einer

Intuition ist. Ohne Explikation gibt es keine Philosophie. Und natürlich auch keine Kritik des philosophischen Werkes.

Die Schwierigkeit, ein so fruchtbares und komplexes Denken wie das Ortega y Gassets auf ein paar Seiten zu resümieren, wird durch den Charakter seiner Schriften noch größer. Er war ein Essayist par excellence, vielleicht der größte unserer Sprache; das heißt, er war Meister einer Gattung, welche die Vereinfachung der Synopse nicht zuläßt. Der Essayist muß vielseitig, scharfsinnig, geistreich, innovativ sein und die schwierige Kunst des Weglassens beherrschen. Er erschöpft sein Thema nicht, er kompiliert nicht und systematisiert nicht: er prüft und sondiert. Wenn er der Versuchung nachgibt, kategorisch zu sein, was bei Ortega y Gasset nicht selten der Fall war, dann muß er das, was er sagt, etwas zweifelnd und mit Vorbehalt sagen. Die Prosa des Essays ist fließend und lebendig, nie geradlinig, und den beiden Extremen, die ihr ständig auflauern, dem Traktat und dem Aphorismus, diesen Formen der Erstarrung, stets gleich weit entfernt.

Als guter Essayist kehrte Ortega y Gasset von jeder seiner Forschungsreisen durch unbekannte Länder mit ungewöhnlichen Funden und Trophäen zurück, doch ohne das neue Gebiet vermessen zu haben. Er kolonisierte nicht: er entdeckte. Deshalb habe ich nie die Klage derjenigen verstanden, die sagen, daß er uns keine in sich abgeschlossenen Bücher (sie meinen: Traktate, Systeme) hinterlassen hat. Aber kann man das nicht auch von Montaigne und Thomas Browne, von Renan und Carlyle sagen? Schopenhauers Essays stehen seinem großen philosophischen Werk nicht nach. Das gleiche gilt, in unserem Jahrhundert, für Bertrand Russell. Selbst Wittgenstein, Autor des strengsten und exaktesten philosophischen Buches der Neuzeit, des *Tractatus logico-philosophicus*, hatte später das Bedürfnis, Bücher zu schreiben, die in unsystematischen Reflexionen und Meditationen bestehen und dem Essay näherkommen. Ein Glück, daß Ortega y Gasset nicht der Versuchung des Traktats und der »Summa« erlegen ist. Sein Geist prädestinierte ihn weder zum Definieren noch zum Konstruieren. Er war weder Geometer noch Architekt. Ich sehe seine Bücher nicht als einen Komplex von Gebäuden, sondern als ein Netz von passierbaren Wegen und schiffbaren Flüssen. Ein Werk, das eher begehbar als bewohnbar ist: es lädt uns nicht zum Bleiben ein, sondern zum Spaziergang.

Erstaunlich ist die Vielfalt von Themen, die er angeschnitten hat, und noch erstaunlicher ist, daß diese Themenvielfalt zu echten Funden führte. Vieles von dem, was er sagte, ist es noch heute wert, festgehalten und diskutiert zu werden. Ich habe schon von der außerordentlichen Beweglichkeit seines Denkens gesprochen: ihn lesen heißt, festen Schritts auf schwierigen Pfaden kaum sichtbaren Zielen entgegengehen; manchmal erreicht man den Zielort, andere Male gelangen wir in dessen Umgebung. Gleichviel: Was zählt, ist, daß man sich Wege bahnt. Aber ihn lesen heißt auch, bei dem einen oder anderen Gedanken zu verweilen, das Buch aus der Hand zu legen und es zu wagen, selber weiterzudenken. Seine Prosa evoziert Verben wie anreizen, anstiften, herausfordern, anstacheln. Einige haben ihm eine gewisse Härte und Arroganz vorgeworfen. Obgleich auch ich solches Benehmen bedauerlich finde, sehe ich ein, daß unsere Länder – immer lethargisch, besonders in ihrer heutigen phrenetischen Agitation – diese Sporen und Hiebe brauchen. Andere tadeln ihn, weil er nicht leise sprechen konnte. Auch das stimmt. Ich frage mich jedoch, wie man in Ländern von Hitzköpfen und Lethargikern nicht die Stimme erheben soll. Ich möchte hinzufügen, daß uns seine besten Texte weniger stimulieren als uns die Augen öffnen. Sie stellen etwas im Spanischen Ungewöhnliches dar: sie üben sich in Klarheit und streben damit Reinheit an. Es war dies eine große Wohltat für die Prosa unserer Sprache: Ortega y Gasset hat gezeigt, daß Klarheit eine Form geistiger Hygiene ist.

Seine Essays über das, was man vielleicht Sozialpsychologie

oder Geschichte der Kollektivseele nennen könnte – die Unterscheidung zwischen Ideen und Glaubensanschauungen oder zwischen dem revolutionären Geist und dem Geist der Tradition, seine Reflexionen über den Wandel der Liebe im Okzident oder über die Mode, über die Weiblichkeit und die Männlichkeit, über die Alten und die Jungen, über die Rhythmen des Lebens und der Geschichte – erinnern eher an Montaigne als an Kant, eher an Stendhal als an Freud. Das heißt, daß er ein Philosoph war, der die Gabe besaß, ins Innenleben des Menschen einzudringen. Doch war diese Fähigkeit nicht die des professionellen Psychologen, sondern die des Romanciers und des Geschichtsschreibers, die den Menschen nicht als Einzelwesen oder als einen Fall für sich betrachten, sondern als Teil einer Welt. Für den Romancier und den Geschichtsschreiber ist jeder Mensch bereits eine Gesellschaft. Wenngleich wir ihm denkwürdige Essays über geschichtliche Themen verdanken, ist es schade, daß ihm nie in den Sinn gekommen ist, gleich Hume, eine Geschichte seines Heimatlandes zu schreiben. *Aufbau und Zerfall Spaniens* war ein bemerkenswerter und vorzüglicher Anfang gewesen: Warum hat er die Arbeit daran nicht fortgesetzt? Auch ist es aufschlußreich, daß er sein psychologisches Einfühlungsvermögen nicht dazu benutzt hat, sich selbst zu sehen. Er war kein Mensch der Introspektion, und ich kann ihn mir nicht als Tagebuchschreiber vorstellen. Etwas vermisse ich in seinem Werk: das Bekenntnis. Vor allem das indirekte, in der Art von Lawrence Sterne. Vielleicht verhinderte das leidenschaftliche Interesse an den Lebensumständen – diese seine große Entdeckung und die Achse seines Denkens – daß er sich selbst sah.

Sein Begriff vom Ich war geschichtlich. Nicht das Ich des kontemplativen Menschen, der seine Tür der Welt verschlossen hat, sondern das Ich des Menschen in Beziehung – genauer gesagt: im Kampf – mit den Dingen und den anderen Menschen. Die Welt ist, wie er das oft erklärt hat, vom Ich nicht zu trennen. Die Einheit oder der Kern des Menschseins besteht aus einer unauflösbaren Verbindung: Das Ich ist Zeit und Raum; das heißt: Gesellschaft, Geschichte – Handeln. Es ist daher nicht verwunderlich, daß es unter seinen besten Essays einige gibt, die geschichtliche und politische Themen behandeln wie *Der Aufstand der Massen*, *Die Aufgabe unserer Zeit*, *Das Ende der Revolutionen* (voller erstaunlicher Vorahnungen dessen, was heute geschieht, wenn auch getrübt durch eine zyklische Geschichtsauffassung, die ihn den *einmaligen* Charakter des revolutionären Mythos nicht ganz sehen ließ), *Betrachtungen über die Technik* und viele andere. Ortega y Gasset besaß gleich Tocqueville die eminent rationale Gabe, zu sehen, was kommen wird. Seine Klarsicht steht im Gegensatz zur Blindheit so mancher unserer Propheten. Vergleicht man seine Essays über geschichtliche und politische Themen mit jenen Sartres, zeigt sich, daß er mehr Scharfblick besaß als der französische Philosoph. Er irrte sich seltener, war beständiger und ersparte damit sich (und uns) all die Berichtigungen, die Sartres Werk verunstalten und die in dem verspäteten *mea culpa* seiner letzten Lebenstage gipfelten. Auch der Vergleich mit Bertrand Russell gerät Ortega y Gasset nicht zum Nachteil: Die Geschichte seiner politischen Meinungen, mag sie auch nicht ganz kohärent sein, ist bei weitem nicht so voller Widersprüche und Pirouetten wie jene Russells, der von einem Extrem ins andere fiel. Ob man seine politischen Ansichten nun billigt oder mißbilligt, man kann ihn nicht der Inkonsequenz beschuldigen.

Mir scheint, daß ich dem Charakter seines Werks nicht ganz gerecht wurde, als ich von *dem* Denken Ortega y Gassets sprach. Ich sollte eher von einem vielfältigen Denken sprechen. Nicht, weil sein Denken der Einheit ermangelte, sondern weil es sich um eine Kohärenz handelt, die gegen das System rebelliert und nicht auf eine Folge von Begründungen und Behauptungen reduziert werden kann. Trotz der Vielfalt von

Themen, die er behandelte, hinterließ er uns kein zersplittertes Werk. Im Gegenteil. Aber seinem Geist ist weder die Form der Theorie, im eigentlichen Sinne des Wortes, noch die der Beweisführung adäquat. Er benutzte gelegentlich den Begriff *Meditation*. Ein zutreffender Begriff, doch ist *Essay* allgemeiner. Besser gesagt: die Essays, da die Gattung keinen Singular erlaubt. Obgleich die Einheit dieser Essays natürlich geistiger Art ist, ist ihr Ursprung vitaler und, ich wage das Wort, ästhetischer Art. Es gibt eine Denkart, einen *Stil*, der allein Ortega y Gasset eigen ist. In dieser Verfahrensweise, welche die geistige Strenge mit der ästhetischen Notwendigkeit des persönlichen Ausdrucks verbindet, liegt das Geheimnis ihrer Einheit. Ortega y Gasset dachte nicht nur über dieses und jenes nach, sondern er beschloß auch, von seinen ersten Schriften an, daß diese Gedanken, selbst die von seinen Lehrmeistern und von der Tradition übernommenen, seinen Stempel tragen sollten. Denken war für ihn synonym mit Ausdruck. Ganz im Gegensatz zu Spinoza, der seinen Diskurs, von den Unreinheiten und Unwesentlichkeiten des Ich geläutert, als die verbale Kristallisation der Mathematik, das heißt der Weltordnung sehen wollte. Darin unterschied sich Ortega y Gasset nicht wesentlich von Montaigne, dem Schöpfer des Essays. Viele Ideen Montaignes stammen aus der Antike oder von einem seiner Zeitgenossen, aber seine unbestreitbare Originalität liegt nicht in seiner Lesart des Sextus Empiricus, sondern in der Art, wie er diese Gedanken lebte und wiederbelebte und sie, indem er sie neu dachte, umwandelte, sie sich anverwandelte und damit zu den unseren machte.

Die Zahl der Ideen – was wir als *Ideen* bezeichnen – ist nicht unendlich. Die philosophische Spekulation besteht seit zweitausendfünfhundert Jahren in Variationen und Kombinationen von Begriffen wie Bewegung und Identität, Substanz und Veränderung, das Sein und die Wesenheiten, das Eine und das Mannigfache, der Urgrund und das Nichts, usw. Allerdings

waren diese Variationen eine logische, vitale und geschichtliche *Notwendigkeit*. Im Falle Ortega y Gassets gipfelt dieses
Neudenken der philosophischen Tradition und des Denkens
seiner Zeit in der Frage nach dem Wozu? und dem Wie? der
Ideen. Indem er sie in das Leben einführte, änderte sich ihr
Wesen: Sie waren nicht mehr etwas, das wir an einem unwan-
delbaren Himmel betrachten, sondern Werkzeuge, Waffen,
geistige Gegenstände, die wir benutzen und leben. Die Ideen
sind die Formen des universalen Zusammenlebens. Die Frage
nach den Ideen führte ihn auch zur Untersuchung dessen, was
ihnen zugrunde liegt und was sie vielleicht determiniert: nicht
das Prinzip des zureichenden Grundes, sondern die formlosen
Glaubensanschauungen. Es ist dies eine Hypothese, die, in
anderer Form, heute wieder aufgetaucht ist: die *Glaubensanschauungen* Ortega y Gassets sind für Georges Dumézil die
elementaren psychischen Strukturen einer Gesellschaft und
finden sich sowohl in ihrer Sprache als auch in ihren Vorstellungen vom Jenseits und von sich selbst. Der Grund für den
enormen Einfluß, den Ortega y Gasset auf das geistige Leben
Hispanoamerikas gehabt hat, liegt zweifellos in seiner Auffassung der Ideen und Begriffe als wozu? und wie? Sie haben
aufgehört, etwas uns Äußerliches zu sein, sind Dimensionen
unseres Lebens geworden. Seine Lehre bestand darin, uns zu
zeigen, wozu die Ideen dienen, und wie wir uns ihrer bedienen
können: Nicht um uns selbst zu erkennen oder die Wesenheiten zu betrachten, sondern um uns einen Weg durch unsere
Lebensumstände zu bahnen, um mit unserer Welt, mit unserer
Vergangenheit und mit unseresgleichen ein Zwiegespräch zu
führen.

Der Diskurs Ortega y Gassets war oft ein Monolog. Viele
haben das bedauert, und mit Recht. Man muß jedoch zugeben,
daß dieser Monolog uns denken und sprechen gelehrt hat, wo
nicht mit uns selbst, so doch mit unserer hispanoamerikanischen Geschichte. Er hat uns gelehrt, daß die Landschaft kein

Seelenzustand ist und daß wir auch nicht bloße Akzidenzien der Landschaft sind. Die Beziehung zwischen dem Menschen und seiner Landschaft ist komplexer als die alte Beziehung zwischen Subjekt und Objekt. Die Landschaft ist ein Hier, das von mir aus gesehen und erlebt wird; dieses *von mir aus* ist immer ein *von hier aus*. Die Beziehung zwischen dem einen und dem anderen Pol ist mehr als nur ein Zwiegespräch, sie besteht in gegenseitiger Einwirkung. Die Ideen sind Rückwirkungen, Taten. Diese zugleich erotische und polemische Sicht des menschlichen Schicksals impliziert kein Jenseits. Es gibt keine andere Transzendenz als die der Tat oder die des Denkens, und deren Transzendenz erschöpft sich mit ihrer Verwirklichung; so muß man, will man nicht erlöschen, von neuem beginnen. Der Mensch ist das Wesen, das sich ständig erschafft und wiedererschafft. Die große Erfindung des Menschen sind die Menschen.

Eine prometheische, aber auch eine tragische Sicht: Wenn wir uns ständig erschaffen, sind wir ein ewiger Neubeginn. Es gibt keine Rast: Ende und Anfang sind das gleiche. Auch gibt es keine menschliche Natur: der Mensch ist keine Gegebenheit, sondern er erschafft und erfindet sich. Von Urbeginn an aus sich selbst und aus der Natur verstoßen, ist er ein Wesen in der Schwebe; alle seine Schöpfungen – was wir Kultur und Geschichte nennen – sind lediglich Kunstmittel, um sich in der Schwebe zu halten und nicht in die animalische Trägheit vor dem Beginn der Geschichte zurückzufallen. Die Geschichte ist unsere Bedingtheit und unsere Freiheit: ist jenes, worin wir uns befinden, und jenes, das wir schaffen. Doch besteht die Geschichte letzten Endes nur in einem Leben in der Luft, ohne Wurzeln, außerhalb der Natur. Diese Sicht des Menschen als eines Geschöpfes im ständigen Kampf gegen die Gesetze der Schwerkraft hat mich immer verwundert. Es ist eine Sicht, welche die andere Seite der Wirklichkeit außer acht läßt: die Geschichte als unablässige Produktion von Trümmern, der Mensch als Scheitern und ständiges Vergehen. Ich fürchte, der

Philosophie Ortega y Gassets fehlte die Schwerkraft, das Gewicht des Todes. Zwei große Namen fehlen in seinem Werk: Epiktet und Augustinus.

Seine geistige Tätigkeit entfaltet sich in drei Richtungen: seine Bücher, sein Lehrstuhl und die *Revista de Occidente* mit ihren Publikationen. Deren Einfluß hat das kulturelle Leben Spaniens und Hispanoamerikas tief geprägt. Nach jahrhundertelanger Finsternis fand das spanische Denken in den hispanoamerikanischen Ländern wieder Beachtung und wurde lebhaft diskutiert. Es erneuerte und wandelte sich nicht nur unsere Art zu denken und unser Wissensstand: auch die Literatur, die bildenden Künste und die Sensibilität der Epoche zeugen von dem Einfluß Ortega y Gassets und seines Kreises. Zwischen 1920 und 1935 war in den gebildeten Kreisen, wie man im 19. Jahrhundert sagte, ein *Stil* vorherrschend, der sich der *Revista de Occidente* verdankt. Ich bin sicher, daß das Denken Ortegas bald auch von den neuen Generationen Spaniens entdeckt werden wird. Ohne dieses Denken kann ich mir eine vitale hispanische Kultur nicht vorstellen. Sicherlich wird es ein anderer Ortega y Gasset sein als der, den wir kannten und lasen: jede Generation erfindet ihre Autoren. Ein Spanien, das mehr europäisch denkt – wie es sich heute abzeichnet – wird größere Affinität zu der Tradition fühlen, die Ortega y Gasset repräsentiert, der immer nach Europa geblickt hat. Allerdings befindet sich die europäische Kultur in einer schwierigen Phase und kann heute nicht die Inspirationsquelle sein, die sie zu Anfang unseres Jahrhunderts war. Aber Spanien ist auch amerikanisch, wie schon Valle-Inclán das gesehen hat, wohingegen Unamuno, Machado und selbst Ortega y Gasset das nicht sahen oder empfanden. Auch die Dichter der Generation von 1927 hatten, trotz ihrer Entdeckung Nerudas, kein wirkliches Sensorium für Hispanoamerika. Zu Ortega y Gasset zurückzukehren bedeutet nicht, sein Denken nachzuahmen, sondern es fortzuführen, zu berichtigen.

In diesem großen, reichen, vielseitigen Werk scheinen mir drei Dinge zu fehlen. Zwei habe ich schon erwähnt. Das erste ist der Blick nach innen, die Introspektion, die stets zur Selbstironie führt: er sah sich nicht selbst und konnte vielleicht deshalb vor seinem Spiegelbild nicht lächeln. Das andere ist der Tod, die Vergänglichkeit, die alles Werden impliziert. Der Mensch Ortega y Gasset ist ein unerschrockenes Wesen, sein Tierkreiszeichen ist der Schütze; er kann ohne zu blinzeln in die Sonne blicken, doch er sieht nie den Tod. Das dritte sind die Sterne. An seinem geistigen Himmel sind die hellen, verständigen Gestirne, die Ideen und die Wesenheiten, die Licht gewordenen Zahlen, die sprühenden Geister, die Plotin und Porphyrios entzückten, erloschen. Seine Philosophie ist die des Denkens als Handeln; denken heißt schaffen, bauen, sich einen Weg bahnen, miteinander leben: es heißt weder sehen noch betrachten. Das Werk Ortega y Gassets ist ein leidenschaftliches Nachdenken über diese Welt, aber in seiner Welt fehlen die anderen Welten, welche die andere Welt sind: der Tod und das Nichts, die Kehrseiten des Lebens, der Geschichte und der Vernunft; es fehlt die Innenwelt, dieser von den Stoikern entdeckte verborgene Bereich, der vor allem von den christlichen Mystikern erforscht wurde; und es fehlt die Betrachtung der Wesenheiten oder, wie Sor Juana Inés de la Cruz in dem einzigen wirklich philosophischen Gedicht unserer Sprache, *Primero Sueño* (Erster Traum), sagte, die Betrachtung des Unsichtbaren, in der uns möglichen Weise,

> nicht nur aller Geschöpfe
> unter dem Mond, sondern auch jener
> verständigen, lichten, die Sterne sind . . .

Man könnte einwenden, daß uns das Denken Ortega y Gassets von der Anbetung der Sterne, das heißt vom Netz der Metaphysik befreit; die Ideen stehen an keinem Geisteshimmel: wir selbst haben sie ersonnen. Weder sind sie die Sinnbilder der Weltordnung noch das Abbild der kosmischen Harmonie: sie sind vage Lichter, die uns in der Dunkelheit leiten, Zeichen, die wir uns gegenseitig geben, Brücken, um das andere Ufer zu erreichen. Aber eben das ist es, was ich in seinem Werk vermisse: es gibt kein anderes Ufer, keine andere Seite. Die *vitale Vernunft* ist ein Solipsismus, eine Sackgasse. Es gibt einen Punkt, an dem die westliche und die östliche Tradition, Plotin und Nagardschuna, Dschuang-dse und Schopenhauer sich treffen: das letzte Ziel, das höchste Gut, ist die Kontemplation. Ortega y Gasset hat uns gelehrt, daß Denken leben heißt und daß das Denken, das vom Leben absieht, bald aufhört, Denken zu sein, und zum Idol wird. Damit hatte er recht, aber er verschloß sich gegen die andere Hälfte des Lebens und des Denkens. Leben heißt auch, heißt vor allem, das andere Ufer schauen, ahnen, daß es in allem, was ist, Ordnung, Zahl und Proportion gibt, und daß, wie der Dichter Spenser sagte, die Bewegung eine Allegorie der Ruhe ist: »That time when no more Change shall be,/But stedfast rest of all things firmely stayd/Upon the pillours of Eternity«. (*Mutability Cantos*) Ortega y Gassets Reflexionen über die Geschichte, die Politik, die Erkenntnis, die Ideen, die Glaubensanschauungen und die Liebe sind ein Wissen – nicht Weisheit.

Dieser Artikel, den ich ohne Hilfe von Notizen schreibe, allein meinem Gedächtnis vertrauend, ist keine Untersuchung der Ideen Ortega y Gassets, sondern des Eindrucks, den diese bei mir hinterlassen haben. Wie viele andere Hispanoamerikaner meines Alters habe ich seine Bücher in meiner Jugend oft und mit Hingabe gelesen. Sie haben mich geprägt und geformt. Ortega y Gasset lenkte meine ersten Schritte, und ihm verdanke ich einige meiner ersten geistigen Genüsse. Ihn zu jener Zeit zu lesen, war geradezu ein physisches Vergnügen, wie Schwimmen oder eine Wanderung durch den Wald. Später habe ich mich von ihm entfernt. Ich habe andere Länder kennengelernt und andere Welten erforscht. Nach Kriegsende ging ich nach Paris. In jenen Jahren gab es in Genf einige

Internationale Begegnungen, die eine gewisse Ausstrahlung hatten. Sie bestanden in einer Reihe von sechs öffentlichen Vorträgen, die von sechs prominenten Persönlichkeiten aus Europa gehalten wurden, und an die sich jeweils Diskussionen in kleinen Gruppen anschlossen. 1951 lud man mich ein, an diesen Diskussionen teilzunehmen. Ich sagte zu: einer der sechs Vortragenden war kein geringerer als Ortega y Gasset. Ich lauschte seinem Vortrag mit großer Anteilnahme. Auch voller Wut, denn einige französische und schweizerische Professoren aus der Provinz, die neben mir saßen, machten sich, wenn er französisch sprach, über seinen Akzent lustig. Nach dem Vortrag wollten sie ihm eins auswischen; sie fühlten sich, ich weiß nicht warum, beleidigt. Die Diskussion am nächsten Tag nahm wegen der Böswilligkeit jener Professoren einen schlechten Anfang, obgleich zum Glück Merleau Ponty generös und intelligent intervenierte und die Dinge in Ordnung brachte. Ich scherte mich wenig um jene kleinlichen Dispute: was ich wollte, war, Ortega y Gasset die Hand geben und mit ihm sprechen. Schließlich gelang es mir, und am nächsten Tag besuchte ich ihn im *Hotel du Rhône*. Ich traf ihn dort zweimal. Er empfing mich in der Bar, einem großen Aufenthaltsraum mit rustikaler Einrichtung und einem riesigen Fenster, das auf den reißenden Fluß hinausging. Ein seltsames Gefühl: Man sah das tosende, schäumende Wasser ein hohes Wehr herabstürzen, doch der dicken Fensterscheiben wegen hörte man nichts. Mir fiel die Zeile von Baudelaire ein: *Tout pour l'œil, rien pour les oreilles.*

Trotz seiner Vorliebe für die germanische Welt und ihre Nebel war Ortega y Gasset physisch und geistig ein mediterraner Mensch. Weder Wolf noch Tanne, sondern Stier und Ölbaum. Eine ferne Ähnlichkeit – die Statur, die Gebärden, der Teint, die Augen – mit Picasso. Mit größerem Recht als Rubén Darío hätte er sagen können: »Hier, am lateinischen Meer/ sage ich meine Wahrheit . . .« Mich erstaunte das

Flackern in seinem Raubvogelblick, dem Blick eines Adlers oder Habichts. Ich bemerkte, daß er sich leicht entflammen konnte, wenn auch nicht für lange. Begeisterung und Melancholie, nach Aristoteles die beiden Extreme des geistigen Temperaments. Er besaß einen Stolz ohne Verachtung, was den wahren Stolz ausmacht. Auch war er aufgeschlossen und fähig, sich für den anderen zu interessieren. Er empfing mich sehr herzlich, bat mich Platz zu nehmen und bestellte Whisky für uns. Auf seine Fragen antwortete ich ihm, daß ich in Paris lebe und Gedichte schreibe. Er schüttelte mißbilligend den Kopf und tadelte mich: offensichtlich waren die Hispanoamerikaner unverbesserlich. Dann sprach er schalkhaft, ungezwungen und intelligent (warum hatte er in seinen Schriften nie diesen familiären Ton?) von seinem Alter und von seinem Aussehen (dem eines Stierkämpfers, der sich seinen Zopf abgeschnitten hat), von den argentinischen Frauen (die mehr der Juno als der Pallas ähneln), von den Vereinigten Staaten (vielleicht ist da was im Kommen, obgleich es eine viel zu horizontale Gesellschaft ist), von Alfonso Reyes und seinen kleinen asiatischen Augen (von Mexiko wußte er wenig und dieses Wenige hielt er für genug), vom Untergang Europas und seiner Wiedererstehung, vom Bankrott der Literatur, und erneut vom Alter (er sagte etwas, das Plotin hätte erbeben lassen: Denken ist eine Erektion, und ich denke noch) und noch von vielen anderen Dingen.

Das Gespräch geriet ihm bisweilen zur Exposition; danach zur Erzählung: Anekdoten und Ereignisse. Ideen und Beispiele: ein Meister. Ich spürte, daß seine Liebe zu den Ideen seine Zuhörer mit einschloß; er blickte mich an, um zu sehen, ob ich verstanden hatte. Für ihn war ich kein Echo, sondern eine Bestätigung. Mir wurde klar, daß alle seine Schriften eine Fortsetzung des gesprochenen Wortes waren und daß dieses den wesentlichen Unterschied zwischen dem Philosophen und dem Dichter ausmacht. Das Gedicht ist ein verbaler Gegenstand, und obgleich dieser aus Zeichen (Worten) besteht, entfaltet sich seine letzte Wirklichkeit jenseits der Zeichen: es stellt eine Form dar; der Diskurs des Philosophen dagegen bedient sich der Formen und der Zeichen, er ist eine Aufforderung, uns zu verwirklichen (Tugend, Wahrhaftigkeit, Gleichmut usw.). Als ich ihn verließ, wirbelte mir der Kopf.

Am nächsten Nachmittag sah ich ihn wieder. Roberto Vernego war bei ihm, ein intelligenter junger Argentinier, der sich in der deutschen und französischen Philosophie auskannte und Ortega in der Schweiz begleitete. Wir machten einen Spaziergang durch die Stadt, Roberto verabschiedete sich, und auf dem Rückweg zu seinem Hotel gingen Ortega und ich eine Weile am Flußufer entlang. Nun war das Donnern des Wassers, das sich in den See ergoß, zu hören. Es kam Wind auf. Ortega sagte mir, daß die einzig mögliche Tätigkeit in der modernen Welt das Denken sei (»Die Literatur ist tot, der Laden hat dichtgemacht, auch wenn man das in Paris noch nicht weiß«), und daß man, um denken zu lernen, griechisch können müsse, oder wenigstens deutsch. Er blieb einen Augenblick stehen und unterbrach seinen Monolog, nahm mich am Arm und sagte mir mit einem eindringlichen Blick, der mir noch heute durch und durch geht: »Lernen Sie deutsch und fangen Sie an zu denken. Alles andere können Sie vergessen.« Ich versprach, seinen Rat zu befolgen, und begleitete ihn bis zur Tür seines Hotels. Am nächsten Tag fuhr ich nach Paris zurück.

Ich habe nicht deutsch gelernt. Auch habe ich »alles andere« nicht vergessen. Darin jedoch bin ich ihm gefolgt: Er hat stets gelehrt, daß man nicht an sich denken solle, daß alles Denken ein Denken auf »das andere« hin oder über »das andere« ist. Dieses »andere«, man nenne es wie man will, ist unsere Bedingtheit. Für mich ist »das andere« die Geschichte; was die Geschichte übersteigt, heißt Dichtung. Wir erleben ein Ende, aber zu enden ist nicht weniger faszinierend und ehrenhaft als zu beginnen. Ende und Beginn gleichen einander: Am Anfang waren Dichtung und Denken miteinander verbunden; später hat ein rationaler Gewaltakt sie getrennt; heute trachten sie fast blindlings danach, sich von neuem zu verbinden. Und sein dritter Rat: »Fangen Sie an zu denken«. Seine Bücher waren es, die mich in meiner Jugend denken gelehrt haben. Seitdem habe ich versucht, dieser frühen Lektion eingedenk zu bleiben. Ich glaube nicht, daß ich heute denke, was er zu seiner Zeit dachte; dagegen weiß ich, daß ich ohne sein Denken heute nicht denken könnte.

Mexiko, 13. Oktober 1980

Quevedo, Lope de Vega
und zwei Sonette

Für Raimundo Lida, in memoriam

Ich habe Quevedo sehr früh kennengelernt. Er war einer der Lieblingsautoren meines Großvaters (nicht der erotische Dichter noch der Stoiker, sondern der Satiriker). In meinem Elternhaus gab es Quevedos Prosawerke in der Biblioteca Clásica sowie die beiden Bände *El Parnaso Español* (eine Ausgabe von 1886, ein Nachdruck jener von González de Salas aus dem Jahre 1648). Als sich Rafael Alberti 1934 in Mexiko aufhielt, war er überrascht, als ich aus dem Kopf eines der Sonette auf Lisi hersagte: »En breve cárcel traigo aprisionado,/ con toda su familia de oro ardiente,/ el cerco de la luz resplandeciente . . .« (»Im flüchtigen Kerker halte ich gefangen / mit reicher Aura, rings von Gold umglüht, / den Strahlenkranz, der lichten Glanz besprüht . . .«)[1] Zu jener Zeit war Quevedo Albertis Leidenschaft. Ich vermute, er hatte ihn gerade erst für sich entdeckt: ich erinnere mich, daß er, als ich ihn eines Nachmittags begleitete, in einer Buchhandlung der Calle de Gante den Band mit dem poetischen Werk erstand, den L. Astrana Marín bei Aguilar herausgegeben hatte. Quevedos Einfluß auf Alberti zeigt sich zum ersten Mal in den Gedichten, die er in Mexiko schrieb, den meisterhaften, wenn auch kühlen Sonetten seiner Elegie über Sánchez Mejías: *Verte y no verte*.

Quevedo ist nicht *ein* Autor, sondern viele Autoren; der Quevedo, den ich in jenen Jahren las und den ich vergebens nachzuahmen versuchte, war der christliche und stoische Dichter der Gedichte über die Vergänglichkeit, die Sünde und

1 Deutsch von Lothar Klünner.

den Tod. Natürlich las ich auch den erotischen und satirischen Dichter, den Autor der Jácaras (Abart der Romanzen) und Entremes mit Kupplern und Dirnen, doch schlug sich diese Lektüre nicht in dem nieder, was ich damals schrieb. Erst viele Jahre später, in *Homenaje y Profanaciones*, wandte ich mich wieder dem Dichter der Liebe zu.

Die »moralischen« Gedichte Quevedos, von González de Salas unter dem Widmungsnamen der Muse Polyhymnia versammelt, »decouvrieren die Leidenschaften und Sitten des Menschen im Bestreben sie zu bessern«. Viele dieser Gedichte sind eine bloße Kritik der Laster und schlechten Eigenschaften: Hochmut, Geiz, Wollust, Neid. Aber die Gedichte, die wir noch heute lesen und die uns immer noch berühren, sind jene, die das Bewußtsein des Gefallenseins zum Thema haben, nicht nur in der religiösen Bedeutung des Wortes (Sündenfall), sondern auch in der existentiellen (Geworfensein). Das Gefallensein ist untrennbar von der Freiheit und der Gnade, vom Bösen und von der Zeit, von der Tatsache, daß wir geboren werden und sterben müssen. Fast alle modernen Kritiker – Lida, Valbuena Prat, Blecua – haben darauf hingewiesen, daß das Gefallensein in seinen verschiedenen Bedeutungen, von der physischen bis zur theologischen, eine ständige Obsession Quevedos war. Jede Begebenheit wurde mittels des Wortspiels zum Symbol der Grundsituation des Menschen. In einem Brief berichtet er eher scherzweise, daß er gefallen sei, und fügt hinzu: »Ich bin gefallen. Paulus ist gefallen. Größer war der Fall Luzifers.«

Das Fallen hat, wie alles, für den Geist des Barock eine doppelte Bedeutung: es kann eine Art Erhebung sein. Das Symbol dieser Sinnverkehrung ist der Fall des Saulus auf dem Wege nach Damaskus; er wird zum Paulus. Immer wieder, in verschiedenen Texten, bezieht sich Quevedo auf das, was wir den *Fall aufwärts* nennen könnten – aber hat er ihn je getan? Die Heilung, die Quevedo uns anbietet, besteht nicht im

mystischen Aufschwung, sondern in der Zuflucht zu einem
christlichen Stoizismus. Seine Sicht der menschlichen Existenz
ist christlich, aber verbunden mit einer stoischen Haltung.
Anders gesagt: Ich finde in seiner Dichtung ein echtes Begreifen des Menschen als gefallenes Wesen, doch ich finde in ihr
weder die Versöhnung noch die Kommunion mit Gott. Dieser
Wesenszug, der ihn von fast allen seinen Zeitgenossen unterscheidet, ist außerordentlich modern; es wäre übertrieben zu
sagen, daß Quevedo ein Zeitgenosse Baudelaires ist, nicht
jedoch, daß er ihn bisweilen vorwegnimmt. Seine Dichtung ist
eine Antizipation dessen, was erst nach ihm kam und das wie
folgt beschrieben werden kann: In dem Maße, wie sich das
Gefühl, daß man sich in einer elenden Lage befindet, ver-
stärkte, wurde die Vision der Transzendenz schwächer und
verschwand fast völlig. Er drückte das in zwei Zeilen aus, die
mich noch immer erschüttern: »Nada me desengaña, /el
mundo me ha hechizado«. (*Nichts enttäuscht mich, /die Welt hat
mich verzaubert.*) Das Bewußtsein des Gefallenseins bleibt der –
fast immer unausgesprochene – Hintergrund unserer Ideen
und Erkenntnisse von der menschlichen Existenz, selbst in
geistigen Traditionen, die, wie der Marxismus und die Psycho-
analyse, der Religion feindlich sind oder nichts mit ihr gemein
haben. Aber es ist ein unvollkommenes Wissen: es ermangelt
der anderen Hälfte, der Vision des Göttlichen. Quevedo ist
einer der ersten europäischen Dichter, bei dem diese Spaltung
offenkundig wird.

Kern der »moralischen« Gedichte ist eine Sammlung von
Sonetten und Psalmen in Form von Sylven: *Lágrimas de un
penitente* (Tränen eines Büßers), 1613. Viele Stücke in dieser
Folge erscheinen seltsamerweise auch in einer anderen Sammlung, die wahrscheinlich im selben Jahr geschrieben wurde
und einen ungewöhnlichen Titel hat: *Heráclito cristiano y Se-
gundo Harpa a imitación de la de David* (Christlicher Heraklit und
Zweite Harfe in Nachahmung derjenigen Davids). Schuld an

dieser Konfusion waren Quevedos Neffe, Don Pedro de Alde-
rete, und sein Verleger José Antonio González de Salas. Zu
ihren Gunsten muß jedoch gesagt werden, daß die beiden Titel
sich bestens ergänzen. Quevedos Heraklit ist der weinende
Philosoph, und der David, den er nachahmt, ist der David der
Bußpsalmen; in beiden Fällen handelt es sich um die Tränen
eines Büßers. In keinem Augenblick sieht Quevedo in Heraklit
den Philosophen des Wandels; besser gesagt: aus der Perspektive seiner Zeit gesehen, waren Wandel und Bewegung nur
beklagenswerte Akzidenzien der Erdenwelt, die der Zeit und
ihren Schrecken – Verfall, Krankheit, Sünde und Tod – unterworfen ist. Deshalb weint Heraklit.

Niemand ist dem Heraklit Quevedos so unähnlich wie unser
Heraklit, der Philosoph der wirkenden Kraft (*enérgeia*) und des
Widerspruchs, Hegelianer und Marxist, Nietzscheaner und
Spenglerianer zugleich. Die Überbewertung des Wandels ist
modernen Ursprungs und eng verbunden mit dem Auftauchen
des Fortschrittsgedankens. Für Heraklit, wie für die ganze
Antike, besaß der Wandel keinen Wert an sich; im Gegenteil:
er war das Symptom oder die Folge eines Mangels oder einer
Unvollkommenheit. Die Dinge wandeln sich, weil sie durch
ihre Bewegung die Ruhe, die Fülle des Seins suchen. So ist die
Bewegung zugleich die Folge der wesentlichen Unvollkommenheit – des Seinsmangels – und das Mittel, ihr abzuhelfen.
Das gilt jedoch nicht für alle Bewegungen, sondern nur für
jene, die auf paradoxe Weise sich selbst aufzuheben oder zu
neutralisieren vermögen, das heißt für die Bewegungen, welche der Identität des Seins, seiner völligen Koinzidenz mit sich
selbst, nacheifern. Eine dieser besonderen Arten der Bewegung ist die heraklitische Harmonie der Gegensätze. Eine
andere die platonische Kreisbewegung der Gestirne. Die Dialektik Hegels ist sukzessiv: ein Prozeß, der zu immer umfassen-
deren und höheren Synthesen führt; die Kämpfe und die Verschmelzung der Gegensätze bei Heraklit sind wiederkehrende

Momente von Zwietracht und Eintracht: ein von Rhythmen regiertes Universum. Zwischen die Sicht Heraklits und die unsere hat sich zuerst der jüdisch-christliche Gedanke von der linearen und sukzessiven Zeit geschoben und später die moderne Auffassung der Geschichte als schöpferischer Wandel: Der Zeitablauf, sei er evolutionär oder revolutionär, hat einen Sinn und eine Richtung. Er ist unaufhörliche Eroberung der Zukunft und heißt Fortschritt.

Quevedos Bild von Heraklit ist das der Überlieferung durch die Klassiker (Zitate, Fragmente und Anekdoten). Seine Hauptquellen waren höchstwahrscheinlich Diogenes Laertius und Sextus Empiricus, die beiden Autoren der Antike, die in seinem Essay über den Stoizismus am ausführlichsten zitiert werden. In diesem Essay, polemisch wie fast alles von ihm, verteidigt er auch Epikur und stützt sich seltsamerweise auf die Argumente des Skeptikers »Señor de la Montaña (Montaigne). In Quevedos Prosawerken taucht der Name Heraklit allerdings nur zweimal auf, einmal in der Aufzählung heidnischer Philosophen, das andere Mal, wie es üblich war, in Verbindung mit Demokrit. Sein Heraklit, keineswegs modern, ist der der Renaissance und der Barockzeit: ein Archetyp des melancholischen Temperaments, wie Aristoteles es in einem seiner *Problemata* (XXX) beschreibt. Von den Helden zählt Aristoteles Herakles und Bellerophon zu den Melancholikern, von den Philosophen Heraklit und Demokrit. Diese Liste war von Glück begünstigt und im 17. Jahrhundert allbekannt.

Für Quevedo und seine Zeitgenossen in ganz Europa waren die beiden Pole oder Extreme des schwermütigen Temperaments Demokrit, der lächelnde Philosoph, und Heraklit, der seufzende. Diese Unterscheidung verdankte man Marsilio Ficinos Studien über die Dualität des melancholischen Temperaments: den Grübler und den Choleriker. Diese Konzeption hat sich bis heute behauptet: selbst Freud greift sie auf – vielleicht ohne ihren Ursprung zu kennen – und systematisiert sie in seinen Untersuchungen über die komplementäre Dualität: das manische und das depressive Element. Auf dem Titelblatt der dritten Auflage von *The Anatomy of Melancholy* (1628) finden sich zwei lachende Gestalten: oben die von *Demokritus Abderites* und unten die von *Demokritus Junior*, der kein anderer ist als Robert Burton selbst. Im Vorwort zu seinem Werk sagt Burton: »Demokrit war nach der Beschreibung von Hippokrates und Laertius ein müder kleiner alter Mann, von Natur aus sehr melancholisch (. . .) wiewohl er immer von Herzen lachte.« Und weiter unten: »Manchmal habe ich mit Lukian gelacht und gespottet, andere Male mit Heraklit gejammert . . .« Burton wiederholte lediglich einen Gemeinplatz seiner Zeit. Von Rubens gibt es einen melancholischen Heraklit, der verloren dreinblickt und den leicht geneigten Kopf in die rechte Hand stützt. Dies war die übliche Haltung, in der man die Melancholiker darstellte, und die auch Dürer in seinem berühmten Kupferstich festhielt. Flämischer Realismus: Rubens malte eine dicke Träne, die dem Philosophen über die Falten der linken Wange rollt (Museo del Prado).

Das Philosophenpaar diente Quevedo dazu, in einer seiner *Migajas sentenciosas* (Lehrhafte Brosamen) in stoischer Weise festzustellen: »Seneca, ein Lehrer der Moral, war gleich Heraklit und Demokrit der Meinung, daß alles in diesem Leben zum Lachen oder zum Weinen ist.« In den Psalmen und Sonetten des *Héraclito cristiano* christianisiert Quevedo die Melancholie und das Klagen des griechischen Philosophen, aber in einem burlesken Sonett wird das Philosophenpaar zum Gegenstand des Spotts – man weiß nicht, ob es der Wein oder die Philosophie ist, was den einen lachen und den anderen weinen macht:

¿Qué te ríes, filósofo cornudo?
¿Qué sollozas, filósofo anegado?
Sólo cumples con ser recién casado,
como el otro cabrón recién viudo.

¿Una propia miseria haceros pudo
cosquillas y pucheros? Un pecado
es llanto y carcajada? He sospechado
que es la taberna más que lo sesudo.

¿Que no te agotes tú; que no te corras,
bufonazo de fábulas y chistes,
tal, que ni con los pésames te ahorras!

Diréis, por disculpar lo que bebistes,
que son las opiniones como zorras,
que uno las toma alegres y otro tristes.

Gehörnter Philosoph, du lachst mit Dröhnen?
Ertränkter Philosoph, du greinst vor Pein?
Dich seh ich schwelgen, frisch vermählt zu sein,
den andern Hörnling frisch verwitwet stöhnen.

Kann eignes Elend Kümmernis versöhnen
mit Lustigkeit? Ist Sünde insgemein
Verzweiflung und Gelächter? Trügt kein Schein,
willst du der Schenke statt dem Denken frönen.

Daß du nicht bald genug hast; dich nicht schämst
der Possen, die dein Narrenhirn ergrübelt,
als ob durch Beileid du zu Wohlstand kämst!

Du sagst, entschuldigend, was du gekübelt,
daß du die Meinungen wie Huren nähmst,
die mancher mag und mancher mehr verübelt.*

* Deutsch von Lothar Klünner.

Die Gedichte Quevedos beeindruckten mich derart, daß ein Essay, den ich zu jener Zeit schrieb, Poesía de Soledad y Poesía de Comunión (Dichtung der Einsamkeit und Dichtung der Kommunion), der als ferner Urspung von *Der Bogen und die Leier* angesehen werden kann, zum großen Teil eine Glosse zu *Tränen eines Büßers* ist. Aus derselben Sammlung habe ich andere Verse – einige mit einer leicht blasphemischen Färbung – als Mottos für einige Gedichte und sogar für ein ganzes Buch gewählt. Ich denke daran mit etwas Wehmut zurück. Ich lese und bewundere den großen Dichter und den großen Rhetoriker noch heute, doch empfinde ich für seine Person nicht mehr die Sympathie wie einst. Die Studien von Raimundo Lida über Quevedos Machenschaften ließen mich die Winkelzüge eines oft skrupellosen Intriganten sehen, zeigten mir einen Opportunisten, der mehrmals die Seite wechselte, einen Schriftsteller, dessen Attacken und Schmeicheleien von Eigennutz diktiert waren. In seinen politischen Schriften ist seine großartige Rhetorik bloßer Dunst, um die Wirklichkeit zu verschleiern. Ein moralisches, aber auch ein geistiges Versagen: der Konzeptismus verdeckt die Wirklichkeit, die immer regellos ist, mit dem Ebenmaß der Ideen. Der politische Quevedo und der moralische Quevedo enttäuschten mich, und diese Enttäuschung öffnete mir die Augen. Ich sah die Kehrseite der Medaille: seinen finsteren, zum Verbalismus neigenden Geist, seine Grausamkeit, seinen streitsüchtigen und mißgünstigen Charakter, seinen Haß auf die Frauen, seinen Mangel an Natürlichkeit.

Die Liebessonette Quevedos sind erschütternd, aber nur deshalb, weil in ihnen der Körper, der sterben muß, sich in den Gluten des ungestillten Verlangens verzehrt. Liebe als Martyrium. Die nicht befriedigte Sinnlichkeit wird Obsession, Raserei, Delirium. Bei den großen Renaissancedichtern wie Ronsard und Garcilaso taucht der weibliche Körper aus den Fluten des Flusses oder aus den Hainen mit der gleichen stillen Erhabenheit auf, mit der die Sonne und der Mond am Horizont auftauchen. Doch es handelt sich um eine Metamorphose: Diese Körper, »miraculeusement mués«, wie Ronsard sagt, waren Bäche, Steine, Bäume, Hirsche, Schlangen. Das folgende Jahrhundert stilisiert und martert den Körper. Doch erstrahlt er in einigen Versen Lope de Vegas von neuem und seine Nacktheit triumphiert schließlich über die klerikale Prüderie und die barocke Rhetorik. Bei Quevedo blutet die Nacktheit unter den Sporen eines grausamen Verlangens, und es gibt keinen anderen Triumph als den der Asche. Sein übersteigerter Petrarkismus ist die Kehrseite seiner Misogynie und seiner Vorliebe für die Dirnen.

Lope de Vega heilt uns von Quevedo: Er ist der große Dichter der menschlichen Liebe, der sehnenden und übervollen, der glücklichen und verzweifelten, der betrogenen und enttäuschten, der rasenden und der lauteren Liebe. Lope de Vega ist nicht nur der Gegenpol zu Quevedo und Góngora: er ist auch ihr Gegengift. Ich gebe zu, daß die beiden letzteren in gewisser Hinsicht origineller, innovativer sind und uns mehr in Erstaunen setzen, zumal Góngora, der große Erfinder kristalliner Gebilde. Aber der wirklich originale Dichter, im eigentlichen Sinne des Wortes, ist Lope: seine Dichtung wurzelt im Elementarsten und Ursprünglichsten. Zudem ist er umfassender und vielseitiger, er weiß mehr von Männern und Frauen, von ihren Körpern und ihren Seelen. Quevedos Sonett berührt uns durch seine düstere Intensität und sein wahnsinniges Verlangen, den Tod zu besiegen; aber es verrät auch eine Unkenntnis der Wirklichkeit der Liebe und ihres widersprüchlichen Charakters. Die menschliche Liebe ist untrennbar vom Bewußtsein des Todes, aber in einem völlig anderen Sinne als bei Quevedo; für den Liebenden ist der geliebte Körper ständig vom Tode bedroht: den Körper des anderen oder der anderen verlieren, heißt auch die eigene Seele verlieren. Ohne diese Sorge um die geliebte Person gibt es keine

Liebe, sondern höchstens Begierde. Und vielleicht nicht einmal Begierde, denn die Begierde ist das Verlangen, einen Menschen zu sehen und zu berühren. Die Geliebte Quevedos ist eine literarische und philosophische Fiktion; Lope de Vegas Frauen dagegen existieren wirklich: wenn wir dem Dichter zuhören, hören wir sie.

Die beiden größten Dichter der totalen Liebe – will sagen: der vollkommenen und gegenseitigen Liebe von Mann und Frau – in der europäischen Lyrik des ersten Drittels des 17. Jahrhunderts sind für mich John Donne und Lope de Vega. Der erstere besaß einen komplexeren und freieren Geist, aber der Spanier übertraf ihn in der schöpferischen – oder vielmehr nachschöpferischen – Kraft: seine Bilder und Emotionen sind konkret wie physische Wirklichkeiten. Lopes Nachteil – ich denke an den lyrischen Dichter – ist die monotone Fülle: seine Gewandtheit und sein großes technisches Können verleiteten ihn dazu, unzählige Variationen ein und desselben Sonetts zu schreiben. Es fehlt uns eine wirklich moderne Auswahl seiner Dichtung; auch ist es an der Zeit, daß jemand das tut, was Dámaso Alonso mit Góngora oder Eliot mit Donne getan haben: ihm einen Platz in der Tradition der Moderne zu geben.

Die Verbindung der Namen Lope de Vega und John Donne mag forciert erscheinen: der *wit* des englischen Dichters ist dem Ingenium Quevedos näher als dem Stil Lopes, der »dunkel den Entwurf und hell den Vers« machte. Auch vergesse ich nicht, daß Donne gleich Quevedo ein Intellektueller und Polemiker war, während Lope, ein lyrischer Dichter, Sonette, Letrillas und Romanzen schrieb, die jedermann sang, und ein ungeheuer populärer Schauspieldichter und ein Autor von Romanen und Unterhaltungsliteratur war. Etwas jedoch verbindet diese beiden so verschiedenen Temperamente: die Leidenschaft der Liebe und die tiefe Religiosität. Tatsächlich schließen diese beiden Neigungen bei manchen Menschen einander nicht aus: Donne und Lope gehören dieser geistigen Familie an. Beide waren weltgewandte Männer und Freigeister, beide strebten nach Glanz und Macht, beide waren Geistliche, und beide schrieben einige der stärksten Liebesgedichte und religiösen Gedichte der europäischen Lyrik. Ich weiß, daß diese Art von Vergleich, der mehr auf den Geschmack als auf die Vernunft gründet, keines Beweises bedarf. Trotzdem, vor allem wegen des Vergnügens, es wiederzulesen, möchte ich hier das Sonett LXI aus den *Rimas Humanas* wiedergeben. Jeder Vers beschreibt mit bewundernswerter Exaktheit eine Phase oder einen Zustand der Liebesleidenschaft:

Ir y quedarse y con quedar partirse,
partir sin alma e ir con alma ajena,
oír la dulce voz de una sirena
y no poder del árbol desasirse;

arder como la vela y consumirse
haciendo torres sobre tierna arena;
caer de un cielo y ser demonio en pena
y de serlo jamás arrepentirse;

hablar entre las mudas soledades,
pedir prestadas sobre fe, paciencia,
y lo que es temporal llamar eterno;

creer sospechas y negar verdades,
es lo que llaman en el mundo ausencia,
fuego en el alma y en la vida infierno.

Gehen und bleiben und im Bleiben scheiden,
jäh, herzlos, oder gehn mit fremden Seelen
und hören der Sirenen süße Kehlen
und machtlos sein, vom Mast sich loszuschneiden;

verglühn als Kerze an den Enden beiden
und Turm um Turm auf Sand zu baun sich quälen;
vom Himmel falln, im Fegefeuer schwelen
und Dämon sein, der nichts bereut im Leiden;

sprechen inmitten stummer Einsamkeiten,
Geduld und Glauben sich erbitten wollen
und das, was zeitlich ist, das Ewige nennen;

den Zweifel glauben, Wahrheiten bestreiten,
sind das, was in der Welt man heißt verschollen,
sind Höllen, die in Seel' und Leben brennen.*

Quevedos Welt ist eine andere. Eine Welt, die mehr umfaßt und doch enger ist: die moralische Reflexion und die politische Tätigkeit, das auf sich selbst verwiesene Gewissen oder das Gewissen der Stadt und der Geschichte gegenüber – zwei Formen der Einsamkeit. Sein Leben verläuft zwischen dem Studierzimmer und den Vorzimmern der Großen des Reiches, zwischen der Schenke und dem Bordell, zwischen dem abgelegenen Ort, wo sich die Verbündeten versammeln, und den Klatschecken der Ehrgeizlinge. Keiner kommt Quevedo in der Darstellung dieser Welt gleich, weder in seinem Jahrhundert noch heute. Man muß ihn lesen, um sich darüber klar zu werden, was die Tage und Nächte des Einsamen wirklich bedeuten, der Stachel ungestillter Begierde, das vom drohenden Tod gequälte Gewissen, die schlaflosen Nächte voller Groll, das Versinken in Melancholie, der rasche Wechsel vom Zorn zum Spott, und schließlich diese ganze Skala von Empfindungen und Gefühlen, die von der Verzweiflung bis zur stolzen Resignation reicht. Ein Mensch schroffer Gegensätze und Widersprüche, ungestüm und maßvoll, pedantisch und sarkastisch, macht sich Quevedo über sich selbst

* Deutsch von Lothar Klünner.

und die anderen lustig, verhält einen Augenblick, sich zu
betrachten in

> las aguas del abismo
> donde se enamoraba se si mismo

einen Augenblick, da er sein Gesicht

> in des Abyssos Flut erkennt,
> wo er in Liebe zu sich selbst entbrennt[1]

und wenn er sich so sieht, lächelt er weder noch bemitleidet er
sich: er verzieht den Mund zu einem Grinsen. Den Zweifel und
die echte Ironie kennt er nicht. Obgleich auch Lope de Vega
nicht ohne Fehler ist, sind seine Schwächen echte Schwächen,
es mangelt ihm an Willen und nicht an Einsicht. Deshalb haben
wir mit ihm mehr Nachsicht. Quevedo hat etwas Dämoni-
sches: der Stolz (oder die Rachsucht?) des Intellekts. Wohl
deshalb hat er heute eine so große Anziehung auf uns. Ich
schreibe, was ich denke, ohne daß es mir Vergnügen macht,
und ich fürchte, daß ich undankbar bin. Aber ich mußte es
sagen: Quevedo war einer meiner Götter.

---

1 Deutsch von Lothar Klünner.

Dostojewski
Der Teufel und der Ideologe

Vor einem Jahrhundert, am 28. Januar 1881, starb Fjodor Dostojewski. Seither ist sein Einfluß ständig gewachsen und hat sich ausgedehnt. Zunächst in seiner Heimat – wo er schon zu Lebzeiten Berühmtheit erlangt hatte –, dann in Europa, Amerika und Asien. Dieser Einfluß war nicht ausschließlich literarisch, sondern auch geistiger und existentieller Art: viele Generationen haben seine Romane nicht als Fiktionen gelesen, sondern als Studien der menschlichen Seele, und hunderttausende von Lesern in der ganzen Welt haben stumme Zwiesprache gehalten mit seinen Gestalten, so als wären sie alte Bekannte. Sein Werk hat so verschiedene Geister wie Nietzsche und Gide, Faulkner und Camus geprägt; in Mexiko haben ihn zwei Schriftsteller mit leidenschaftlicher Begeisterung gelesen, zweifellos weil sie zur gleichen geistigen Familie gehörten und sich in vielen seiner Ideen und Obsessionen wiedererkannten: Vasconcelos und Revueltas. Er ist (oder war) ein von jungen Menschen bevorzugter Autor: ich erinnere mich noch an die endlosen Gespräche, die ich während der Zeit des Abiturs mit einigen Klassenkameraden auf Spaziergängen führte, die bei Einbruch der Nacht in San Ildefonso begannen und nach Mitternacht in Santa Maria oder in der Avenida de los Insurgentes beim Warten auf die letzte Straßenbahn endeten. Iwan und Dimitrij Karamasow stritten in einem jeden von uns.

Nichts natürlicher als diese heftige Begeisterung: trotz des Jahrhunderts, das uns von ihm trennt, ist Dostojewski unser großer Zeitgenosse. Sehr wenige Schriftsteller der Vergangenheit besitzen seine Aktualität: seine Romane lesen heißt eine

Chronik des 20. Jahrhunderts lesen. Doch ist seine Aktualität nicht durch intellektuelle oder literarische Neuheit bedingt. Hinsichtlich seiner ästhetischen Vorlieben und Bestrebungen ist er ein Schriftsteller aus einer anderen Zeit; er ist weitschweifig, und wäre da nicht sein seltsam moderner Humor, so wären viele seiner Seiten langweilig. Seine historische Welt ist nicht die unsere. Das *Tagebuch eines Schriftstellers* enthält viele Seiten, die mich aufgrund ihrer Sklavenmoral und ihres Antisemitismus abstoßen. Seine gegen Europa gerichteten Tiraden erinnern mich, wenn sie auch geistreicher sind, an die Ausfälle und Ressentiments des mexikanischen und hispanoamerikanischen Nationalismus. Seine Sicht der Geschichte ist bisweilen profund, aber auch verworren; es mangelt ihr an jenem unmittelbaren und zugleich scharfsinnigem Erfassen des Geschehens, das uns zum Beispiel bei einem Stendhal ergötzt. Er hatte auch nicht den Blick eines Tocqueville, der die Oberfläche einer Gesellschaft und einer Epoche durchdringt. Und er war nicht, wie Tolstoi, ein epischer Chronist. Er erzählt uns nicht, was geschieht, sondern zwingt uns, in den Untergrund hinabzusteigen, damit wir sehen, *was* wirklich geschieht: er zwingt uns, uns selbst zu sehen. Dostojewski ist unser Zeitgenosse, weil er ahnte, welches die Dramen und Konflikte unserer Epoche sein würden. Und er ahnte es nicht, weil er die Gabe des Zweiten Gesichts hatte oder fähig gewesen wäre, zukünftige Ereignisse vorauszusehen, sondern weil er die Fähigkeit besaß, in das Innere der Seelen einzudringen.

Er war einer der ersten – vielleicht der erste überhaupt –, der sich mit dem modernen Nihilismus auseinandersetzte. Er hat uns Beschreibungen dieses geistigen Phänomens hinterlassen, die unvergeßlich sind und uns heute noch durch ihren Scharfsinn und ihre geheimnisvolle Exaktheit bewegen. Der Nihilismus der Antike war mit dem Skeptizismus und dem Epikurismus verwandt; sein Ideal war eine würdevolle Gelassenheit: Gleichmut angesichts der Wechselfälle des Schicksals. Der

Nihilismus des alten Indien, der, wie Plutarch berichtet, Alexander und seine Gefährten so sehr beeindruckte, war eine dem Pyrrhonismus nicht unähnliche philosophische Haltung, an deren Ende die Kontemplation der Leere stand. Für Nagar dschuna und seine Schüler war der Nihilismus die Vorstufe der Religion. Doch obgleich der moderne Nihilismus ebenfalls aus einer intellektuellen Überzeugung entsteht, mündet er weder in philosophischen Gleichmut noch in die Glückseligkeit der ataraxia; er ist vielmehr die Unfähigkeit, etwas zu glauben und zu behaupten, eher ein intellektuelles Versagen als eine Philosophie.

Nietzsche stellte sich das Erscheinen eines »vollkommenen Nihilisten« vor, verkörpert in der Gestalt des Übermenschen, der in den Kreisläufen der ewigen Wiederkehr spielt, tanzt und lacht. Der Tanz des Übermenschen zelebriert die universelle *Bedeutungslosigkeit*, die Verflüchtigung des Sinns und die Umwertung der Werte. Doch der wahre Nihilist, wie Dostojewski ihn weitaus realistischer sah, tanzt nicht, noch lacht er: er wandert umher – in seinem Zimmer oder, was für ihn das gleiche ist, in der Welt – ohne jemals innehalten zu können, doch auch ohne etwas tun zu können. Er ist dazu verurteilt, im Kreis zu gehen, während er Zwiesprache mit seinen Phantasmen hält. Sein Übel ist, wie bei den Sade'schen Libertins oder der Trägheit der mittelalterlichen Mönche, die vom Dämon des Mittags befallen sind, die Unfähigkeit, irgend jemanden oder irgend etwas lieben zu können, eine gegenstandslose Unruhe, Abscheu vor sich selbst – und Liebe zu sich selbst. Der moderne Nihilist, ein unglücklicher Narziß, betrachtet in der Tiefe des Wassers sein zerstückeltes Bild. Die Vision seines Sturzes fasziniert ihn: er empfindet Ekel vor sich selbst und vermag doch den Blick nicht von sich zu lösen. Quevedo erfaßte diesen Zustand in zwei Zeilen, die man nur schwer vergessen kann:

> las aguas del abismo
> donde me enamoraba de mí mismo

Stawrogin, der Held der *Dämonen* (die alte Übersetzung: *Die Besessenen* war, wenn auch weniger wörtlich, zutreffender), schreibt an Darja Pawlowna, die ihn liebte: »Ich habe überall meine Kraft auf die Probe gestellt. (. . .) Bei den Prüfungen für mich selbst wie bei den Prüfungen zur Schau, wie auch früher in meinem ganzen Leben erwies sie sich immer als unbegrenzt. (. . .) Aber an was diese Kraft anwenden – das ist es, was ich nie gesehen habe, und auch jetzt nicht sehe, trotz Ihrer Beifallsbezeugungen und Ihres Zuspruchs (. . .). Ich kann auch jetzt noch ganz so, wie auch früher immerzu, eine gute Tat begehen wollen, und empfinde es als eine Befriedigung; daneben aber habe ich gleichzeitig auch Lust zu Bösem und empfinde dabei gleichfalls Befriedigung. Aber sowohl das eine wie das andere Empfinden ist, ganz wie früher, immer zu flach, sehr stark aber pflegt es nie zu sein. Meinen Wünschen fehlt die Kraft aus der Tiefe; sie können nicht zielstrebig mitreißen. (. . .) Ich habe es mit großer Ausschweifung versucht (. . .); aber ich liebe Ausschweifung nicht, noch wollte ich sie. (. . .) Vielleicht träumen Sie davon, mir soviel Liebe zu geben und mich mit so viel Schönem aus Ihrer wunderbaren Seele zu erfüllen, daß Sie hoffen, schon damit endlich auch ein Ziel vor mich hinstellen zu können? Nein, Sie sollten vorsichtiger sein: meine Liebe wird ebenso flach sein, wie ich es selbst bin (. . .). Ihr Bruder hat mir einmal gesagt: wer die Verbindung mit seiner Heimaterde verliert, der verliere auch seine Götter, das heißt alle seine Ziele. Über alles kann man endlos streiten, aber aus mir ist einzig und allein Verneinung hervorgegangen, ohne jede Hochherzigkeit und ohne jede Kraft. Selbst nicht einmal Verneinung! Alles ist immer flach und schlaff. Der hochherzige Kirillof hat die Idee nicht ertragen und hat sich erschossen (. . .). Ich könnte nie den Verstand verlieren und könnte nie in dem Maße an eine Idee glauben wie er. (. . .) Nie, nie werde ich mich erschießen können!« Wie diesen Zustand definieren? Entmutigung, Seelenlosigkeit. Stawrogin: der Gewissenlose.

Und doch: Nachdem er diesen Brief geschrieben hat, erhängt Stawrogin sich in der Bodenkammer. Letztes Paradox: der Strick war aus Seide, und der Selbstmörder hatte ihn zuvor sorgfältig mit Seife eingerieben. Die Größe des Nihilisten liegt weder in seiner Haltung noch in seinen Ideen, sondern in seiner Klarsicht. Diese erlöst ihn von dem, was Stawrogin seine Erbärmlichkeit oder seine Flachheit nannte. Oder ist der Selbstmord, weit entfernt davon, eine Antwort zu sein, vielmehr eine weitere Prüfung? Wenn dem so ist, dann ist er eine unzureichende Prüfung. Gleichviel: der Nihilist ist ein geistiger Held, denn er wagt es, in seine geteilte Seele einzudringen, wohlwissend, daß es sich um eine Erkundung ohne Hoffnung handelt. Nietzsche würde sagen, daß Stawrogin ein »unvollkommener Nihilist« ist: ihm fehlt das Wissen um die ewige Wiederkehr. Vielleicht trifft es aber eher zu, daß Dostojewskis Romangestalt wie so viele unserer Zeitgenossen ein unvollkommener Christ ist. Er hat aufgehört, zu glauben, aber er konnte die alten Gewißheiten nicht durch neue ersetzen, noch konnte er ohne Obdach leben, ohne Ideen, die seine Existenz rechtfertigen oder ihr Sinn geben. Gott ist verschwunden, nicht das Böse. Der Verlust der außerweltlichen Bezüge löscht nicht die Sünde aus: im Gegenteil, er verleiht ihr eine Art Unsterblichkeit. Der Nihilist steht dem gnostischen Pessimismus näher als dem christlichen Optimismus mit seinem Glauben an das Seelenheil. Wenn es Gott nicht gibt, gibt es keine Erlösung von den Sünden, aber ebensowenig hört das Böse zu existieren auf: die Sünde ist kein Zufall, kein vorübergehender Zustand mehr und verwandelt sich in die permanente Existenzbedingung der Menschen. Ein umgekehrter Augustinismus: das Böse ist das Sein. Der Utopist möchte den Himmel auf die Erde herunterholen, uns zu Göttern machen; der Nihilist weiß sich von Geburt an verdammt: die Erde ist schon die Hölle.

Ist das Porträt des Nihilisten ein Selbstporträt? Ja und nein:

Dostojewski möchte dem Nihilismus nicht durch Selbstmord und Verneinung entfliehen, sondern durch Bejahung und heitere Gelassenheit. Die Antwort auf den Nihilismus, diese Krankheit der Intellektuellen, ist die Schlichtheit des Lebens von Dimitrij Karamasow oder die übernatürliche Fröhlichkeit Aljoschas. So oder so liegt die Antwort nicht in der Philosophie und in den Ideen, sondern im Leben. Die Zurückweisung des Nihilismus ist die Unschuld der einfachen Menschen. Die Welt Dostojewskis ist bevölkert von Männern, Frauen und Kindern, die gewöhnlich und wunderbar zugleich sind. Die einen sind verängstigt, die anderen sinnlich, die einen preisen die Niedertracht, die anderen verzweifeln im Wohlstand. Es gibt Heilige und Verbrecher, Idioten und Genies, Frauen, so fromm und rein wie Wasser, und Kinder, die von ihren Vätern gequälte Engel sind (was für eine gegensätzliche Sicht der Kindheit bei Dostojewski und Freud!). Eine Welt von Verbrechern und Gerechten: den einen wie den anderen stehen die Tore des Himmelreiches offen. Alle können sich retten oder sich ins Verderben stürzen. Der Leichnam Vater Zosimas verströmt einen üblen Geruch nach Korruption, der verrät, daß er trotz seiner Frömmigkeit nicht im Rufe der Heiligkeit gestorben ist; dagegen heißt es bei Dostojewski über die Banditen und Verbrecher, die seine Mitgefangenen in Sibirien waren, dort entziehe der Mensch sich plötzlich jedem Maß. Der Mensch, das »unwahrscheinliche Geschöpf«, kann sich in jedem Augenblick retten. Darin steht Dostojewskis Christentum den Vorstellungen von Freiheit und Gnade nahe, wie wir sie bei Calderón, Tirso und Mira de Amescua finden.

Für uns besitzen die Heiligen und Prostituierten, die Verbrecher und die Gerechten Dostojewskis eine beinahe übernatürliche Wirklichkeit; ich will damit sagen, daß sie ungewöhnliche Geschöpfe sind und einer anderen Zeit entstammen, einer Zeit, die im Untergang begriffen ist: sie gehören der präindustriellen Ära an. In diesem Sinn war Marx klarsichtiger, denn er sah die Auflösung der traditionellen Bindungen und den Zerfall der alten Lebensformen unter dem doppelten Einfluß des kapitalistischen Marktes und der Industrie voraus. Was er nicht voraussah, war das Erscheinen eines neuen Typs von Menschen, die, obgleich als seine Erben auftretend, im 20. Jahrhundert den Ruin seiner sozialistischen Träume und Bestrebungen besiegeln sollten. Dostojewski war der erste, der diese Klasse von Menschen beschrieb. Wir kennen sie sehr gut, sind sie doch in unseren Tagen Legion geworden: es sind die Eiferer und Fanatiker der Ideologie, die Proselyten der Stawrogins und Iwans. Ihr Prototyp ist Smerdjakow, der Vatermörder, Schüler Iwans.

Die Fanatiker haben von den Nihilisten nicht die Klarsicht geerbt, sondern den Unglauben. Besser gesagt, sie haben den Unglauben in einen neuen, platteren Aberglauben verwandelt. Dostojewski nennt sie *Besessene*, wenn ihnen auch, im Unterschied zu Iwan und Stawrogin, nicht bewußt ist, daß sie vom Teufel besessen sind. Daher vergleicht er sie mit den Säuen des Evangeliums (Lukas VIII, 32-36). Sie haben ihren alten Glauben verloren und beten die Götzen einer falschen Rationalität an: den Fortschritt, die sozialen und revolutionären Utopien. Sie haben der Religion ihrer Väter abgeschworen, aber nicht der Religion schlechthin: anstelle von Christus und der Jungfrau beten sie zwei oder drei Ideen aus dem Lehrbuch an. Sie sind die Vorgänger unserer Terroristen. Dostojewskis Welt ist die Welt einer Gesellschaft, die an jener Korruption der Religion krankt, die wir Ideologie nennen. Seine Welt ist Urbild der unseren.

Dostojewski war in seiner Jugend Revolutionär. Er wurde für seine Aktivitäten ins Gefängnis gesperrt, zum Tode verurteilt und dann begnadigt. Er verbrachte mehrere Jahre in Sibirien – die Konzentrationslager des gegenwärtigen Rußland sind ein perfektioniertes und erweitertes Erbe des zaristischen Unterdrückungssystems – und brach dann bei seiner

Rückkehr mit seiner radikalen Vergangenheit. Er wurde konservativ, christlich, monarchistisch und nationalistisch. Gleichwohl wäre es ein Irrtum, wollte man sein Werk auf eine rein ideologische Definition reduzieren. Er war kein Ideologe, auch wenn die Ideen in seinen Romanen von zentraler Bedeutung sind, sondern Romancier. Einer seiner Helden, Dimitrij Karamasow, sagt: *Wir müssen das Leben mehr lieben als den Sinn des Lebens.* Dimitrij ist eine Antwort auf Iwan, aber er ist nicht *die* Antwort: Dostojewski stellt nicht Ideen einander gegenüber, sondern menschliche Realitäten. Im Unterschied zu Flaubert, James oder Proust sind die Ideen für ihn wirklich, doch nicht an sich, sondern als religiöse Dimension der Existenz. Die einzigen Ideen, die ihn interessierten, waren verkörperte Ideen. Einige kommen von Gott, das heißt aus der Tiefe des Herzens; andere, die meisten, kommen vom Teufel, das heißt vom Verstand. Wie die Seele der mittelalterlichen Kleriker ist das Bewußtsein des modernen Intellektuellen ein Schlachtfeld. Dostojewskis Romane sind, unter diesem Blickwinkel betrachtet, religiöse Gleichnisse, und seine Kunst steht dem heiligen Paulus, dem heiligen Augustinus und Pascal näher als dem modernen Realismus. Gleichzeitig antizipiert sein Werk durch die Genauigkeit seiner psychologischen Analysen Freud und geht in mancher Hinsicht über ihn hinaus.

Wir verdanken Dostojewski die profundeste und vollständigste Diagnose der modernen Krankheit: der psychischen Spaltung, des geteilten Bewußtseins. Seine Beschreibung ist psychologisch und religiös zugleich. Stawrogin und Iwan leiden unter Visionen: sie sehen und sprechen mit Gespenstern, die Dämonen sind. Aber da sie modern sind, führen sie diese Erscheinungen auf psychische Störungen zurück: sie sind Projektionen ihrer verstörten Seele. Doch keiner von beiden ist sich dieser Erklärung sehr sicher. Immer wieder sehen sie sich in den Zwiegesprächen mit ihren gespenstischen Besuchern verzweifelt gezwungen, deren Realität zu akzeptieren: in

Wirklichkeit reden sie mit dem Teufel. Das Bewußtsein der Spaltung ist teuflisch: besessen sein heißt wissen, daß das Ich zerbrochen ist und daß ein Fremder unsere Stimme usurpiert. Ist dieser Fremde der Teufel oder sind wir es selbst? Welches auch die Antwort ist, die Identität der Person spaltet sich. Diese Passagen sind von halluzinatorischer Kraft: die Schilderung der Zwiegespräche Iwans mit seinen Dämonen ist äußerst realistisch und in einer Weise erzählt, als handle es sich um alltägliche Begebenheiten. Es fehlt auch nicht an absurden Situationen und ironischen Reflexionen. Die Angst läßt uns abwechselnd lachen und das Blut in den Adern gefrieren. Wir erliegen einer ambivalenten Faszination: die psychologische Beschreibung verwandelt sich unmerklich in metaphysische Spekulation, diese in religiöse Vision und die Vision am Ende in Erzählung, die das Übernatürliche und das Alltägliche, das Groteske und das Abgründige unauflösbar miteinander verknüpft.

Dostojewskis Teufel besitzen eine Wahrhaftigkeit, die einzigartig ist in der modernen Literatur. Seit dem 18. Jahrhundert sind die Trugbilder unserer Gedichte und Romane wenig überzeugend. Es sind Gestalten der Komödie, und die Affektiertheit ihrer Sprache und Verhaltensweisen ist hochtrabend und unerträglich zugleich. Bei Goethe und Valéry sind sie plausibel gerade aufgrund ihres extrem intellektuellen und symbolhaften Charakters; annehmbar sind auch jene, die bewußt und ironisch als phantastische Fiktionen gestaltet sind: der Teufel in Nervals *Verzauberte Hand* oder der köstliche *Verliebte Teufel* von Cazotte. Doch die modernen Teufel tun alles, um uns wissen zu lassen, daß sie von jenseits kommen, aus der unterirdischen Welt. Sie sind die *Parvenus* des Übernatürlichen. Obwohl Dostojewskis Teufel ebenfalls modern sind und nichts gemein haben mit den alten mittelalterlichen und barocken Dämonen – jenen lüsternen, verschlagenen und etwas dummen Geistern –, sind sie nicht literarisch. Sie haben sozusagen eine klinische Wirklichkeit. Darin liegt vielleicht seine große Entdeckung: er sah die verborgene Verwandtschaft zwischen dem Bösen und der Krankheit, zwischen der Besessenheit und der Reflexion. Es sind Teufel, die mit Vernunftgründen argumentieren und, als wären sie Psychoanalytiker, darauf bestehen, ihre Nichtexistenz, ihre imaginäre Natur zu beweisen. Und sie triumphieren dank dieser unwiderlegbaren Argumentation; Iwan und Stawrogin, zwei Intellektuellen, bleibt nichts anderes übrig, als an sie zu glauben: sie sind tatsächlich der Teufel, weil nur der Teufel so argumentieren kann. Doch sie wären ebenfalls vom Teufel besessen, wenn sie sich an den Glauben klammerten, daß es sich um bloße Halluzinationen eines kranken Geistes handelt. Im einen wie im anderen Fall sind beide von der Verneinung, dem Wesen des Dämons, besessen. So bewahrheitet sich der Gedanke, der Iwan mit Schrecken erfüllte: um an den Teufel zu glauben, muß man nicht notwendig an Gott glauben.

Es gibt eine Spezies, die immun ist gegen die Versuchung des Teufels: der Ideologe. Er ist der Mensch, der die Dualität eliminiert hat. Er führt kein Gespräch: er beweist, indoktriniert, widerlegt, überzeugt, verurteilt. Er nennt die anderen *Genossen*, aber er spricht nie mit ihnen: er spricht mit *seiner Idee*. Er spricht auch nicht mit dem *anderen*, den wir alle in uns tragen. Er ahnt nicht einmal, daß er existiert: der *andere* ist ein idealistisches Trugbild, ein kleinbürgerlicher Aberglaube. Der Ideologe ist ein geistig Verstümmelter: ihm fehlt die eigene Mitte. Dostojewski liebte die Armen und die Einfachen, die Erniedrigten und die Beleidigten, aber er machte aus seiner Abneigung gegen diejenigen, die sich seine Retter nannten, nie einen Hehl. Ihr Anspruch, den Menschen von der Bürde der Freiheit befreien zu wollen, erschien ihm absurd. Schreckliche und kostbare Bürde. Die Ideologen haben seine Abneigung mit einer nicht geringeren erwidert. In einem Brief an seine Freundin Inés Armand nennt Lenin ihn den »ausgesprochen schlechten Dostojewski«. Bei einer anderen Gelegenheit äußerte er, er vergeude seine Zeit nicht mit einem solchen Unrat. Zu Stalins Zeiten war Dostojewski so gut wie verboten, und noch heute wird er in offiziellen Kreisen als reaktionär, als Feind betrachtet. Trotz der feindseligen Haltung der Regierung sind seine Bücher die meistgelesenen in Rußland, vor allem unter Studenten und Intellektuellen und, natürlich, unter den Gefangenen in den Konzentrationslagern.

Der Tyrann ist eigenmächtig und launisch; gegen die Exzesse von Irren und Verwirrten wie Nero und Caligula war das tradtionelle Mittel der Dolch des Königsmörders. Gegen den ideologischen Despotismus, der systematisch und unpersönlich ist, ist dies ein untaugliches Mittel: eine Abstraktion kann man nicht töten. Doch die Ideologie, die gegen Kugeln gefeit ist, ist es nicht gegen die Kritik. Daher kennt der ideologische Despot als Ausdrucksform nur den Monolog und die Rede. Die Tyrannei des Ideologen ist das Selbstgespräch eines sadistischen und pedantischen Professors, der sich darauf versteift, aus der Gesellschaft ein Viereck und aus jedem Menschen ein Dreieck zu machen. Und das ist auch der Grund für Dostojewskis Aktualität, sehen wir einmal von der fortwährenden Faszination ab, die wir angesichts seines Werkes spüren. Eine moralische und politische Aktualität: er lehrt uns, daß die Gesellschaft keine Wandtafel ist und daß der Mensch, das unvorhersehbare Geschöpf, sich allen Definitionen und Gefängnissen entzieht, sogar denen des Tyrannen, der als Kenner der Geometrie auftritt.

José Revueltas
Christentum und Revolution
(Zwei Anmerkungen)

Erste Anmerkung (1943)

Als der bewaffnete Kampf aufhörte und das begann, was man jetzt allgemein »die konstruktive Phase der Mexikanischen Revolution« nennt, wandten sich zwei Formen des künstlerischen Ausdrucks, der Roman und die Malerei, mit ungestümem Eifer der unmittelbaren Vergangenheit zu. Ergebnis dieser Verlockung waren die »Schule der mexikanischen Malerei« und der »Revolutionsroman«. In den letzten zwanzig Jahren hat der Roman weniger dazu gedient, den literarischen Bestrebungen seiner Autoren Ausdruck zu verleihen als vielmehr ihren Sehnsüchten, Hoffnungen und revolutionären Enttäuschungen. Arm an Technik, sind diese Werke eher pittoresk als deskriptiv, eher Sittengemälde als realistische Schilderung. Die Romanciers der Revolution, unter ihnen das große, kurzsichtige Talent Azuelas, haben ihre Thematik, geblendet vom Geschützfeuer oder von den Brillanten der Generäle, auf das Rezept reduziert: viele Tote, viele Verbrechen, viele Lügen. Dazu ein oberflächliches Szenarium von niedergebrannten Dörfern, phantasmagorischen Wäldern oder erbarmungslosen Wüsten. Auf diese Weise haben sie die Wirklichkeit des Romans verstümmelt – die einzige, die für den wirklichen Romanautor zählt – und sie auf eine bloße Chronik, ein bloßes Sittengemälde reduziert. Sämtliche »Revolutionsromane«, einschließlich derer von Mariano Azuela, waren Berichte und Chroniken. Valéry Larbaud sagte einmal, daß Martin Luis Guzmán ihn an Tacitus erinnere: ein seltsames Lob für einen Romancier!

Die nachfolgende Generation hat sich so gut wie nicht am Roman versucht. Diese Gruppe von Schriftstellern, Dichtern und Essayisten hat einen gewissen Widerwillen, wenn nicht sogar Verachtung für die sie umgebenden Realitäten an den Tag gelegt. Der Roman war das Aschenbrödel dieser Schriftsteller, die sich unter dem Zeichen der Wißbegierde und der Zerstreuung entwickelt hatten. Nach ihnen hat es durchaus vereinzelte Versuche gegeben: so die der jüngsten Gruppe mexikanischer Schriftsteller (Juan de la Cabada, Efrén Hernández, Rubén Salazar Mallén, Andrés Henestrosa, Rafael Solana, Francisco Tario). Beinahe alle haben jedoch eine ausgesprochene Vorliebe für die schwierige und strenge Gattung der Erzählung. So wie auf die Generation der »Muralisten« in der Malerei eine Gruppe junger Maler folgte, die von der wohlwollenden nordamerikanischen Kritik als »kleine Meister« bezeichnet wurden, so taten sich diese neuen mexikanischen Prosaisten, die Nachfolger der »Romanciers der Revolution«, vor allem durch Kurzgeschichten und Erzählungen hervor. Ein Buch Juan de la Cabadas, *Paseo de Mentiras,* vereint auf seinen wenigen Seiten einige Erzählungen und einen Kurzroman, die ihn, bis heute, zum interessantesten und rätselhaftesten aller Autoren machen; ein Roman, *Camino de Perfección,* und ganz besonders einige bittere, spröde Erzählungen lassen vermuten, daß Rubén Salazar Mallén ebenfalls das notwendige Talent besitzt, um Mexiko einen wirklichen Roman zu schenken.

Der ehrgeizigste, leidenschaftlichste – und auch jüngste – von ihnen ist José Revueltas (er ist 27 Jahre alt und seit seinem vierzehnten Lebensjahr Mitglied der Kommunistischen Partei; seine politischen Überzeugungen ließen ihn zur Zeit von Präsident Rodrígez wiederholt Bekanntschaft mit den Gefängnissen des Landes machen). José Revueltas hat einen ersten Roman veröffentlicht, *El Luto Humano* (Menschliche Trauer), der in einem nationalen Literaturwettbewerb einen Preis erhielt.

Zuvor hatte er einige geheimnisvolle, schüchterne Erzählungen geschrieben, einen Kurzroman, *El Quebranto*[1] (Zerrüttung) und eine Erzählung, *Los Muros de Agua* (Die Mauern aus Wasser), in der er das Leben in einer Strafkolonie im Pazifik schildert (dort verbrachte er, noch keine zwanzig Jahre alt, zwei Jahre in Gefangenschaft). Revueltas' Roman rief gleichzeitig glühendstes Lob und allerschärfste Kritik hervor. Irgendein marxistischer Kritiker beschuldigte ihn des »Pessimismus«; begeisterte Kritiker hingegen zögerten nicht, auf Dostojewski zu verweisen.

El Luto Humano erzählt eine dramatische Geschichte: eine Gruppe von Bauern beginnt einen Streik in einer von der mexikanischen Revolutionsregierung eingerichteten »Bewässerungsanlage«. Streik und Wassermangel führen schließlich zum Zusammenbruch des Regierungsvorhabens, und der Exodus beginnt. Nur drei Familien bleiben hartnäckig in diesem öden Landstrich zurück. Eines Tages steigen die Wasser des bislang trockenen Flusses gewaltig an, und eine Überschwemmung isoliert die Personen des Romans auf einem Hausdach. Alkohol, Hunger und Eifersucht vernichten sie. Der Roman beginnt, als die Wasser des Flusses steigen, und endet in dem Augenblick, als die Geier sich anschicken, über die Sterbenden herzufallen. All diese Ereignisse spielen sich innerhalb weniger Tage ab. Doch der Roman berichtet kaum von dem, was die Bauern tatsächlich unternehmen, um der Überschwemmung zu entkommen; Revueltas teilt uns stattdessen mit, was sie denken, woran sie sich erinnern und was sie fühlen. Oft setzt er sich selbst an die Stelle seiner Personen; an ihrer Statt legt er uns seine eigenen Zweifel dar, seinen Glauben und seine Verzweiflung, seine Ansichten über den Tod oder über die mexikanische Religiosität. Die Handlung wird jedes Mal unterbrochen, wenn eine der Romanfiguren im Angesicht des Todes die

---

[1] Er wurde nicht vollständig veröffentlicht, sondern nur das erste Kapitel (*Taller* 2, April 1939), da Revueltas das Manuskript verloren hatte.

Bilanz ihres Lebens zieht. Das ganze Werk kreist unablässig um die Frage der Religion: die Mexikaner, ihrer Natur nach fromm, obgleich grausam, sind ihrer Religion beraubt worden, ohne daß der katholische Glaube es vermocht hätte, ihr heißes Verlangen nach Ewigkeit zu befriedigen. Adam, ein Mörder, der sich für die Verkörperung des Schicksals hält, und Natividad, ein ermordeter Revolutionsführer, symbolisieren, auf sehr religiöse Weise, Vergangenheit und Zukunft Mexikos. Zwischen ihnen bewegen sich die rachsüchtigen Mexikaner der Gegenwart, und ihre stillen Frauen repräsentieren die Erde, die nach Wasser und Blut dürstet, eine Taufe, in der sich das alte Ritual der Azteken und das der Christen mit den Riten der Bodenbefruchtung verbinden. Auf den letzten Seiten versucht der Autor, sich selbst – mehr noch als den Leser – davon zu überzeugen, daß diese hoffnungslose Religiosität, diese blinde Liebe zum Tod, durch eine bessere Nutzung der natürlichen Ressourcen und eine gerechtere Verteilung des Reichtums aus der mexikanischen Seele verbannt werden kann. Der Roman ist, wie wir sehen, durchsetzt von Soziologie, Religion, alter und gegenwärtiger Geschichte Mexikos. Ebenso verhält es sich mit der Sprache, die bisweilen brillant, dann wiederum äußerst unbeholfen ist.

Diese Mängel verurteilen das Werk, nicht aber seinen Autor. Denn eigenartigerweise überträgt sich die Faszination, der der Autor erliegt, auf den Leser. Revueltas empfindet eine Art religiösen Ekel, eine mit Abscheu und Abneigung vermischte Liebe zu Mexiko. Revueltas hat sicher keinen Roman geschrieben, aber er hat Klarheit in sich selbst geschaffen. Verführt von den Mythen Mexikos wie auch von seiner Wirklichkeit, hat er sich selbst zum Teil dieses Dramas gemacht, das er schildern will. Mit Talent, Phantasie und außergewöhnlicher Ausdruckskraft und Sensibilität begabt – dazu von einer Hast getrieben, die ihm allem Anschein nach nicht erlaubte, die Mängel zu beheben –, ist José Revueltas jetzt imstande, einen

Roman zu schreiben. Denn in diesem Versuch wird er sich von all seinen Phantasmen, von all seinen Zweifeln und Vorstellungen befreien. Wie bei einem großen Teil der mexikanischen Malerei die große Ausdruckskraft dem Bild oftmals äußerlich bleibt, hat Revueltas seine ganze gestalterische Kraft und sein Einfühlungsvermögen aufgewendet, ohne daß es ihm jedoch gelungen wäre, diese seinem Gegenstand, dem Roman, zugute kommen zu lassen. Was werfe ich José Revueltas eigentlich vor? Ich werfe ihm, das wird mir jetzt bewußt, im Grunde seine Jugend vor, denn all diese Fehler, der Mangel an Nüchternheit in der Sprache, der Wunsch, alles auf einmal zu sagen, die Verzettelung, die Trägheit, den Worten, Ideen und Situationen die Flügel zu stutzen, das Fehlen von – innerer und äußerer – Disziplin, all dies sind Unzulänglichkeiten der Jugend. In jedem Fall ist Revueltas der erste von uns, der versucht, fern aller gängigen Sittenschilderung (Costumbrismo), Oberflächlichkeit und billigen Psychologie ein tiefes Werk zu schaffen. Von diesem seinem Werk wird vielleicht nichts als der Atem bleiben: ist dies denn nicht genug für einen jungen Schriftsteller, der sich selbst – und uns – kaum erst vertraut macht mit der Aufgabe, eine fremdartige und auf bestürzende Weise persönliche, imaginäre Welt zu erschaffen?

Zweite Anmerkung (1979)

Als ich die vorangehenden Ausführungen nochmals las, die Luis Mario Schneider in einer alten *Sur*-Ausgabe ausgegraben hatte, spürte ich sogleich das Bedürfnis, sie zu präzisieren, zu berichtigen und zu erweitern. Sie sind die Kritik eines Anfängers an einem anderen Anfänger; zudem sind sie übermäßig scharf und kategorisch. Meine Entschuldigung ist, daß diese Fehler bei jungen Menschen häufig sind. Am Ende werfe ich Revueltas sogar seine Jugend vor, ein Tadel, den meine dama-

ligen Auffassungen ebensogut verdienen. Andere Irrtümer
lassen sich jedoch nicht mit dem jugendlichen Alter entschul-
digen. So verurteile ich zum Beispiel im ersten Abschnitt die
Romanciers der Mexikanischen Revolution. Das war eine
Dummheit: unter ihnen gibt es zwei ausgezeichnete Schriftsteller, Martín Luis Guzmán und Mariano Azuela. Beide waren
Meister in ihrer Kunst. Die Prosa Martín Luis Guzmáns, klar
wie die eines römischen Geschichtsschreibers, besitzt so etwas
wie klassische Transparenz: seine Thematik ist schrecklich,
aber er schildert sie mit ruhiger und fester Hand. Azuela war
kein »großes, kurzsichtiges Talent«; ebensowenig war er
schwerfällig: er war ein luzider Schriftsteller, der seine Mittel
beherrschte und viele Wege erforschte, die seitdem von anderen begangen worden sind. Als ich jedoch meine Anmerkung
über *El Luto Humano* schrieb (1943), hatte sich der Revolutionsroman schon aus einer Bewegung in eine Schule verwandelt: die Erfindung war bereits zum Rezept geworden. In
dieser Hinsicht habe ich mich nicht getäuscht: das Erscheinen
von *El Luto Humano,* einige Jahre vor *Al Filo del Agua* (von
Agustín Yáñez (1947), markierte einen Bruch und einen Neubeginn. Mit Revueltas' Roman begann, trotz seiner Mängel,
etwas, das heute noch nicht abgeschlossen ist.

Meine Analyse von *El Luto Humano* ist äußerst flüchtig. Mit
übermäßiger Strenge weise ich auf die Unvollkommenheiten
des Erzählers hin, auf die Häufigkeit, mit der er seinen Personen seine Stimme leiht. Diese Mängel erklären sich, zumindest
zu einem Teil, aus der Schwierigkeit und Neuheit dessen, was
Revueltas sagen wollte und was ihm ja auch Jahre später mit
größerem Erfolg zu sagen gelang. Der junge Romanautor
wollte mit Hilfe der neuen Methoden des nordamerikanischen
Romans (der Einfluß von Faulkners *Wilde Palmen* ist unver-
kennbar) die epische und zugleich symbolische Chronik eines
Kapitels schreiben, das in seinen Augen für die Revolution
exemplarisch war. Das Vorhaben war widersprüchlich: Faulk-

ners Realismus (und vielleicht jeder Realismus) impliziert eine pessimistische Auffassung des Menschen und seines Erdendaseins; die epische Chronik Revueltas' hingegen ist sozusagen mit religiösem Symbolismus durchtränkt. Die Bauern kämpfen für den Boden und das Wasser, doch der Autor suggeriert fortwährend, daß dieser Kampf auf einen anderen Kampf verweist, der nicht ganz von dieser Welt ist. Wenn ich in meiner Anmerkung auch Revueltas' Religiosität hervorhebe, so gehe ich doch nicht auf deren paradoxen Charakter ein: eine Sicht des Christentums *innerhalb* seines marxistischen Atheismus. Revueltas lebte den Marxismus als Christ, und damit lebte er ihn, im Sinne Unamunos, als Agonie, Zweifel und Negation.

Im Zusammenhang mit der Religiosität des mexikanischen Volkes spreche ich von »Rachsucht«. Dies ist ein ungenaues Wort. Ich schreibe sie der großen Katastrophe der Conquista zu, welche die Indios nicht nur ihrer diesseitigen Welt beraubte, sondern auch ihrer Götter und Mythologien. Gleichwohl gab ihnen der Katholizismus, indem er ihnen mit dem Schlüssel der Taufe die Tore des Himmels und der Hölle öffnete, paradoxerweise auch die Möglichkeit, sich mit ihrer alten Religion wieder auszusöhnen. Vielleicht dachte Revueltas, daß der revolutionäre Marxismus »auf einer höheren geschichtlichen Ebene« in bezug auf das Christentum eben die Rolle spielen könnte, die dieses in bezug auf die präkolumbianischen Religionen gespielt hatte. Diese Vorstellung würde das Gewicht des christlichen Symbolismus in dem Roman erklären. Darüber hinaus faszinierten ihn stets die Glaubensanschauungen und Mythen des Volkes. Ein Freund erzählte mir, daß er sich einmal, halb im Scherz, halb im Ernst, einfallen ließ, eine Hochzeit nicht vor dem Altar der Jungfrau von Guadelupe, sondern vor der Göttin Coatlicue im Museum zu zelebrieren. Ich erinnere mich auch, daß Revueltas in der Nacht des *Massakers* von Corpus Christi 1971, als sich mehrere

Freunde im Haus von Carlos Fuentes eingefunden hatten und darüber diskutierten, was getan werden könnte, auf mich zukam und mir mit einem undefinierbaren Lächeln ins Ohr flüsterte: »Gehen wir doch alle tanzen, vor Unserem Herrn von Chalma!« Ein Satz vermag einen Menschen zu enthüllen: »Der Atheismus«, sagte André Breton einmal zu mir, »ist ein Glaubensbekenntnis.« Revueltas' *Einfälle* waren indirekte Bekenntnisse.

Am Ende meiner Ausführungen komme ich auf die eigentliche Bedeutung von *El Luto Humano* zu sprechen: »Revueltas hat keinen Roman geschrieben, sondern in sich selbst Klarheit geschaffen.« Heute würde ich sagen: dieses Werk war ein Schritt auf seiner Wanderung – einem wahren Kreuzweg – zur Klarheit. Hier taucht nun die zentrale Frage auf, mit der Revueltas sich seit *El Quebranto,* seiner ersten Erzählung, mit großem Mut auseinandergesetzt hat und die er sich immer wieder stellte: welche Klarheit, die *diesseitige* oder die *jenseitige?* Vielleicht ist diesseits jenseits, vielleicht sind die Revolutionen nur der Weg, den das Diesseits zum Jenseits zurücklegt. Revueltas' Tätigkeit schien insgeheim von dieser Vorstellung beseelt zu sein. Er war revolutionärer Kämpfer, Romanautor und Verfasser philosophischer und politischer Essays. Als Kämpfer war er Dissident, dessen leidenschaftliche Kritik sich ebenso gegen den Kapitalismus richtete wie gegen den bürokratischen »Sozialismus«. Die gleiche Dualität findet sich in seinen Romanen, Erzählungen und Essays. So gibt es einerseits eine große Einheit zwischen seinem Leben und seinem Werk: es ist unmöglich, den Romanautor vom Kämpfer und diesen vom Verfasser philosophiekritischer, ästhetischer und politischer Texte zu trennen; andererseits schließt diese Einheit einen Bruch, eine Spaltung mit ein. Revueltas führte einen ständigen Dialog – besser gesagt: ein ständiges Streitgespräch – mit seinen philosophischen, ästhetischen und politischen Ideen. Seine Kritik der kommunistischen Orthodoxie war gleichzeitig Selbstkritik. Freilich steht sein Fall nicht alleine da; im Gegenteil, er wird immer häufiger: das Dissidententum der marxistischen Intellektuellen ist eine – wenn nicht die zentrale – Form, in der die universelle Krise dieser Doktrin zum Ausdruck kommt. Doch es gibt etwas, das Revueltas' Zweifel und Kritik von anderen unterscheidet: der Ton, die religiöse Leidenschaft. Mehr noch: die Fragen, die Revueltas sich immer wieder stellt, haben nur Sinn, sind nur erklärbar unter einem religiösen Blickwinkel. Nicht unter dem irgendeiner Religion, sondern eben unter dem des Christentums.

Für das Abendland ist der Gegensatz zwischen Atheismus und Religion unauflösbar. Nicht so für andere Zivilisationen: der Buddhismus ist, in seiner strengsten und reinsten Form, atheistisch. Gleichwohl eliminiert dieser Atheismus das Göttliche nicht: nur sind die Götter, wie alle Wesen, einschließlich der Menschen und Buddhas selbst, Luftblasen, Spiegelungen der Leere. Der Buddhismus ist eine radikale Kritik der Wirklichkeit und der menschlichen Natur: die wahre Wirklichkeit, *sunyata,* ist ein undefinierbarer Zustand, in dem Sein und Nicht-Sein, das Wirkliche und das Nicht-Wirkliche, nicht länger Gegensätze sind und, indem sie miteinander verschmelzen, sich gegenseitig aufheben. Die Geschichte wird damit Phantasmagorie, Illusion – wie alles. Daher ist auch die buddhistische Religiosität im wesentlichen kontemplativ. Für das Christentum hingegen sind die Fleischwerdung Christi und sein Opfer sowohl übernatürliche als auch geschichtliche Tatsachen. Die göttliche Offenbarung entfaltet sich nicht nur in der Geschichte, sondern diese ist auch der Ort der Prüfung für die Christen: die Seelen werden hier, in dieser Welt, gewonnen und verloren. Der Marxist Revueltas nimmt das christliche Erbe mit all seinen Konsequenzen auf sich: mit dem ganzen Gewicht der menschlichen Geschichte.

Christentum und Marxismus sind durch die Geschichte verbunden; beides sind Lehren, die sich mit dem geschichtlichen

Prozeß identifizieren. Die Bedingung für die Verwirklichung des Marxismus ist dieselbe wie für das Christentum: das Einwirken auf diese Welt. Aber auch der Gegensatz zwischen Marxismus und Christentum manifestiert sich in dieser Welt: um seine Aufgabe zu erfüllen und sich zu verwirklichen, muß der revolutionäre Mensch Gott aus der Geschichte vertreiben. Der erste revolutionäre Akt ist die Kritik des Himmels. Die Beziehung zwischen Marxismus und Christentum impliziert Bindung und Bruch zugleich. Der Buddhismus – das ganze östliche Denken überhaupt – ignoriert oder verachtet die Geschichte. Eingetaucht in die Atmosphäre des Göttlichen, umgeben von zahlreichen Göttern, ist ihm gleichwohl der Begriff des einen, schöpferischen Gottes unbekannt. Der östliche Atheismus ist nicht wirklich atheistisch; strenggenommen können ohnehin nur die Juden, die Christen oder die Moslems Atheisten sein: diejenigen, die an den einen, schöpferischen Gott glauben. Bloch sagte sehr richtig: »Nur ein Atheist kann ein guter Christ sein: nur ein Christ kann ein guter Atheist sein.«

Revueltas' christlicher Marxismus ist nur verständlich, wenn man ihn unter dem zweifachen Blickwinkel betrachtet, den ich soeben umrissen habe: Vorstellung der Geschichte als eines sinnhaltigen und zielgerichteten Prozesses einerseits, irreduzibler Atheismus andererseits. Damit tritt zwischen Geschichte und Atheismus ein neuer Gegensatz zutage: wenn Gott verschwindet, hört die Geschichte auf, Sinn zu haben. Der christliche Atheismus ist tragisch, weil er, so wie Nietzsche ihn sah, Negation des Sinns ist. Für Dostojewski ist alles erlaubt, alles möglich, wenn es keinen Gott gibt; doch wenn alles möglich ist, ist nichts möglich: die Unendlichkeit der Möglichkeiten hebt diese auf und löst sich auf in Unmöglichkeit. Desgleichen: die Nichtexistenz Gottes macht alles denkbar; doch alles ist gleich nichts: alles und nichts sind nicht denkbar. Der Atheismus konfrontiert uns mit dem Undenkbaren und dem Unmöglichen; daher ist er erschreckend und, buchstäblich, unerträglich. Auch aus diesem Grund haben wir die Lücke Gottes mit anderen Gottheiten gefüllt: Vernunft, Fortschritt. Diese Prinzipien steigen auf die Erde herab, verkörpern sich und verwandeln sich in die geheimen Agenzien der Geschichte. Sie sind unsere Christusgestalten: die Nation, das Proletariat, die Rasse. In Revueltas' Roman heißt der alte Mensch Adam, wie unser Stammvater; und der neue Mensch, der kollektive Christus, heißt Natividad, Christi Geburt. Die Geschichte des Menschensohnes beginnt mit der Geburt und gipfelt im Opfer; die Revolution gehorcht der gleichen Logik. Diese Logik ist rational, »wissenschaftlich«: der historische Materialismus; und sie ist übernatürlich: die Transzendenz. Das »Wissenschaftliche« ist explizit, das Übernatürliche implizit. Die göttliche Transzendenz verschwindet, aber im revolutionären Handeln wirkt sie insgeheim weiter. Denn, wie ebenfalls Bloch sagte, Revolution heißt »Transzendieren ohne Transzendenz«.

Der feindselige Gegensatz zwischen Marxismus und Christentum verschwindet keineswegs, doch schwächt er sich ab, wenn die Begriffe die Position wechseln. Für das Christentum sind wir Menschen die Söhne Adams, der Gottes Sohn ist. Am Anfang ist Gott, nicht nur der Sinngeber, sondern auch der Schöpfer des Lebens. Gott ist vor der Geschichte und an ihrem Ende: er ist der Anfang und das Ende. Für einen christlichen Marxisten wie Bloch oder Revueltas kann Gott nicht vorher sein; in Wirklichkeit existiert Gott nicht: die ursprüngliche und erste Wirklichkeit ist der Mensch, besser gesagt, die menschliche Gesellschaft. Nur ist der geschichtliche Mensch noch nicht Mensch; um sich zu verwirklichen, um wirklich Mensch zu sein, muß er durch die Prüfungen der Geschichte gehen, muß er die Geschichte meistern und ihre Fatalität in Freiheit verwandeln. Die Revolution macht Menschen aus den Menschen – und mehr als Menschen: die Zukunft des Men-

schen ist es, Gott zu sein. Das Christentum war die Vermensch-
lichung eines Gottes; die Revolution verspricht die Gottwer-
dung des Menschen. Plötzlicher Wechsel der Positionen: Gott
ist nicht vorher, sondern nachher; er ist nicht der Schöpfer der
Menschen, sondern ihr Geschöpf. Bloch wandelt das Wort aus
der Bibel ab und sagt: *»Ich bin, der ich sein werde.«*[1]

Revueltas hat seine Ideen niemals mit der Klarheit Blochs
formuliert, doch entspricht der *Tenor* seiner Schriften und
seines Lebens jener widersprüchlichen Untergangsvision des
Marxismus und des Christentums. Allerdings gelangte er unabhängig und auf eigenem Weg zu diesen Auffassungen. Nicht
die Philosophie führte ihn, sondern seine persönliche Erfahrung. An erster Stelle die Religion seiner Kindheit; an zweiter
sein Interesse für das Leben des mexikanischen Volkes, das
ganz durchdrungen ist von Religiosität; und schließlich sein
philosophisches und poetisches Temperament. Letzteres war
entscheidend: Revueltas stellte sich philosophische Fragen, die
der Marxismus, wie unter anderem Kolakowski und Bloch
bekannten, nicht beantworten kann, es sei denn mit szientisti-
schen Gemeinplätzen. In Wirklichkeit gibt es auf diese Fragen
nur metaphysische oder religiöse Antworten. Die Metaphysik
ist uns Modernen, seit Hume und Kant, versagt. Und so nahm
Revueltas, in einer Rückkehr zum ältesten Teil seines Selbst,
intuitiv und leidenschaftlich die religiösen Antworten zu Hilfe,
die sich mit den Ideen und tausendjährigen Hoffnungen der
revolutionären Bewegung vermischten. Obgleich ihn die Philosophie faszinierte, war er vor allem ein schöpferischer
Künstler. Sein religiöses Temperament führte ihn zum Kommunismus, den er als Weg des Opfers und der Kommunion
begriff; das gleiche Temperament, untrennbar verbunden mit
der Liebe zur Wahrheit und zum Guten, führte ihn am Ende
seines Lebens zur Kritik des bürokratischen »Sozialismus« und
marxistischen Klerikalismus.

1 Ernst Bloch, *Atheismus im Christentum,* Frankfurt 1968.

Der Marxismus hat sich in eine Ideologie verwandelt und erfüllt heute die Funktion einer Pseudoreligion. Die Verwandlung einer Philosophie in Ideologie und dieser in Religion ist kein neues Phänomen. Gleiches geschah mit dem Neuplatonismus und dem Gnostizismus. Neu ist auch nicht die Verwandlung einer Religion in politische Macht und die der Priesterschaft in klerikale Bürokratie: der Katholizismus hat diese Entartungen erfahren. Die historische Besonderheit des Kommunismus besteht darin, daß er nicht wirklich eine Religion ist, sondern eine Ideologie, die sich als Wissenschaft gebärdet, als *die* Wissenschaft; zugleich ist er auch keine Kirche, sondern eine Partei, die nicht anderen Parteien, sondern den Orden und Laienbrüderschaften der Katholiken und Mohammedaner gleicht. Die kommunistischen Parteien beginnen als kleine Sekten und verwandeln sich, kaum daß sie wachsen, in geschlossene Kirchen (ich gebrauche den Plural, weil sich die Schismen und Spaltungen in der kommunistischen Bewegung mehren). Jede Kirche glaubt sich im Besitz der universellen Wahrheit; dieser Anspruch wäre nicht weiter gefährlich, wären die Bürokratien an der Spitze dieser Gruppen nicht von einem ebenso universellen Machtstreben und Bekehrungseifer erfüllt. Jedes Mitglied einer jeden Kirche ist ein Missionar, und jeder Missionar ist ein potentieller Inquisitor. Revueltas' Religiosität war sehr weit entfernt von diesem ideologischen Fanatismus; seine wahren geistigen Väter sind auf der anderen Seite zu finden, bei den ersten Christen, den Gnostikern des 4. Jahrhunderts oder den protestantischen Rebellen und Revolutionären der Reformation. Innerhalb der katholischen Kirche war er geradeso ein Ketzer wie innerhalb der kommunistischen Orthodoxie. Sein Marxismus war kein System, sondern eine Leidenschaft, kein Glaube, sondern ein Zweifel und, um mit Bloch zu sprechen, eine Hoffnung.

Mit sich selbst zu leben war für Revueltas nicht weniger schwierig als mit seinen kommunistischen Gefährten zu leben.

Jahrelang versuchte er, ein disziplinierter Kämpfer zu sein, doch jeder seiner Versuche endete mit Bruch und Ausschluß. Die hegelsche Dialektik war ihm behilflich, den endgültigen Bruch hinauszuschieben; wie so viele andere sagte er sich, daß das Böse eine List der Geschichte sei, um sich besser erfüllen zu können, daß die Negation ein Moment des Prozesses sei, der sich unweigerlich in Affirmation verwandle, daß die revolutionären Tyrannen Tyrannen sind, um die Freiheit zu verteidigen, und daß, wie im 17. Jahrhundert die spanischen Theologen bewiesen haben – und im 20. Jahrhundert der Staatsanwalt Wyschinski und die Bolschewiken, denen man zwischen 1936 und 1938 den Prozeß gemacht hat, glanzvoll bestätigten – die Schuldigen unschuldig sind und die Unschuldigen schuldig. Rätsel des göttlichen Willens oder der geschichtlichen Notwendigkeit. Die Rechtfertigung des Bösen begann mit Platon; mit seinen Widerrufen und Abschwörungen folgte Revueltas nur einer mehr als zweitausendjährigen Tradition. Dem Neuplatoniker Proklos zufolge ist die Materie selbst »gut, wenn sie auch unendlich, dunkel und formlos ist«. (Für die Alten war die Unendlichkeit etwas Unvollkommenes, da sie der Form entbehrte). Doch die Mittel der Dialektik erschöpfen sich, während das Böse unaufhörlich wächst. Am Ende mußte Revueltas der Realität des Bolschewismus und seiner eigenen ins Auge sehen. Er löste diesen Konflikt nicht – wer hätte ihn gelöst? –, doch er hatte den Mut, ihn zu formulieren und zu denken. Seinen inneren Widerspruch – sein atheistisches Christentum und seinen todgeweihten Marxismus – lebte er voller Ehrlichkeit. Viele bewunderten die Standhaftigkeit, mit der er für seine Ideen Entbehrungen und Gefängnisstrafen auf sich nahm. Das ist richtig, doch soll auch daran erinnert werden, daß Revueltas noch ein anderes, nicht weniger schwieriges und rigoroses Heldentum lebte: das intellektuelle Heldentum.

Sein Werk ist uneinheitlich. Vieles von ihm scheint eher Entwurf als fertiger Text zu sein; anderes wiederum ist hervorragend und sichert ihm eine Sonderstellung in der mexikanischen Literatur: *Los días terrenales* (Die Erdentage), *Los errores* (Irrtümer), *Al Apando* (Eingekerkert) und, vor allem, die Erzählungen aus *Dios en la tierra* (Gott auf Erden) und *Dormir en tierra* (Auf dem Boden schlafen), von denen viele bewundernswert sind. Doch nicht allein die beachtliche literarische Qualität dieser Werke erklärt die Anziehungskraft seiner Person. In unserer Welt ist alles relativ, das Gute und das Böse, die Freude und der Schmerz. Wenn die Mehrheit sich auch zufriedengibt, so gibt es doch einige, die rebellieren und, von einem Gott oder einem Dämon besessen, *alles* verlangen. Das sind diejenigen, die es nach dem Absoluten dürstet und hungert. Man verlange nicht von mir, daß ich dieses definiere: das Absolute ist per definitionem undefinierbar. Revueltas litt unter diesem Hunger und diesem Durst; um ihn zu stillen, wurde er Schriftsteller und Revolutionär. Wenn ich unter den modernen Mexikanern einen ihm verwandten Geist finden will, muß ich ihn im entgegengesetzten ideologischen Lager suchen und eine Generation zurückgehen: José Vasconcelos. Wie Revueltas war er ein leidenschaftliches Temperament, doch unfähig, seine Leidenschaft einer Disziplin zu unterwerfen, ein Schriftsteller der Eingebungen und Ahnungen, von überquellender Fülle und zugleich liederlich, bisweilen geistlos und dann wieder glänzend. Für beide waren politisches Handeln und metaphysisches Abenteuer, geschichtliche Polemik und Meditation kommunizierende Röhren. Sie verbanden das aktive Leben mit dem kontemplativen oder, besser gesagt, dem spekulativen Leben: in ihren Werken gibt es keine wirklich zweckfreie Kontemplation – für mich die höchste Form der Weisheit –, sondern Meditation, Reflexion und, in den besten Momenten, Gedankenflug. Vasconcelos' Werk ist umfassender und reicher als das Revueltas', aber nicht tiefer und intensiver. Was ich jedoch hervorheben möchte, ist ihre seelische Verwandtschaft. Sie sind das Gegenteil von Reyes, der aus der Harmonie ein Absolutum machte, und von Gorostiza, der die Perfektion mit einer so ausschließlichen Liebe anbetete, daß er es vorzog zu schwcigen, anstatt etwas zu schreiben, das ihrer nicht würdig gewesen wäre.

Trotz ihrer geistigen Verwandtschaft gingen Vasconcelos und Revueltas entgegengesetzte Wege. Vasconcelos, ganz von Plotin erfüllt und ein gekrönter Philosoph, war fest davon überzeugt, zu einer Sendung auserwählt zu sein: daher war er Erzieher. Revueltas glaubte an die aufrührerischen Apostel und sah sich als Abgesandter der Welt hier unten: daher war er Revolutionär. Der Spiritualist Vasconcelos zweifelte nie; der Teufel, Geist der Verneinung und Schutzherr der Philosophen, versuchte ihn nicht: es versuchten ihn die Welt (die Macht) und das Fleisch (die Frauen). Vasconcelos bekannte, er habe seines nächsten Weib begehrt und mit ihr Unzucht getrieben, doch niemals gab er zu, daß er sich geirrt habe. Die einzigen Sünden, die der Materialist Revueltas bekannte, waren die des Geistes: Zweifel, Verneinungen, Irrtümer, fromme Lügen. Am Ende zeigte er Reue und kritisierte seine Ideen und die Dogmen, an die er geglaubt hatte. Vasconcelos empfand keine Reue; er verherrlichte die christliche Demut nur, um seine Feinde besser mit Schmähungen überschütten zu können. Revueltas unterzog sich im Namen der marxistischen Philosophie einer Gewissensprüfung, die der heilige Augustinus und Pascal hochgeschätzt hätten und die mich doppelt beeindruckt: durch die skrupulöse Ehrlichkeit, mit der er sie bis zur letzten Konsequenz betrieb und durch den Scharfsinn und die Tiefe der Analysen. Vasconcelos endete in den Armen des katholischen Klerikalismus; Revueltas brach mit dem marxistischen Klerikalismus. Welcher von beiden war der wahre Christ?

Mexiko, D. F., 12. April 1979

Literatur der Konvergenz

Als ich gebeten wurde, an der Eröffnungsveranstaltung des Berliner HORIZONTE-Festivals 1982 teilzunehmen, das der modernen Literatur und Kunst Lateinamerikas gewidmet ist, nahm ich die Einladung sofort an. Ich folgte einem Impuls, in den sich Begeisterung und Unbesonnenheit teilten. Begeisterung deshalb, weil dieses Festival eine Bestätigung der Anerkennung ist, welche Literatur und Kunst der amerikanischen Nationen spanischer und portugiesischer Sprache seit einigen Jahren errungen haben. Lateinamerika ist nicht nur ein Teil der Erde, der berühmt ist für seine Beiträge zur tristen politischen Folklore des 20. Jahrhunderts, sondern es ist auch berühmt durch die Werke seiner Schriftsteller und Künstler. So wie im vergangenen Jahrhundert zwei große Literaturen in Erscheinung getreten sind, die nordamerikanische und die russische, ist in diesem Jahrhundert die – spanisch- oder portugiesisch-sprachige – Literatur Lateinamerikas in Erscheinung getreten. Das historisch Neue unserer Völker liegt nicht in ihren unglücklichen Revolten und ihren tyrannischen Herrschaftsformen, sondern in einer kleinen, aber außergewöhnlichen Sammlung von Gedichten, Romanen und Erzählungen. Dank dieser Handvoll Werke hat die Weltliteratur der zweiten Hälfte des 20. Jahrhunderts an Reichtum und Vielfalt gewonnen. Doch wie ich schon sagte, es war nicht nur Begeisterung, die mich die Einladung der Veranstalter des Festivals annehmen ließ, sondern auch Unbesonnenheit. Man hat mich gebeten, einige Worte über Literatur und Kunst in Lateinamerika zu sagen; abgesehen von den Schwierigkeiten, die diesem umfangreichen, komplexen Thema an sich schon innewohnen, gibt es in meinem Fall ein wahrhaft unüberwindliches Problem: niemand kann Richter und Partei zugleich sein. Meine Sicht der zeitgenössischen Literatur Lateinameriks ist zwangsläufig parteiisch, denn sie ist nicht die Sicht eines Zuschauers, sondern die eines Mitwirkenden. Meine Urteile und Beobachtungen drücken einen sehr persönlichen Standpunkt aus und sind eher dem Bekenntnis als der Theorie verpflichtet.

Literaturen sind komplexe Wirklichkeiten: Autoren schreiben Werke, und Verleger sorgen für ihre Verbreitung, Leser und Kritiker lesen sie oder verurteilen sie zum Vergessen. Alle diese Elemente haben teil am Phänomen Literatur, nicht als isolierte Wesenheiten, sondern in beständiger Beziehung und Wechselwirkung. Ein Autor schafft ein Werk, und der Leser, der es liest, erschafft es neu, arbeitet es um oder lehnt es ab; das Werk seinerseits verändert den Geschmack, die Moral oder die Vorstellungen des Lesers; und schließlich beeinflussen die Meinungen und Reaktionen des Lesers wiederum den Autor. Die Literatur ist also ein Netz von Beziehungen oder, genauer gesagt, ein Kommunikationskreislauf, ein System, in dem Botschaften ausgetauscht werden und Autoren, Werke und Leser sich wechselseitig beeinflussen. Man muß noch hinzufügen, daß dieses System in ständiger Bewegung ist. Die Veröffentlichung eines neuen Werkes verändert Zuordnung und Position der übrigen Werke; das nämliche gilt für jede neue Generation von Lesern und Kritikern. Nach Freud lesen wir Sophokles nicht mehr mit den gleichen Augen. Jeder Leser ist – auch wenn seine Vorlieben und Ansichten durch seine soziale Herkunft, seine Erziehung, sein Alter und seine Umgebung geformt wurden – eine einmalige Person und überdies eine Person, die sich niemals gleichbleibt. Unsere heutigen Vorlieben und Ansichten sind nicht mehr die von gestern. Das trifft auch für den Autor zu: außer dem Namen hat der junge, freigeistige Dichter namens John Donne wenig oder nichts gemeinsam mit dem Reverend Donne, dem Prediger und Dekan von Saint Paul's.

Was ich über die Autoren und die Leser gesagt habe, gilt ebenfalls für die Werke. Obwohl die Strukturalisten in ihrer Kritik die Existenz unveränderlicher Elemente in jeder literarischen Form aufgezeigt haben, ist eindeutig, daß jedes wirklich hochwertige Werk einen besonderen Charakter besitzt und einen einzigartigen, unverwechselbaren Reiz hat. Die Odyssee, die Aeneis und die Lusiaden mögen sich in ihrem inneren Aufbau ähnlich sein, dennoch ist jede dieser Dichtungen von den anderen unterschieden und auf sie nicht zurückführbar. Die Literatur ist eine Beziehung zwischen unwiederholbaren und wechselnden Wirklichkeiten: Autoren, Werke und Leser. Deshalb ist es unmöglich, Literatur auf einige wenige Grundzüge reduzieren zu wollen. Was, außer der Sprache, ist der volkstümlichen Weisheit des *Martín Fierro* und der persönlichen Lyrik von Rubén Darío gemeinsam, was den metaphysischen Erzählungen von Borges und dem *Ulises Criollo* von José Vasconcelos oder dem *Primero Sueño* von Inés de la Cruz und dem *Aufenthalt auf Erden* Pablo Nerudas?

Doch mehr noch als ein System von Beziehungen ist Literatur eine Geschichte: Die Domäne des Besonderen, des Wechselhaften, des Unvorhersehbaren. Eine Geschichte innerhalb jener großen Geschichte, wie sie jede Zivilisation, jede Sprache und jede Gesellschaft ist. Historische Erklärungen mit ihrem komplexen Netz sozialer, ökonomischer, politischer und ideologischer Ursachen können Literatur jedoch nicht vollständig erklären. In jedem Kunstwerk gibt es ein Element – Poesie, Imagination, was auch immer –, das nicht zurückführbar ist auf die historische Kausalität. Die lateinamerikanische Literatur bildet dabei keine Ausnahme: sie entsteht in und mit der Geschichte unserer Völker, doch läßt sich ihre Entwicklung nicht allein durch das Wirken historischer, sozialer und politischer Kräfte erklären. So ist zum Beispiel der Einfluß der literarischen Tradition möglicherweise größer gewesen als der Einfluß der sozialen Bedingungen.

Trotz der erheblichen Unterschiede zwischen der lateinamerikanischen und der nordamerikanischen Gesellschaft gibt es ein Charakteristikum, das die Literaturen der Vereinigten Staaten, Brasiliens und Hispanoamerikas verbindet: der Gebrauch einer europäischen Sprache, die auf den amerikanischen Kontinent verpflanzt wurde. Diese Tatsache hat die Literaturen Amerikas sehr viel tiefer und radikaler geprägt als die ökonomischen Strukturen und die Veränderungen im Bereich der Technik und der Politik. Alle drei Literaturen waren von Anfang an entschlossen, das Abhängigkeitsverhältnis zu durchbrechen, die sie mit den Literaturen Englands, Portugals und Spaniens verband. Sie versuchten und erreichten dies auf zweierlei Wegen: zum einen suchten sie, sich die in Europa vorherrschenden literarischen Formen und Stile anzueignen, zum anderen bemühten sie sich darum, dem Wesen Amerikas und der dort lebenden Menschen Ausdruck zu verleihen. Kosmopolitismus und Nativismus. Oder wie der nordamerikanische Kritiker Philip Rahv sagte: zwei Rassen von Schriftstellern, die der »Bleichgesichter« und die der »Rothäute«, die Rasse der Henry James und die der Walt Whitman. Im spanischsprachigen Amerika verkörpern sich diese beiden Haltungen einerseits in der Tradition, die von Sarmiento zu Vallejo führt und andererseits in der Tradition, die von Darío zu Reyes und Borges verläuft.

Der Gegensatz zwischen kosmopolitischen bzw. europäisierenden Schriftstellern und nativistischen bzw. amerikanistischen Schriftstellern spaltete das literarische Bewußtsein Lateinamerikas einige Generationen hindurch. José Enrique Rodó begrüßte die Veröffentlichung der *Prosas Profanas,* jenes Buches von Rubén Darío, welches den Höhepunkt des »Modernismus« in seiner ersten Phase darstellt, als das Werk eines großen, zugleich neuen und hervorragenden Dichters; gleichwohl beklagte er, daß in jenen erstaunlichen Wortkonstruktionen weder das Wesen noch der Mensch Amerikas präsent seien. »Er ist ein großer Dichter«, sagte er, »aber er ist nicht unser Dichter.« Später war längere Zeit hindurch das Adjektiv »tellurisch« in Mode. Die Literaturkritiker benutzten dieses Wort im allgemeinen als Ausdruck des Lobes, um auf die Verwurzelung eines Schriftstellers in der Erde Amerikas zu verweisen. Ich erinnere mich, daß Gabriela Mistral, die ich vor nun bald vierzig Jahren kennenlernte, mich bei dieser Gelegenheit sehr freundlich bat, ich möge ihr meine Gedichte zeigen, die sie nicht kannte. Wie sollte sie auch: sie hatte soeben den Nobelpreis erhalten, und ich war ein unbekannter Schriftsteller, ein Anfänger. Entzückt kam ich ihrem Wunsch nach und schickte ihr ein Büchlein, das gerade veröffentlicht worden war. Wenige Tage darauf traf ich sie im Haus eines gemeinsamen Freundes; als sie mich sah, bedachte sie mich mit ein paar höflichen Worten, in denen sich Mitleid und so etwas wie Mißbilligung mischten: »Ihre Gedichte gefallen mir, wenn sie mir auch sehr fremd sind. Sie könnten ein europäischer Dichter sein; für meinen Geschmack sind sie nicht *tellurisch* genug . . .« Ich wurde rot, als ich jenes fatale Adjektiv hörte: ich war verurteilt. Nicht »tellurisch« zu sein war ein Geburtsfehler, so als wäre man taub auf die Welt gekommen in einem Land von Musikern.

In jenen Tagen sah ich den »tellurischen« Dichter als einen ehrungswürdigen Baum mit dickem Stamm, dichtbelaubter Krone und unzähligen Wurzeln, die in die Tiefen des amerikanischen Kontinents hinabreichten. Whitmans Bart erschien mir wie das Luftwurzelgeflecht des Baniano-Baumes, des heiligen Baumes der Inder. Ich tröstete mich mit dem Gedanken an den Dichter Vicente Huidobro, der niemals Wurzeln haben wollte; er predigte sogar die Notwendigkeit, sie abzuschneiden: zum Fliegen – denn er betrachtete die Dichtung als eine verbale Luftfahrt – brauche man keine Wurzeln, sondern Flügel. Nerudas Dichtung hingegen durchpulst das andere Element, und in einem seiner Gedichte vergleicht er seine Füße mit Wurzeln. Nicht zufällig heißt sein bestes Buch *Aufenthalt auf Erden*.

Heute muß ich lächeln, wenn ich an Gabriela Mistral und an den »Tellurismus« denke. Wer benutzt heute dieses Wort noch? Jene Trennung in kosmopolitische und amerikanische Schriftsteller, in Bewohner der Lüfte und Erdverwurzelte war künstlich und spiegelte nicht die Realität unserer Literatur wider. Unsere großen Autoren waren Kosmopoliten und Amerikaner zugleich, mit den Füßen auf der Erde und dem Kopf in den Wolken. Oder umgekehrt: Die einen haben den Flug nach oben unternommen, die anderen den Flug nach unten, einige waren Bergleute in luftigen Höhen, andere waren Flieger in erdigen Tiefen. Der französisierte Darío schrieb Gedichte mit starker amerikanischer Färbung, und César Vallejo, der Mann aus Peru mit seiner Sprache aus Mark und Mondgestein, mußte sich zunächst die Innovationen der europäischen Avantgarde unmittelbar nach dem Ersten Weltkrieg zu eigen machen. Dasselbe läßt sich von den anderen großen Schriftstellern Hispanoamerikas sagen. Beide Haltungen sollte man nicht als voneinander getrennte, gegensätzliche Tendenzen sehen, sondern als Linien, die sich kreuzen, sich verzweigen, sich verflechten, sich wieder trennen, und dabei ein lebendiges Gewebe bilden. Dieses Gewebe ist unsere Literatur. Wir lateinamerikanischen Schriftsteller leben, wie die Schriftsteller in Nordamerika, zwischen der europäischen Tradition, zu der wir aufgrund unserer Sprache und der Kultur gehören, und der amerikanischen Wirklichkeit. Für uns Hispanoamerikaner ist die ursprüngliche, die grundlegende Tradition, die Tradition, die uns wie keine andere gehört, die spanische. Von ihr aus schreiben wir, auf sie zu oder gegen sie: sie ist unser Ausgangspunkt. Indem wir sie negieren, führen wir sie fort; indem wir sie fortführen, verändern wir sie. Eine zugleich erotische und polemische Beziehung, die sich in den amerikanischen Literaturen englischer und portugiesischer Sprache wiederholt. Unsere Wurzeln sind europäisch, doch unser Horizont ist der Boden und die Geschichte Amerikas. Dies ist eine Herausforderung, der wir uns täglich stellen und die ein jeder von uns auf seine ganz persönliche Weise bewältigen muß. Die lateinamerikanische Literatur ist nicht mehr als eine Gesamtheit von unterschiedlichen Antworten auf diese Frage, die unser aller Grundbedingung ist.

Der Gegensatz zwischen Kosmopolitismus und Amerikanismus ist komplementärer Art; beide Haltungen sind Wesensmerkmale des amerikanischen Bewußtseins, das zerrissen ist zwischen zwei Welten. Beide sind Momente ein und desselben geistigen und intellektuellen Abenteuers: der Kosmopolitismus ist die Abkehr von uns selbst und unserer Wirklichkeit, der Amerikanismus ist die Rückkehr zu dem, was wir sind, und zu unserem Ursprung. Um zurückkehren zu können, muß man zunächst aus sich selbst hinausgehen; um sich aber nicht im Leeren zu verlieren, muß, wer hinausgeht, zu seinem Ausgangspunkt zurückkehren. Kosmopolitismus und Amerikanismus sind zwei extreme Momente der Dialektik von Offenheit und Verschlossenheit. In der literarischen Geographie Hispanoamerikas – Brasilien ist ein Sonderfall – werden die Pole dieser beiden Haltungen durch zwei Hauptstädte verkörpert: Buenos Aires und Mexiko. Die eine hält die Augen auf Europa gerichtet, die andere ist in ihren Bergen eingeschlossen; die eine trägt leicht an ihrer Vergangenheit, die andere ist gefesselt durch alte, widersprüchliche Traditionen. Natürlich spreche ich von diesen beiden Städten nicht so sehr als konkreten Realitäten, sondern vielmehr als ideellen Symbolen. Buenos Aires und Mexiko verkörpern geschichtliche Bestimmungen, doch weder die Werke noch ihre Verfasser halten sich immer treu an diese intellektuelle Geometrie. Wie könnte man, zum Beispiel, vergessen, daß in Argentinien der *Martín Fierro* geschrieben wurde, jenes Werk Hispanoamerikas, das am umfassendsten und vollkommensten die Bestrebungen, die Gefahren und die Grenzen des Traditionalismus und des Regionalismus verkörpert? Und ist nicht ein Mexikaner, José Gorostiza, der Autor von *Muerte sin fin*, dem strengsten Gedicht unserer modernen Dichtung, einer kristallinen, unerbittlichen Konstruktion, die völlig unberührt ist von den Verlockungen und Gefälligkeiten des Lokalkolorits und der volkstümlichen Sprache?

Der Prozeß ist zyklisch. Es gibt Perioden, in denen die Sensibilität vorwiegend nach draußen gerichtet ist, in denen die Liebe zum Forschen und Reisen überwiegt; und es gibt andere, in denen Tendenzen des Insichgekehrtseins vorherrschen, Phasen, die bestimmt sind von innerer Sammlung und Selbstbeobachtung. Ein Beispiel für eine Periode der Offenheit war die Anfangsphase des »Modernismus« zwischen 1890 und 1905, die gekennzeichnet war durch den Einfluß des europäischen Symbolismus und, in der Prosa, durch den des Naturalismus. Auf diese Phase folgte, bis 1965, der sogenannte »Post-Modernismus«, der eine Rückkehr zu Amerika und zur Umgangssprache war. Ein anderes Beispiel, das uns näher ist: die fruchtbare Periode der Avantgarde zwischen 1918 und 1930, eine Zeit des Suchens und des Experimentierens. Die aufeinanderfolgenden Bewegungen in Europa, vom Expressionismus bis zum Surrealismus, beeinflußten unsere Dichter und Romanciers zutiefst. Dieser ersten Phase, der wir einige Werke verdanken, die außergewöhnlich sind durch die Kühnheit ihres Ausdrucks, folgte eine Phase der Rekonstruktion, der Konsolidierung des Erreichten, in der Werke entstanden, die sich nicht so sehr der Aktualität verdankten. Auf die Schriftsteller der Avantgarde, die in den zwanziger Jahren in Erscheinung getreten waren, folgt unmittelbar, gegen 1940, eine neue Gruppe: meine Generation, und auf diese wiederum, fünfzehn Jahre später, eine weitere Gruppe, aus der vor allem die Romanciers herausragen. So treffen in dieser zweiten Hälfte des 20. Jahrhunderts drei Generationen zusammen (von den ganz Jungen gar nicht zu reden). Und bei allen ist jener zweifache Rhythmus von Bruch und Rückkehr deutlich, von dem ich gesprochen habe. Dies war die große Schaffensperiode unserer Literatur. Der Obsession durch das Neue, dem Experiment und der Suche nach Formen ist eine Literatur gefolgt, welche die Wirklichkeit und die Sprache erkundet. Rückkehr zum Ursprung, aber auch Eroberung bislang von poetischer Imagination noch nicht berührter Bereiche.

In diesen Jahren, vor allem in der Zeit nach dem Zweiten Weltkrieg, tauchten fast überall auf der Welt ideologische Tendenzen und Bewegungen auf, die, in unterschiedlicher Form, das proklamierten, was mit dem wenig glücklichen Ausdruck »engagierte Literatur« bezeichnet wird. Die Künstler versuchten, mit der lebendigen Geschichte zu verwachsen, doch fast immer verwechselten sie die Politik mit der Geschichte. Häufig verwandelten sie sich in Diener einer ideologischen Sache und wurden zu Propagandisten. Die Fundamente der »engagierten Kunst« waren eher zerbrechlich: man ging davon aus, daß die Geschichte einer Aufwärtsbewegung folge und daß diese Bewegung in unserer Epoche von einer Klasse repräsentiert werde, die geführt wird von einer Partei, welche ihrerseits einem Komitee und dieses wiederum einem Chef untersteht. Wenig, sehr wenig ist von dieser ideologischen Kunst geblieben. Das Traurigste daran war nicht die ästhetische Armut der Werke, sondern vielmehr das Nachlassen der moralischen und politischen Spannung: die Bewegung des »historischen Fortschritts« mündete in die Konzentrationslager und in die Diktatur der Bürokratie.

Die Situation der zeitgenössischen Literatur Lateinamerikas unterscheidet sich nicht wesentlich von der Situation der Literatur in der übrigen Welt. Sie läßt sich durch zwei Merkmale kennzeichnen. Das erste ist die Auflösung jener Schulen und Tendenzen, aus denen die Bewegungen der Avantgarde in der ersten Hälfte des 20. Jahrhunderts hervorgegangen sind; das zweite ist die ideologische Desillusionierung. Die Utopien verwandelten sich in Gefängnisse, und der Traum von einer freien, brüderlichen Gesellschaft erstarrte zu Stein: Kasernen statt Fourier'scher Phalanstères. Wir leben in einer Epoche, die wir, unter dem Blickwinkel der Kunst, als »post-modern« und unter dem ideologischen, moralischen und politischen Gesichtspunkt als »post-ideologisch« bezeichnen können. Der Untergang der künstlerischen Avantgarden und der Mißkredit der politischen Ideologien bedeuten weder Verzicht auf die Kunst noch Flucht vor der Geschichte. Auf den letzten Seiten eines Buches, das ich diesem Thema gewidmet habe *(Los Hijos del Limo)*, habe ich darauf hingewiesen, daß sich die Kunst der unmittelbaren Vergangenheit unter dem Zeichen des Bruchs entfaltet hat, während die unserer heutigen Zeit eine Kunst der Konvergenz ist: Schnittpunkt von Zeiten, Räumen und Formen. Das Ende dieses Jahrhunderts ist auch eine Zeitenwende; jetzt entdecken wir, was die Menschen der Antike gewußt haben: die Geschichte ist ein weißes Blatt, ein leeres Gesicht. Der Dichter und der Romancier müssen diesem Gesicht wieder seine menschlichen Züge verleihen. Dies ist ein Unterfangen, das Phantasie, aber auch moralisches Empfinden erfordert. Die Literatur, die wir schreiben, verzichtet nicht auf die Geschichte, wohl aber auf die Vereinfachungen der ideologischen Kunst und ihre endgültigen Affirmationen und Negationen. Es ist keine Kunst der Gewißheiten, sondern eine Kunst der Erforschung, keine Dichtung, die Wege weist, sondern Dichtung, die Wege sucht. Eine Kunst und eine Dichtung, die das Zeichen umreißen, das die Menschen von allem Anbeginn an am Himmel gesehen haben: ein Fragezeichen. Die Hände, die dieses Zeichen malen, mögen aus Lateinamerika kommen, seine Bedeutung indes ist universal.

Die liberale Tradition[1]

Ließe ich nur meine Gefühle sprechen, dann würden diese Worte zu einem langen, endlosen Satz der Dankbarkeit. Aber die Emotion macht mich nicht blind. Ich weiß sehr wohl, daß die symbolische Wirklichkeit dieses Aktes wirklicher ist als die flüchtige Wirklichkeit meiner Person. Ich bin kaum mehr als eine Episode in der Geschichte unserer Literatur, die vergängliche und zufällige Verkörperung eines Moments der spanischen Sprache. Der Cervantes-Preis, der, ohne Ansehen der Nationalität, einem Schriftsteller unserer Sprache verliehen wird, bekräftigt jedes Jahr die Wirklichkeit unserer Literatur. Was aber ist eine Literatur? Sie ist keine Ansammlung von Autoren und Büchern, sondern eine Gesellschaft von Werken. Die Romane, Gedichte, Erzählungen, Schauspiele und Essays verwandeln sich durch die schöpferische Komplizenschaft des Lesers in Werke. Das Werk ist Werk durch den Leser. Ein augenblickliches Denkmal, das fortwährend errichtet und fortwährend zerstört wird, weil es der Kritik der Zeit, das heißt der aufeinanderfolgenden Generationen der Leser unterworfen ist. Das Werk entsteht aus der Verbindung von Autor und Leser; daher ist die Literatur eine Gesellschaft innerhalb der Gesellschaft: eine Gemeinschaft von Werken, die ein Publikum von Lesern schaffen und die zugleich von diesen Lesern wiedererschaffen werden.

Es heißt, daß die Ideologien, die Klassen, die ökonomischen Strukturen, die Techniken und die Wissenschaften, ihrem Wesen nach international, die grundlegenden, bestimmenden Realitäten der Geschichte sind. Das Thema ist so alt wie das

1 Rede in Alcalá de Henares (Cervantes-Preis, 23. April 1982).

Nachdenken über die Geschichte selbst, und ich will mich
nicht bei ihm aufhalten; dennoch möchte ich bemerken, daß
ebenso bestimmend, wenn nicht bestimmender, die Sprachen,
die Glaubensanschauungen, die Mythen, Sitten und Traditionen einer jeden gesellschaftlichen Gruppe sind. Gerade der
Cervantes-Preis erinnert uns daran, daß die Sprache, die wir
sprechen, eine nicht weniger entscheidende Wirklichkeit ist als
die Ideen, zu denen wir uns bekennen, oder der Beruf, den wir
ausüben. Sagen wir Sprache, sagen wir Kultur: Gemeinschaft
von Werten, Symbolen, Gebräuchen, Glaubensanschauungen,
Vorstellungen, Fragen nach der Vergangenheit, der Gegenwart, der Zukunft. Wenn wir sprechen, sprechen wir nicht nur
mit denen, die uns nah sind: wir sprechen auch mit den Toten
und den Ungeborenen, mit den Bäumen und den Städten,
den Flüssen und den Ruinen, den Tieren und den Dingen. Wir
sprechen mit der beseelten und mit der unbeseelten Welt, mit
dem Sichtbaren und dem Unsichtbaren. Wir sprechen mit uns
selbst. Sprechen heißt zusammenleben, heißt in einer Weise
leben, welche diese Welt mit ihren jenseitigen Welten ist, diese
Zeit und die anderen: eine Kultur.

Von meiner frühesten Jugend an hatte ich das lebhafte
Gefühl, einer Kultur anzugehören. Das verdanke ich meinem
Großvater Ireneo Paz, der ein Bücherliebhaber war und eine
kleine Bibliothek zusammengetragen hatte, in der die guten
Schriftsteller unserer Sprache reichlich vertreten waren. Ich
mochte etwa sechzehn Jahre alt gewesen sein, als ich die beiden
ersten Folgen der *Episodios Nacionales* las, welche vielleicht
einige der besten Seiten von Pérez Galdós enthalten. Es war
ein Oktav-Ausgabe, mit einer Goldprägung auf dem Buch-
deckel, und sie enthielt Illustrationen verschiedener Künstler
jener Zeit; die zehn Bände waren zwischen 1881 und 1885 in
Madrid von *La Guirnalda* gedruckt worden. Diese romanhafte
und romaneske Geschichte des modernen Spanien schien mir
zugleich die meine und die meines Landes zu sein. Als ich die

zweite Serie las, fesselte mich sogleich die Gestalt von Salvador Monsalud. Er war mein Held, mein Vorbild. Meine Identifikation mit dem jungen Liberalen brachte mich in Opposition zu seinem Halbbruder und Gegner, dem schrecklichen Carlos Garrote, einem karlistischen Freischärler. Ein wirklicher und zugleich symbolischer Dualismus: der legitime Sohn und der Bastard, der Wachhund der Ordnung und der Vagabund, der Mann der Scholle und der Kosmopolit, der Konservative und der Revolutionär. Indes ist Carlos Garrote, wie der Leser allmählich gewahr wird, nicht nur der Gegner, der das andere Spanien verkörpert, das Spanien der Religion und der Standesprivilegien, sondern er ist auch der Doppelgänger von Salvador Monsalud. In der letzten »Episode« – *Ein Aufrührer mehr und einige Mönche weniger* –, einem düsteren Gemälde der beiden Spanien und ihrer gegensätzlichen und symmetrischen Fanatismen, erleben wir den Tod von Carlos Garrote und seine Verwandlung. Anfangs ein Feind und Verfolger von Salvador Monsalud, endet er als sein Bruder und Schützling: sie sind dazu verdammt, zusammenzuleben. Jeder von ihnen ist der andere und ist er selbst. Ich entdeckte damals, daß in uns allen ein Gegner wohnt und daß ihn bekämpfen heißt, uns selber zu bekämpfen. Dieser Kampf, der nicht nur ein innerer, sondern auch ein gesellschaftlicher ist, war während der letzten beiden Jahrhunderte die Substanz der Geschichte unserer Völker. So lernte ich, daß eine Kultur nicht eine unbewegliche, stets mit sich selbst identische Wesenheit ist, sondern eine Gesellschaft, in der Uneinigkeit herrscht und die besessen ist von dem Wunsch nach Einheit, ein Spiegel, in dem wir uns verlieren, wenn wir uns in ihm betrachten, und uns doch in diesem Verlieren wiederfinden.

Oft habe ich an die hispanoamerikanischen Entsprechungen von Salvador Monsalud gedacht. Wenn auch einige von ihnen der Geschichte angehören und andere dem Roman, so kämpften und kämpfen sie doch alle, ob sie nun wirklich oder imaginär sind, gegen Hindernisse, die der Held von Galdós sich niemals träumen ließ. So mußten die mexikanischen Monsaluds, sieht man einmal ab von der Konfrontation mit Carlos Garrote, dem widerspenstigen, wilden Freischärler, der Verkörperung einer teils dumpfen, teils erhabenen Vergangenheit, gegen andere Wirklichkeiten kämpfen und andere Phantasmen vertreiben: Spanien und Mexiko haben eine unterschiedliche Vergangenheit. In unserer Geschichte gibt es ein in Spanien unbekanntes Element: die indianische Welt. Sie ist die innere und unauslotbare, vertraute und unbekannte Dimension meines Landes. Ohne sie wären wir nicht, was wir sind. Die Präsenz von Islam und Judaismus im Spanien des Mittelalters könnte eine Vorstellung davon vermitteln, was das indianische Gegenüber im Bewußtsein von uns Mexikanern bedeutet. Ein Gegenüber, das nicht von außen kommt, sondern in uns ist. Es gibt jedoch einen wesentlichen Unterschied: Islam und Judaismus sind, wie das Christentum, Varianten des Monotheismus; die mesoamerikanische Zivilisation hingegen entstand und wuchs isoliert, ohne Verbindung mit der Alten Welt. Dasselbe läßt sich in Bezug auf das Peru der Inkas sagen. Die Welt der Indios war von Anfang an die *andere* Welt, in des Wortes wahrster Bedeutung. *Andersheit,* die sich für uns Mexikaner in Identität auflöste, Ferne, die Nähe ist.

Das Auftauchen Amerikas mit seinen großen, fremdartigen Zivilisationen veränderte den Dialog der spanischen Gesellschaft mit sich selbst von Grund auf. Es führte sozusagen ein Element der Verunsicherung ein, das seit jener Zeit unsere Vorstellungskraft herausfordert und unsere Identität in Frage stellt. Das indianische Gegenüber sagt uns, daß der Mensch ein unvorhersehbares Geschöpf und ein Doppelwesen ist. In anderen hispanoamerikanischen Nationen waren die Agenzien der Störung und Veränderung des Dialogs die Nomaden, die Neger, die Geographie. Anstelle einer *anderen* Geschichte, wie in Peru und in Mexiko, das Fehlen von Geschichte. Von

Anfang an war Spanien ein Land mit beweglichen Grenzen, und seine letzte große Grenze war Amerika: durch Amerika und in Amerika grenzt Spanien an das Unbekannte. Amerika oder das Unermeßliche: die unbesiedelten Landstriche, die namenlosen Weiten, die Küsten, die bis nach Asien und Ozeanien schauen, die Zivilisationen, die das Christentum nicht kannten, jedoch die Null entdeckten. Unterschiedliche Formen des Unbegrenzten.

Aus der Unterschiedlichkeit der Vergangenheit und des Gegenübers erwachsen zwei gegensätzliche Versuchungen: Zersplitterung und Zentralisierung. Unsere Völker waren, im einen Extrem, der Atomisierung unterworfen, wie im Fall Zentralamerikas und der Antillen; im anderen einem strengen Zentralismus, wie im Fall Kastiliens und Mexikos. Die Zersplitterung gipfelt in Auflösung, die Zentralisierung in Erstarrung. Zweifache Bedrohung: wir lösen uns in Luft auf oder wir verwandeln uns in Stein. Zwei Jahrhunderte lang haben wir das schwierige Gleichgewicht zwischen Freiheit und Autorität, zwischen Zentralismus und Zerfall gesucht. Das Wesen unserer Tradition war diesen Reformbestrebungen nicht gerade günstig. Das 18. Jahrhundert, das Jahrhundert der Kritik und das erste seit der heidnischen Antike, das wieder die geistigen Tugenden der Toleranz verherrlichte, hatte in der spanischen Welt nicht die glanzvolle Ausstrahlung, die das 16. und 17. Jahrhundert gehabt hatten. Ein Beispiel für die Fortdauer von autoritären Haltungen und Tendenzen unter dem Deckmantel liberaler Ansichten findet sich gerade auf den letzten Seiten des von mir erwähnten Romans von Galdós. Eine für die Leidenschaftlichkeit ihrer liberalen Gesinnung bekannte Person behauptet, ohne mit der Wimper zu zucken, daß »alle Spanier die Fahne der Freiheit ergreifen und sich dem Fortschritt des Jahrhunderts anschließen müssen ... und wenn nicht alle diesen Weg einschlagen wollen, dann müssen die Widerspenstigen durch Prügel bekehrt werden, weshalb es angebracht wäre, daß die Freien sich bewaffnen und eine Miliz bilden«. Dieser seltsame Liberale war ein Verehrer Rousseaus und der Allmacht des »allgemeinen Willens«, jener demokratischen Maske der jakobinischen Gewaltherrschaft. Gewappnet mit einer allgemeinen Theorie der Freiheit betritt Carlos Garrote das 20. Jahrhundert. Er hat das Gewand gewechselt, nicht die Seele: er schüchtert den Gegner nicht mehr mit den rostigen Syllogismen der Scholastik ein, sondern mit den Windungen der Dialektik. Neue Chimären saugen ihm den Verstand aus, doch er ist immer noch vom Geruch des Blutes fasziniert. Mit einem Sprung gelangte er aus der Inquisition in den Wohlfahrtsausschuß, ohne den Platz zu wechseln.

Kaum verwandelt sich die Freiheit in ein Absolutum, hört sie auf, Freiheit zu sein: ihr wahrer Name ist Despotismus. Die Freiheit ist kein System allgemeiner Erklärung des Universums und des Menschen. Sie ist auch keine Philosophie: sie ist ein zugleich unwiederbringlicher und augenblicklicher Akt, der darin besteht, eine Möglichkeit unter anderen auszuwählen. Es gibt keine allgemeine Theorie der Freiheit, noch kann es eine solche geben, weil sie die Affirmation dessen ist, was in jedem von uns einzigartig und besonders ist, was sich jeder Verallgemeinerung entzieht. Besser gesagt: jeder von uns ist ein einzigartiges und besonderes Wesen. Daher wird die Freiheit zur Tyrannei, wenn wir versuchen, sie den anderen aufzuzwingen. Als die Bolschewiken in Rußland im Namen der Freiheit die verfassunggebende Versammlung auflösten, hielt Rosa Luxemburg ihnen entgegen: »Freiheit ist immer Freiheit des Andersdenkenden.« Die Freiheit, die zunächst die Affirmation meiner Einzigartigkeit ist, löst sich in die Anerkennung des anderen und der anderen auf: die Freiheit des anderen ist Bedingung der meinen. Robinson auf seiner Insel ist nicht wirklich frei; obwohl er keinem fremden Willen unterworfen ist und niemand ihn zu etwas zwingt, entfaltet seine Freiheit sich im Leeren. Die Freiheit des Einsamen ähnelt der Einsamkeit des Despoten, die von Gespenstern bevölkert ist. Will die Freiheit sich verwirklichen, muß sie sich verkörpern und einem anderen Bewußtsein und einem anderen Willen gegenübertreten: der andere ist zugleich Grenze und Quelle meiner Freiheit. Im einen Extrem ist die Freiheit Einzigartigkeit und Ausnahme; im anderen Pluralität und Zusammenleben. Aus alldem ergibt sich: wenn Freiheit und Demokratie auch keine äquivalenten Begriffe sind, so sind sie doch komplementär: ohne Freiheit ist die Demokratie Despotie, ohne Demokratie ist die Freiheit eine Chimäre.

Die Vereinigung von Freiheit und Demokratie war die große Leistung der modernen Gesellschaften. Ein prekärer, brüchiger Erfolg, der durch zahlreiche Ungerechtigkeiten und Schrecken entstellt wird; zugleich ein außerordentlicher Erfolg, der etwas Zufälliges oder Wunderbares hat: die anderen Zivilisationen kannten die Demokratie nicht, und in der unsrigen kamen nur einige Völker für begrenzte Zeit in den Genuß liberaler Institutionen. Jetzt noch gibt es in der Weite des amerikanischen Kontinents viele Nationen unserer Sprache, die unter ungerechten Regimen leiden. Die Freiheit ist kostbar wie das Wasser, und wie dieses fließt sie uns davon, verrinnt, verschwindet, wenn wir nicht auf sie achtgeben. Ich habe auf die relative Armut unseres 18. Jahrhunderts, der Entstehungszeit der politischen Philosophie der Neuzeit, hingewiesen. Gleichwohl gibt es in unserer Vergangenheit – in der spanischen ebenso wie in der hispanoamerikanischen – Gebräuche, Sitten und Institutionen, die Quellen von Freiheit sind, zuweilen verschüttet, aber dennoch lebendig. Damit die Freiheit tatsächlich Wurzeln schlagen kann in unseren Ländern, müssen wir diese alten Traditionen mit dem modernen politischen Denken versöhnen. Von einigen schüchternen und isolierten Versuchen abgesehen, haben wir nichts unternommen. Ich beklage dies: es ist dies nicht eine Aufgabe geschichtlicher Pietät, sondern politischer Imagination.

Das Wort *liberal* erscheint früh in unserer Literatur. Nicht als Idee oder als Philosophie, sondern als Veranlagung und als Stimmung; mehr als eine Ideologie, war es eine Tugend. Bei diesen Worten richte ich meinen Blick auf Cervantes, unseren Schriftsteller, der am vollkommensten die unterschiedlichen Bedeutungen des Wortes *liberal* verkörpert. Mit ihm wird der moderne Roman geboren, die literarische Gattung einer Gesellschaft, die seit ihrem Entstehen sich selbst und ihre Geschichte mit der Kritik identifiziert hat. Dantes *Commedia* ist die Widerspiegelung einer Welt, die von der Analogie beherrscht wird, das heißt von der Übereinstimmung zwischen dieser Welt und der jenseitigen Welt; *Don Quijote* ist ein Werk, das von dem entgegengesetzten Prinzip beseelt ist, der Ironie, die Bruch mit der Übereinstimmung ist und mit einem Lächeln auf den Riß zwischen dem Realen und dem Idealen hinweist. Mit Cervantes beginnt die Kritik des Absoluten: es beginnt die Freiheit. Und sie beginnt mit einem Lächeln, nicht der Freude, sondern des Wissens. Der Mensch ist ein prekäres, komplexes, doppeltes oder dreifaches Wesen, von Phantasmen heimgesucht, von Begierden getrieben, von Sehnsucht zernagt: ein prachtvolles und klägliches Schauspiel. Jeder Mensch ist ein einzigartiges Wesen, und jeder Mensch ist allen anderen ähnlich. Jeder Mensch ist einmalig und jeder Mensch ist viele Menschen, die er nicht kennt: das Ich ist pluralisch. Cervantes lächelt: lernen, frei zu sein, heißt lernen, zu lächeln.

Quellenhinweise

Die Kunst Mexikos: Materie und Bedeutung aus: *In/ Mediaciones*, Barcelona 1979. *Der mexikanische Muralismo. Re-Visionen: Orozco, Rivera, Siqueiros* aus: *Sombras de obras*, Barcelona 1983. *Die zeitgenössische mexikanische Kunst*. Vortrag zur Eröffnung der Ausstellung *Pintado en México* am 3. November 1983 in Madrid, sowie *Gunther Gerzso: Der eisige Funke* aus: *Pintado en México* (Ausstellungskatalog), Fundación Banco Exterior de España, Madrid 1983. *Alberto Gironella: Die gemalten Träume* aus: *Sombras de obras*, Barcelona 1983. *Manuel Felguérez: Der multiple Raum* aus: *In/ Mediaciones*, Barcelona 1979. *José Luis Cuevas: Beschreibung* aus: *In/ Mediaciones*, Barcelona, 1979. *Augenblick und Enthüllung: Manuel Álvarez Bravo* aus: *Sombras de obras*, Barcelona 1983. *Der ursprüngliche Blick* aus: *In/ Mediaciones*, Barcelona 1979. *Scheiterhaufen, Mausoleen, Sanktuarien* aus: *Conjunciones y disyunciones*, México 1969. *Der Anthropologe und Buddha* aus: *Claude Lévi-Strauss o el nuevo festín de Esopo*, México 1967. *Die neue Analogie* aus: *Los signos en rotación y otros ensayos*, Madrid 1971. *José Ortega y Gasset: Das Wie? und das Wozu?* aus: *Vuelta*, Nr. 49, Dezember 1980. *Quevedo, Lope de Vega und zwei Sonette* wurde nach einem Manuskript des Autors übersetzt. Der Text erschien in erweiterter Fassung auch in dem Band *Sombras de obras*, Barcelona 1983. *Dostojewski: Der Teufel und der Ideologe* aus: *Vuelta*, Nr. 52, März 1981. *José Revueltas: Christentum und Revolution. Zwei Anmerkungen* aus: *Hombre en su siglo*, Barcelona 1984. *Außerirdische Intelligenzen und Demiurgen, Bakterien und Dinosaurier* aus: *Sombras de obras*, Barcelona 1983. *Literatur der Konvergenz*, Rede zur Eröffnung des Festivals Horizonte 82: Lateinamerika, am 28. Mai 1982 in Berlin. *Die liberale Tradition*, Rede zur Verleihung des Cervantes-Preises in Alcalá de Henares am 23. April 1982, wurde nach dem Manuskript übersetzt.

Illustrationen

Gunter Gerzso: *Blanco-Amarillo-Azul* 1970, 63,5 × 46 cm. Manuel
Felguerez: *En la casa desierta VII.* 1983. 90 × 110 cm. Alberto Gironella: *Kikeriki.* José Luis Cuevas: Der Abdruck erfolgt mit freundlicher Genehmigung der Maler und ist dem Katalog *Pintado en México*
entnommen (Fundación Banco Exterior de España, Madrid 1983).
Manuel Alvarez Bravo: *Streikender Arbeiter ermordet, 1934* (Lunn Gal-
lery, Washington D. C.). Der Abdruck erfolgt mit freundlicher Genehmigung des Photographen und ist dem Band *Fotografie Lateinamerika*
entnommen (Bern 1981 und Berlin 1982).